Keyseller

Europäische Hochschulschriften Recht

European University Studies in Law

Publications Universitaires Européennes de Droit

Band/ Volume **6272**

Alexander Lukas

Keyseller

Die urheberrechtliche Zulässigkeit des Weiterverkaufs von Produktschlüsseln für Computerspiele im Internet ohne Zustimmung des Rechteinhabers

PETER LANG

Bibliografische Information der Deutschen Nationalbibliothek
Die Deutsche Nationalbibliothek verzeichnet diese Publikation in der Deutschen Nationalbibliografie; detaillierte bibliografische Daten sind im Internet über http://dnb.d-nb.de abrufbar.

Zugl.: Köln, Univ., Diss., 2021

Gedruckt auf alterungsbeständigem, säurefreiem Papier.

D 38
ISSN 0531-7312
ISBN 978-3-631-86961-1 (Print)
E-ISBN 978-3-631-87065-5 (E-PDF)
E-ISBN 978-3-631-87066-2 (EPUB)
DOI 10.3726/b19279

Peter Lang – Berlin · Bern · Bruxelles · New York · Oxford · Warszawa · Wien

Diese Publikation wurde begutachtet.

www.peterlang.com

für Christoph

Vorwort

Die vorliegende Arbeit wurde im Sommersemester 2021 von der Rechtswissenschaftlichen Fakultät der Universität zu Köln als Dissertation angenommen. Literatur und Rechtsprechung wurden bis April 2021 berücksichtigt.

Mein Dank gilt meinem Doktorvater, Herrn Prof. Dr. Karl-Nikolaus Peifer, der stets ein offenes Ohr für meine Fragen hatte und mir zugleich Freiraum für eigene wissenschaftliche Arbeit gegeben hat. Auch bei Herrn Prof. Dr. Torsten Körber, LL.M. (Berkeley), möchte ich mich für die schnelle Erstellung des Zweitgutachtens bedanken.

Den Teams der Institute für Gewerblichen Rechtsschutz und Urheberrecht sowie des Instituts für Medien- und Kommunikationsrecht danke ich für den stets hilfreichen und ermunternden Austausch, der sowohl fachliche als auch moralische Unterstützung geleistet hat.

Auch der Dank an alle Freunde und Bekannten, die mich während meiner Arbeit unterstützt und bestärkt haben, soll nicht vergessen werden.

Besonderer Dank gilt meiner Familie, die mich stets während aller Phasen meiner Dissertationszeit unterstützt hat.

Inhalt

Abkürzungen

ComputerRL	Richtlinie 2009/29 EG über den Rechtsschutz von Computerprogrammen
DSM-RL	Richtlinie 2019/790 vom 17. April 2019 über das Urheberrecht und die verwandten Schutzrechte im digitalen Binnenmarkt und zur Änderung der Richtlinien 96/9/EG und 2001/29/EG
Geoblocking-VO	Verordnung (EU) 2018/302 des Europäischen Parlaments und des Rates vom 28. Februar 2018 über Maßnahmen gegen ungerechtfertigtes Geoblocking und andere Formen der Diskriminierung aufgrund der Staatsangehörigkeit, des Wohnsitzes oder des Ortes der Niederlassung des Kunden innerhalb des Binnenmarkts und zur Änderung der Verordnungen (EG) Nr. 2006/2004 und (EU) 2017/2394 sowie der Richtlinie 2009/22/EG
InfoRL	Richtlinie 2001/29/EG zur Harmonisierung bestimmter Aspekte des Urheberrechts und der verwandten Schutzrechte in der Informationsgesellschaft

Alle weiteren Abkürzungen entsprechen den Vorschlägen bei Kirchner, Abkürzungsverzeichnis der Rechtssprache, 9. Auflage 2018.

Einführung

A. Problemüberblick und Arbeitshypothese

Die Games-Branche ist inzwischen zu einem bedeutenden Industriezweig herangewachsen, der allein im Jahr 2020 in Deutschland einen Umsatz von etwa 5,28 Milliarden Euro erwirtschaftet hat.[1] Computerspiele richten sich an eine große und vielseitige Gruppe von Konsumenten. Im Jahr 2020 gaben knapp 29 Millionen Menschen in Deutschland an, zumindest gelegentlich Computerspiele zu nutzen.[2] Eine Umfrage im selben Jahr zeigt, dass sich Computerspieler über alle Altersgruppen etwa gleichmäßig verteilen (zwischen 14 und 17% ab einer Altersgruppe von 10 Jahren).[3] Um ein weit gestreutes Publikum erreichen zu können, werden Spieleproduktionen immer aufwendiger, aber auch teurer. Der Produktionsaufwand stellt zum Teil selbst Hollywood Filmproduktionen in den Schatten.[4]

Damit Computerspiele auch für die breite Masse an Spielern zu erschwinglichen Preisen vertrieben werden, passen *Publisher*, die Verleger der Games-Industrie, die Verkaufspreise für Computerspiele an die regionale Kaufkraft des Zielpublikums an und bilden Verkaufsregionen für ihre Spiele. Die Preise für ein und dasselbe Spiel unterscheiden sich deshalb im regionalen Vergleich zum

1 game/GfK, Umsatz im Markt für Computer- und Videospiele (ohne Hardware) in Deutschland von 2009 bis 2020 (in Millionen Euro), game/GfK/App Annie, https://de.statista.com/statistik/daten/studie/317808/umfrage/umsatz-im-markt-fuer-computer-und-videospiele-in-deutschland/, zuletzt geprüft am 26.05.2021.

2 9,96 Millionen befragte gaben an, regelmäßig Computerspiele zu spielen. 19,72 Millionen Befragte gaben an zumindest hin und wieder in Ihrer Freizeit zu spielen. IfD Allensbach, Anzahl der Personen in Deutschland, die in der Freizeit Computerspiele spielen, nach Häufigkeit von 2016 bis 2020 (in Millionen), IfD Allensbach, https://de.statista.com/statistik/daten/studie/171129/umfrage/haeufigkeit-des-computerspielens-in-der-freizeit/, zuletzt geprüft am 26.05.2021.

3 game/GfK, Verteilung der Videogamer in Deutschland nach Alter im Jahr 2020, game/GfK, https://de.statista.com/statistik/daten/studie/290890/umfrage/altersverteilung-von-computerspielern-in-deutschland/, zuletzt geprüft am 26.05.2021.

4 Das Spiel GTA V, Rockstar Games, erschienen am 17.09.2013, brachte die Produktionskosten auf eine damalige Rekordhöhe von über 200 Millionen Dollar focus, Das müssen Sie über „Grand Theft Auto 5“ wissen, focus online, https://www.focus.de/digital/games/tid-33690/das-erfolgreichste-spiel-des-jahrhunderts-das-muessen-sie-ueber-grand-theft-auto-5-wissen_aid_1109756.html, zuletzt geprüft am 26.05.2021.

Teil in nicht unerheblichem Maße voneinander. Das gilt insbesondere dann, wenn der Preisunterschied durch Wechselkurse verschiedener Währungen noch verstärkt wird. Diese regionale Einteilung wird auch auf dem Gebiet der Europäischen Union vorgenommen.[5]

Um ein neu erworbenes Spiel überhaupt nutzen zu können, müssen Käufer heute regelmäßig ihre Spielekopie auf einer Internetplattform mithilfe eines in der Spielepackung beiliegenden oder im digitalen Vertrieb übermittelten Produktschlüssels, auch *Key* genannt, aktivieren. Dadurch wird das dem *Key* zugehörige Spiel dauerhaft mit dem Account des Käufers verknüpft. Nach dieser Aktivierung ist der Produktschlüssel „verbraucht" und kann nicht erneut verwendet werden.[6] Ein der Spielepackung beiliegender Datenträger ist deshalb weder für die Installation noch für den Spielebetrieb erforderlich.

Keyseller nutzen das Preisgefälle zwischen den Verkaufsregionen und die Art der Spieleaktivierung für ihr eigenes Geschäftsmodell aus: Sie kaufen Computerspiele in Staaten mit günstigen Verkaufspreisen und bieten die den Spielepackungen beiliegenden Produktschlüssel im Internet auf speziellen Vermittlungsplattformen zum Verkauf an.

Ein potenzieller Käufer aus Deutschland hat so die Möglichkeit, durch den Kauf etwa eines polnischen Produktschlüssels den in Deutschland höheren Verkaufspreis zu umgehen und das gleiche Spiel zu einem günstigeren Preis zu erwerben. Es kommt allerdings auch vor, dass gestohlene oder durch Kreditkartenmissbrauch erlangte Produktschlüssel verkauft werden.

Den *Publishern* wiederrum ist dieses Vorgehen, das *Keyselling*, ein Dorn im Auge. Sie sehen als Rechteinhaber in dem Weiterverkauf von Produktschlüsseln eine Verletzung ihrer Urheberrechte.

---

5 Siehe etwa die regionale Einteilung der Steam-Plattform in West- und Osteuropa Steamworks-Dokumentation: Berichte und Zahlungen, Valve Corp., https://partner.steamgames.com/doc/finance/payments_salesreporting#3, zuletzt geprüft am 26.05.2021; deshalb hat die Europäische Kommission bereits ein Bußgeld gegen mehrere Publisher verhängt Kartellrecht: Kommission verhängt gegen Valve und fünf PC-Videospieleverlage Geldbußen von 7.8 Mio. EUR wegen Geoblocking-Praktiken, Europäische Kommission, https://ec.europa.eu/commission/presscorner/detail/de/ip_21_170, zuletzt geprüft am 26.05.2021.

6 Auf der von Valve betrieben Plattform Steam wird dem etwa Nutzer angezeigt, dass der doppelt - also beispielsweise erneut - eingetragene Produktschlüssel nicht zur Aktivierung verwendet werden kann Valve Corp., Warum erhalte ich die Meldung "Doppelter Produktschlüssel" bei der Registrierung, https://support.steampowered.com/kb_article.php?ref=7480-WUSF-3601#duplicate, zuletzt geprüft am 30.03.2021.

Diese Arbeit untersucht, ob der von *Keysellern* betriebene Weiterverkauf von Produktschlüsseln gegen die urheberrechtlichen Verwertungsrechte der Rechteinhaber verstößt, wenn der Verkauf ohne deren Zustimmung erfolgt. Sie überprüft welche der einschlägigen Verwertungsrechte auf den Sachverhalt der *Keyseller* anwendbar sind und geht dabei insbesondere auf die Problematik der digitalen Verbreitung und der Erschöpfung des Verbreitungsrechts ein.

Sie vertritt die These, dass der Weiterverkauf von Produktschlüsseln für Computerspiele auch im digitalen Umfeld eine Verbreitungshandlung ist, die zu den nach § 69c Nr. 3 UrhG zustimmungsbedürftigen Handlungen zählt. Sofern ein wirksamer Verkauf oder eine vollständige Veräußerung des Computerspiels durch den Rechteinhaber stattgefunden hat, kommt es jedoch zur Erschöpfung des Verbreitungsrechts nach § 69c Nr. 3 S. 2 UrhG, sodass der Weiterverkauf auch ohne Zustimmung des Urhebers erfolgen kann. Deshalb können Keyseller rechtmäßig erlangte Produktschlüssel, ohne Zustimmung des Rechteinhabers weiterveräußern.

B. Der Stand von Forschung und Rechtsprechung

Mit der *UsedSoft*-Entscheidung[7] hat der EuGH die Erschöpfung des Verbreitungsrechts im Zusammenhang mit dem Weiterverkauf von „gebrauchten" Softwarelizenzen bejaht. Damit hat er Stellung in einer höchst umstrittenen Problemlage bezogen und zumindest für den unkörperlichen Weiterverkauf von Software zusätzliche Voraussetzungen vorgegeben, die das Zurückbleiben von Vervielfältigungsstücken bei dem Veräußerer verhindern sollen.[8]

Ob und inwiefern die digitale Erschöpfung des Verbreitungsrechts und deren Kriterien auch auf andere digitale Werke, die nicht oder nicht nur Software sind, angewendet werden können, ist seitdem umstritten.[9] Kritiker halten

---

7 EuGH - C-128/11 = GRUR 2012, 904 - UsedSoft.

8 EuGH - C-128/11 = GRUR 2012, 904, 908 Rn. 88 - UsedSoft.

9 Befürworter der digitalen Erschöpfung: Wandtke/Bullinger/*Heerma*, UrhR[5], § 17 Rn. 31 ff.; Ensthaler/Weidert/*Ensthaler*, Handbuch Urheberrecht[3], Kap. 2 Rn. 99; Bräutigam/Rücker/*Specht*, E-Commerce, 6. Teil G. Rn. 68; *Metelski*, Multimediawerke, S. 166; *Kulpe*, EU Erschöpfungsgrundsatz, S. 167 ff.; *Oswald*, Erschöpfung durch Online- Vertrieb, S. 88; *Koehler*, Online-Erschöpfung, S. 72; *Ganzhorn*, InTeR 2014, 31, 38; *Dreier*, MMR 2021, 102, 105; *Hoeren/Jakopp*, MMR 2014, 646, 649; *Redeker*, CR 2014, 73, 77; *Schneider/Spindler*, CR 2014, 213, 222; sofern die erforderlichen Kriterien erfüllt werden können auch *Peifer*, AfP 2013, 89, 92 f.; *Hartmann*, GRUR Int. 2012, 980, 981; *Zscherpe*, MMR 1998, 404, 407 dagegen: Fromm/Nordemann/*Dustmann*, UrhR[12], § 17 Rn. 8 ff. - möglicherweise aber analog über die öffentliche Zugänglichmachung

die Voraussetzungen der Erschöpfungswirkung im digitalen Umfeld und damit potenziell auch den Vertrieb von Produktschlüsseln für Computerspiele ohne Zustimmung des Rechteinhabers, nicht für anwendbar, wenn es nicht allein um Computerprogramme geht. Vielfach wird auf den Erwägungsgrund 29 der InfoRL verwiesen, in dem die Erschöpfung für „Online-Dienste" ausgeschlossen wird.[10] Ebenso wird angeführt, dass es sich bei der Weitergabe digitaler Inhalte nicht um eine Verbreitung, sondern aufgrund der technischen Gegebenheiten vielmehr um ein Problem der Vervielfältigung[11] oder eine öffentliche Zugänglichmachung[12] handele. Ob im Rahmen der öffentlichen Zugänglichmachung überhaupt (analog) Erschöpfung eintreten kann ist jedenfalls umstritten und wird von der herrschenden Meinung abgelehnt.[13]

Eine neuere Entscheidung des EuGH zum Vertrieb gebrauchter E-Books[14] hat die Problematik mit Blick auf Werke, die aus Computerprogramm und audiovisuellen Bestandteilen bestehen, verschärft. Denn nun stellt sich die Frage, wie mit solchen hybriden Werken umgegangen werden soll, deren Computerprogrammanteil nicht bloßes „Beiwerk", sondern essenzieller Bestandteil des Werkes ist.[15] Insbesondere der in dieser Arbeit aufgegriffenen Fragestellung des Verkaufs von Produktschlüsseln im Zweitvertrieb kam bisher nur wenig

---

(sehr str.); Dreier/Schulze/*Schulze,* UrhG[6], § 17 Rn. 30; Dreyer/Kotthoff/Meckel/Hentsch/*Dreyer,* UrhR[4], § 17 Rn. 8 f.; Schricker/Loewenheim/*Loewenheim,* UrhG[6], § 17 Rn. 38; Büscher/Dittmer/Schiwy/*Haberstumpf,* Gewerblicher Rechtsschutz, Urheberrecht, Medienrecht[3], Kapitel 10 § 17 Rn. 4; Wandtke/Ohst/*Jani,* Medienprodukte[3], Kapitel 1 Rn. 120; *Schack,* UrhR[9], Rn. 463; *Schneider,* WRP 2021, 293, 300; *Czychowski,* GRUR 2017, 362, 364; *Wandtke,* MMR 2017, 367, 372; *Apel,* ZUM 2015, 640, 645 f.; *Brüggemann,* CR 2015, 697, 703; *Krügel/Biehler/Apel,* MMR 2013, 760, 765; zurückhaltend: Dreier/Schulze/*Dreier,* UrhG[6], § 69c Rn. 24a; *Grützmacher,* ZGE 2017, 423, 437; *Schippel,* MMR 2016, 802, 807; *Hauck,* NJW 2014, 3616, 3618.

10 So etwa Schricker/Loewenheim/*Loewenheim,* UrhG[6], § 17 Rn. 38; *Jani,* FS Wandtke, 331, 337.

11 So etwa *Schack,* UrhR[9], Rn. 463.

12 Fromm/Nordemann/*Dustmann,* UrhR[12], § 17 Rn. 9.

13 Siehe zur Beschränkung der Erschöpfung auf das Verbreitungsrecht nur BGH v. 21.07.2016 - I ZR 212/14 = GRUR 2017, 161, Rn. 60; BGH v. 04.05.2000 - I ZR 256/97 = MMR 2000, 1082, 1084 - Parfumflakon I; Wandtke/Bullinger/*Heerma,* UrhR[5], § 17 Rn. 36; Schricker/Loewenheim/*Loewenheim,* UrhG[6], § 17 Rn. 57; Im Ergebnis ablehnend Fromm/Nordemann/*Dustmann/Engels,* UrhR[12], § 19a Rn. 29. Dafür: *Hoeren/Jakopp,* MMR 2014, 646.

14 EuGH - C-263/18 = GRUR 2020, 179 - Tom Kabinet.

15 *Grützmacher,* CR 2020, 154, 156 f.; *Ohly,* GRUR 2020, 184, 185.

Aufmerksamkeit zu.[16] Die meisten Ausführungen beschäftigen sich hauptsächlich mit dem Erschöpfungseintritt ohne näher auf die Zuordnung der Weiterverkaufshandlung des *Keysellers* zum Verbreitungsrecht einzugehen.

C. Gang der Darstellung

Die Arbeit ist in drei Teile eingeteilt. Im ersten Teil wird der für die Fragestellung relevante Sachverhalt näher aufgearbeitet. Er enthält einen Einblick in die Vertriebsformen der Games-Industrie, die Erklärung gängiger Begriffe sowie die genaue Erläuterung des Geschäftsmodells der *Keyseller.*

Der zweite Teil beschäftigt sich mit der rechtlichen Zulässigkeit des *Keysellings* aus urheberrechtlicher Sicht. Er nimmt eine Zuordnung der von *Keysellern* durchgeführten Vertriebshandlung zu den einschlägigen Verwertungsrechten vor, geht anschließend auf die Problematik der digitalen Erschöpfung des Verbreitungsrechts bei Computerspielen ein und untersucht, inwiefern die vom EuGH in der *UsedSoft*-Entscheidung aufgestellten Kriterien auf Werke übertragen werden können, die nicht nur Software i.S.d. ComputerRL sind und ob dies nach der erwähnten EuGH-Entscheidung (Fall Tom Kabinet) überhaupt noch möglich ist.

Der dritte Teil bildet den Abschluss der Arbeit und enthält neben einem kurzen Überblick der Ergebnisse des zweiten Teils eine Stellungnahme und ein Fazit zu den gewonnenen Erkenntnissen.

Auf die Verantwortlichkeit der Betreiber der von *Keysellern* genutzten Vermittlungsplattformen geht die Arbeit nicht ein. Sie beschränkt sich auf die Verantwortlichkeit der *Keyseller.* Sie geht auch nicht auf mögliche Ansprüche von *Publishern* gegen den Weiterverkauf von Produktschlüsseln durch *Keyseller* aus dem Kartell-, Lauterkeits- oder Markenrecht ein und lässt prozessrechtliche Probleme außen vor.

---

16 In der Rechtsprechung konkret zu dieser Fallgestaltung lediglich LG Berlin, MMR 2014, 838; innerhalb der Literatur nur *Dreier*, MMR 2021, 102; *Hentsch*, MMR-Beil. 2019, 3; *Hilgert*, CR 2014, 354; zwar zur digitalen Erschöpfung, aber nur mit Blick auf den nicht gewerblichen Weiterverkauf *Metelski,* Multimediawerke.

Dass Computerspiele urheberrechtlich geschützt sind, ist unbestritten.[17] Damit beschäftigen sich bereits zahlreiche Dissertationen.[18] Ebenso ist unproblematisch, dass Computerspiele aufgrund der vielen audiovisuellen Elemente mehr als nur Software sind. Die Arbeit beschränkt sich deshalb auf einen kurzen Überblick über den urheberrechtlichen Schutz von Computerspielen.

Neben dem in dieser Arbeit beschriebenen Vertriebsweg bestehen auch andere Vertriebsmodelle. Die Untersuchung beschränkt sich jedoch auf die hier dargestellte Vertriebsform, die auf der Zuordnung des Computerspiels zu einem Benutzeraccount mithilfe eines Produktschlüssels basiert.

Mit Veröffentlichung der neuen Konsolengeneration im Jahr 2020 sind, sowohl von Sony mit der PlayStation 5 - Digital Edition als auch von Microsoft mit der Xbox Series S, Spielekonsolen auf dem Markt verfügbar, die über kein eigenes Laufwerk zum Auslesen von Datenträgern verfügen. Ob sich auch für diese Konsolen ein ähnlicher von *Keysellern* genutzter Markt für den Verkauf von Produktschlüsseln ergeben wird, ist zum Zeitpunkt der Entstehung dieser Arbeit noch nicht absehbar. Sollte das der Fall sein, könnten die hier gewonnen Ergebnisse auch für diese Sachverhalte relevant sein. Eine Einschätzung ist jedoch noch nicht möglich und wird deshalb in dieser Arbeit auch nicht vorgenommen.

Jedenfalls soll davon ausgegangen werden, dass die von *Publishern* und *Entwicklern* ausgewählten Vertriebskanäle die für den Vertrieb erforderlichen Urheberrechte besitzen. Die Arbeit untersucht, ob Händler, die gerade nicht mit Zustimmung der Rechteinhaber Verkäufe vornehmen, gegen Urheberrechte verstoßen.

---

17 BGH v. 06.10.2016 - I ZR 25/15 = GRUR 2017, 266 - World of Warcraft I; EuGH - C-355/12 = GRUR 2014, 255 - Nintendo/PC Box; Wandtke/Bullinger/*Bullinger,* UrhR[5], § 2 Rn. 129; Fromm/Nordemann/*Nordemann A.*, UrhR[12], § 2 Rn. 204; Dreier/Schulze/*Schulze,* UrhG[6], § 2 Rn. 207; Schricker/Loewenheim/*Loewenheim,* UrhG[6], § 2 Rn. 217; *Schack,* UrhR[9], Rn. 248; *Wandtke,* UrhR[7], Kapitel 2, Rn. 17; *Brüggemann*, CR 2015, 697; *Bullinger/Czychowski*, GRUR 2011, 19.

18 Siehe nur *Oehler,* Komplexe Werke; *Hofmann,* Computerspielsysteme; *Metelski,* Multimediawerke; *Rauda,* Computerspiele; *Lambrecht,* Bildschirmspiele.

Teil 1: Keyselling als Vertriebsmodell bei Computerspielen

Dieser Abschnitt soll den untersuchten Sachverhalt darstellen und die verwendete Terminologie erläutern. Damit die rechtlichen Besonderheiten des *Keysellings* näher betrachtet werden können, ist es erforderlich, einen Überblick über den Vertrieb von Computerspielen zu bekommen. Das hier untersuchte Geschäftsmodell konnte schließlich erst mit der Schaffung moderner Vertriebsstrukturen entstehen.

A. Entwickler, Publisher, Plattformbetreiber und lizenzierte Händler

Die Entwicklung von Computerspielen benötigt kreative Ideen, technisches Knowhow, Zeit und daher nicht zuletzt vor allem eines: Geld. Die Entwicklung von Computerspielen kann sich über mehrere Jahre strecken. *Entwickler* sind deshalb während der Entwicklungsphase häufig auf Vorfinanzierungen angewiesen.[19]

Teilweise wenden sie sich über Crowdfunding-Plattformen direkt an den späteren Kundenkreis. Die Regel ist aber, dass *Entwickler* sich für die Durchführung eines Computerspielprojekts der Vorfinanzierung durch *Publisher* bedienen. Entwicklerstudios sind daher oft gesellschaftsrechtlich an *Publisher* angegliedert. Es kommt aber auch vor, dass *Entwickler* nur für einzelne Projekte mit einem *Publisher* zusammenarbeiten.

Publisher sind die Verlage der Videospielindustrie. Sie tragen die Entwicklungskosten für ein neues Computerspiel und übernehmen häufig wesentliche Steuerungs- und Kontrollaufgaben. Dazu zählen u.a. Marketing und Kontrolle der Entwicklung.[20] *Publisher* tragen die finanzielle Verantwortung für die pünktliche Fertigstellung eines Computerspiels. Gewinne werden aus dem erfolgreichen Spielvertrieb erwirtschaftet.

Im digitalen Computerspielvertrieb haben vor allem große *Publisher* damit begonnen, ihre Spiele über eigene Online-Plattformen zu vertreiben. Diese Plattformen stellen sie meist auch anderen *Publishern* oder selbstpublizierenden

19 *Kempf*, Videospielindustrie, S. 45.

20 Duisberg/Picot/*Picot*, Computerspiele, S. 23 ff.; *Kempf*, Videospielindustrie, S. 46 f.

Entwicklern gegen eine Gewinnbeteiligung zur Verfügung. Als Betreiber dieser Plattformen sind *Publisher* für die Bereitstellung der erforderlichen Serverkapazitäten und die Aufrechterhaltung des Vertriebskanals – also die Gestaltung des enthaltenen Shops – verantwortlich.

Insgesamt werden Publisher innerhalb der Arbeit als „Rechteinhaber" bezeichnet werden, denn bei näherer Betrachtung des Computerspielvertriebs haben alle bisher genannten Akteure gemeinsam, dass sie jedenfalls mit der erforderlichen Zustimmung der Urheber handeln und deshalb auch mit den erforderlichen Urheberrechten ausgestattet sind.

Dementsprechend soll davon ausgegangen werden, dass Plattformbetreiber die nötigen Rechte besitzen, um den vollständigen Vertrieb des Computerspiels vornehmen zu können.

Die Gruppe der *lizenzierten Händler* betreibt eigene Vertriebskanäle für Computerspiele, bietet dabei aber nicht den Download des Computerspiels an, sondern ermöglicht lediglich den Zugang zu den Downloadservern anderer Plattformbetreiber, indem sie Produktschlüssel an ihre Käufer weitergeben, die bei Online-Plattformen eingelöst werden können.

B. Der Vertrieb von Computerspielen

Der Vertrieb von Computerspielen erfolgt sowohl im Einzelhandel, also im „körperlichen" Vertrieb, als auch rein digital im Online-Handel. Der Kauf im Einzelhandel ist inzwischen meist eng mit dem digitalen Vertrieb verbunden, weil auch dort die Aktivierung des gekauften Spiels mithilfe eines Produktschlüssels durchgeführt werden muss.

I. Besonderheiten im „körperlichen" Erstvertrieb und Herkunft der Produktschlüssel im Computerspielbereich

Der Vertrieb von Computerspielen im Einzelhandel, also entweder in Ladengeschäften oder auch durch den Online-Versand, zeichnet sich dadurch aus, dass der Kunde das Computerspiel in physischer Form erwirbt.

Klassischerweise enthält die sog. „Boxed-Version" eines Computerspiels den für die Installation auf dem Computer benötigten Datenträger[21] und einen Produktschlüssel, der auch „Key"[22] genannt wird.

Wer zum Ende der 1990er oder zu Beginn der frühen 2000er-Jahre ein Computerspiel erwarb, musste i.d.R. während oder vor der Installation einen mitgelieferten Produktschlüssel – eine Kombination aus Zahlen und Buchstaben[23] – eingeben, um das Spiel spielen zu können.

Die Überprüfung des Produktschlüssels erfolgte ursprünglich auf Grundlage einer mathematischen Formel: Der Key war nicht bloß eine zufällige Zahlen- und Buchstabenkombination, sondern folgte einer mathematischen Regel, deren Hilfe das Spielprogramm die Echtheit des Schlüssels autonom überprüfen konnte, ohne etwa auf eine Datenbank oder eine Internetverbindung zurückgreifen zu müssen.[24]

In dieser Art der Überprüfung lag aber auch die Schwachstelle des Systems: Wer nämlich die mathematische Grundlage für die Generierung dieser Produktschlüssel herausgefunden hatte, der konnte selbst *Keys* herstellen, die das Spiel bei der Überprüfung aufgrund der mathematischen Korrektheit akzeptierte. Darum kursierten schnell eine Reihe von „Key-Generator"-Programmen im Internet, die Nutzern von durch Piraterie erworbenen Spielen die Installation ermöglichen konnten.

Um die Schwächen der Spielesicherung durch Produktschlüssel auszubessern, gab es in der Folgezeit eine Fülle verschiedener technischer Schutzmaßnahmen, die neben oder anstelle eines *Keys* eingesetzt wurden.[25]

---

21 Das sind i.d.R. CDs oder DVDs. Zum Zeitpunkt des Entstehens dieser Arbeit haben sich Blu-Ray-Discs – nicht zuletzt aufgrund der immer gängiger werdenden Spiele-downloads – als Speichermedium für Computerspiele (anders bei Konsolenspielen) nicht durchgesetzt.

22 Oder auch: „Aktivierungsschlüssel", „CD-Key", „Product-Key", „Lizenzschlüssel".

23 Beispiel für einen Produktschlüssel: „BCDFG-12345-HJKLM-67890-NPQRS" Die Einteilung in Blöcke dient der besseren Lesbarkeit durch den Benutzer.

24 Wikipedia, Lizenzschlüssel, https://de.wikipedia.org/wiki/Lizenzschl%C3%BCssel, zuletzt geprüft am 26.05.2021.

25 Vgl. dazu *Mayer-Wegelin*, Käuferrechte bei Computerspielen – Technische Kopierschutzmaßnahmen und End User License Agreements, https://www.jurpc.de/jurpc/show?id=20090028, zuletzt geprüft am 26.05.2021; siehe für eine Auflistung verschiedene Kopierschutzsysteme auch Wikipedia, Kopierschutz, Wikipedia, https://de.wikipedia.org/wiki/Kopierschutz#Kopierschutzverfahren_f%C3%BCr_CDs/DVDs, zuletzt geprüft am 26.05.2021.

Aufgrund der seit Beginn des Jahrtausends stetig wachsenden Verbreitung schneller Internetanschlüsse sind viele dieser zwischenzeitlich eingesetzten Kopierschutzmaßnahmen der Online-Aktivierung gewichen.

II. Die Funktion der Produktaktivierung über Online-Plattformen

Käufer müssen für die erfolgreiche Produktaktivierung zunächst einen Benutzeraccount auf der durch den Rechteinhaber festgelegten Plattform anlegen – oder sich in ein bestehendes Konto einloggen. Der Installationsvorgang für das Computerspiel beginnt erst, sobald das Spiel mit dem Konto des Nutzers verbunden ist. Das geschieht mithilfe der Eingabe des Produktschlüssels.

Der eingegebene Schlüssel wird mit der auf dem Server vorhandenen Datenbank abgeglichen. Der Produktschlüssel ist „echt“, wenn er dem Server bekannt ist. Er kann nur zur Aktivierung des Computerspiels verwendet werden, wenn bisher noch keine Aktivierung mit demselben Schlüssel durchgeführt worden ist.[26] Das sorgt dafür, dass der Schlüssel nur ein einziges Mal verwendbar ist. Er wird also durch die erfolgreiche Authentifizierung „verbraucht“.

Im Rahmen der Aktivierung wird das Spiel dauerhaft mit dem Benutzerkonto verbunden. Das heißt der Nutzer erhält die unbegrenzte Nutzungsmöglichkeit für das Computerspiel, sofern er mit dem passenden Benutzeraccount angemeldet ist. Auf diesem Wege entsteht mit jeder Aktivierung eines Computerspiels auf derselben Plattform und über denselben Account eine Art Spielebibliothek.

III. Technische Absicherung des Produktschlüsselvertriebs

Durch die Serverabfrage innerhalb des Aktivierungsvorgangs wird technisch abgesichert, dass es sich bei den durch den Nutzer eingetragenen Produktschlüsseln um „echte“, also durch den *Publisher* ausgegebene Keys handelt.[27] Der Aktivierungsserver verfügt seinerseits über eine Datenbank, in der alle in Verkehr gebrachten Produktschlüssel enthalten sind. Auf diese Weise schlägt ein Aktivierungsversuch mit „nachgemachten“ Schlüsseln stets fehl. Das gilt auch, wenn

---

26 Siehe für die Steam-Plattform Valve Corp., Warum erhalte ich die Meldung "Doppelter Produktschlüssel" bei der Registrierung, https://support.steampowered.com/kb_article.php?ref=7480-WUSF-3601#duplicate, zuletzt geprüft am 30.03.2021.

27 Konkrete Anfragen zur technischen Funktion der Absicherung von Produktschlüsseln an die verschiedenen Plattformbetreiber blieben unbeantwortet, sodass hier nur von der sich aus dem Nutzerverständnis ergebenden Absicherung ausgegangen werden kann.

ein Schlüssel womöglich nach derselben Formel erstellt wurde, wie ein Originalschlüssel. Denn der falsche Schlüssel ist nicht in der Datenbank des Aktivierungsservers enthalten, sodass der Server die Aktivierung verweigert.

Insoweit kann festgehalten werden, dass für ein solches Aktivierungssystem hergestellte Produktschlüssel stets durch den Rechteinhaber ausgegeben werden.

Sicherheitslücken, die eine Umgehung des Schutzes ermöglichen, werden schnell geschlossen.[28] Wenn Fälschungen verkauft werden, dann scheitert der Nutzer bereits bei der Aktivierung.[29] Ein solcher Schlüssel war deshalb niemals in der Lage den Aktivierungsprozess zu vollziehen.

Es kommt im Ergebnis darauf an, dass durch die technische Absicherung sichergestellt werden kann, dass ein ausgegebener Produktschlüssel nur einmalig verwendet werden kann.

IV. Besonderheiten im digitalen Erstvertrieb

Durch den wachsenden Online-Markt für Computerspiele sind verschiedene digitale Distributionsplattformen entstanden, die es Käufern ermöglichen, Spiele direkt im Internet zu erwerben, ohne dass vorher ein Produkt aus dem Einzelhandel gekauft oder dem Online-Versand geliefert werden muss.

Im Jahr 2019 lag der Anteil der Downloads, also des rein digitalen Vertriebs, beim Absatz von PC- und Konsolenspielen bei etwa 45%.[30] Der digitale Markt ist also ein wichtiger Bestandteil des Computerspielevertriebs.

1. Spielekauf über Plattformen mit eigener Spieleverwaltung

Mit den passenden Downloadgeschwindigkeiten ist es *Publishern* möglich, ihr Spiel direkt im Internet und ohne Zwischenhändler über eine Online-Plattform als Download anzubieten.

---

28 *Nichols*, I found a security hole in Steam that gave me every game's license keys and all I got was this… oh nice: $20,000, https://www.theregister.com/2018/11/09/valve_steam_key_vulnerability/, zuletzt geprüft am 26.05.2021.

29 *Maciej*, Steam Keys kaufen - Wo ist es sicher?, giga.de, https://www.giga.de/downloads/steam/tipps/steam-keys-kaufen-wo-ist-es-sicher/, zuletzt geprüft am 26.05.2021.

30 game: GfK, Anteil der Downloads am Absatz von PC- und Konsolenspielen* in Deutschland von 2010 bis 2019, Statista, https://de.statista.com/statistik/daten/studie/418754/umfrage/anteil-der-downloads-am-absatz-von-pc-und-konsolenspielen-in-deutschland/, zuletzt geprüft am 26.05.2021.

Aufgrund der direkten Verbindung von Account und Spiel ist bei Käufen auf solchen Plattformen keine weitere Authentifizierung durch den Nutzer erforderlich, denn der Kauf erfolgt direkt über den Shop der Plattform.

Einige der von *Publishern* betriebenen Plattformen bieten hauptsächlich eigene Spiele an. Andere werden von einer Vielzahl von *Publishern* und *Entwicklern* zum Spielevertrieb genutzt.

2. Nutzung der Plattform für den Spielebetrieb

Die nach dem Kauf einem Konto zugewiesenen Spiele können jederzeit heruntergeladen und gespielt werden. Dazu wird i.d.R. eine besondere Client-Software verwendet, mit deren Hilfe die dem Benutzerkonto zugehörigen Spiele angezeigt und heruntergeladen werden. Die Client-Software überprüft, ob ein Spiel mit dem Account verknüpft ist und ermöglicht bei positiver Serverrückmeldung den Spielbetrieb.

Durch die Serververbindung können außerdem Aktualisierungen aufgespielt werden, die das Spiel auf dem aktuellen technischen Stand halten, ohne dass der Nutzer sich darum besonders kümmern müsste.

Die benötigten Serverkapazitäten für den Spieledownload oder die Verbreitung von Aktualisierungen werden von den Plattform-Betreibern im Regelfall für den Nutzer kostenlos zur Verfügung gestellt.

Außerdem bieten die meisten Plattformen verschiedene Social-Media-Funktionen an, mit deren Hilfe Spieler untereinander kommunizieren und Mehrspielerpartien starten können.

Die größte dieser Plattformen ist Steam, betrieben von der Valve Corp. mit derzeit über 44.321 Spielen[31] verschiedener *Publisher.*

Die Nutzerzahlen sind nicht weniger beeindruckend: Schätzungen ergeben, dass im Jahr 2017 über 62 Millionen neue Nutzer einen Steam-Account erstellt haben.[32] Der Umsatz dieser Plattform wird allein für das Jahr 2017 auf etwa 4,3 Milliarden Dollar geschätzt.[33]

---

31 Anzahl der Spiele auf Steam, Valve Corp., https://store.steampowered.com/search/?sort_by=Released_DESC&category1=998&page=1, zuletzt geprüft am 26.05.2021.

32 Steam Spy/Medium, Number of new users on Steam from 2003 to 2017 (in 1,000s), Statista, https://www.statista.com/statistics/823944/steam-new-users/, zuletzt geprüft am 26.05.2021.

33 Steam Spy/VG24/7, Revenue generated by game sales on Steam from 2014 to 2017 (in billion U.S. dollars), Statista, https://www.statista.com/statistics/547025/steam-game-sales-revenue/, zuletzt geprüft am 26.05.2021.

Mit seiner Größe, Nutzerstärke und der daraus resultierenden Relevanz nimmt die Plattform eine zentrale Rolle beim digitalen Verkauf von Computerspielen ein.

Aber auch andere *Publisher* betreiben Plattformen mit ähnlichem technischen Umfang, wenn auch meist in kleinerem Umfang bezüglich des Spielesortiments und der Nutzerzahlen.[34]

3. *Spielekauf über Plattformen im Internet ohne eigene Spieleverwaltung*

Neben dem Kauf von Computerspielen auf Online-Plattformen mit eigener Spieleverwaltung und eigenen Downloadservern gibt es auch *lizenzierte Händler*, die Produktschlüssel in Kooperation mit *Publishern* zum Kauf anbieten. Diese können dann wiederum auf der vom *Publisher* festgelegten Online-Plattform aktiviert werden. Diese *lizenzierten Händler* nutzen häufig ihren Spielraum in der Preisgestaltung oder treffen besondere Rabattvereinbarungen, um das Spiel, zumindest zeitweise, zu einem günstigeren Preis anzubieten. So erlaubt Valve auch die Rabattierung von auf Steam veröffentlichten Spielen auf anderen Plattformen, sofern *Publisher* beabsichtigen, den Steam-Nutzern innerhalb eines angemessenen Zeitraums ein ähnliches Angebot zu machen.[35]

Ein Beispiel für einen Verkaufsvorgang: Ein Online-Shop (A) verkauft in Kooperation mit einem *Publisher* ein Computerspiel, das über Steam aktiviert werden muss. Der Käufer erhält nach dem Kauf eine E-Mail von A, indem der Produktschlüssel und Hinweise zur Aktivierung auf Steam enthalten sind. Durch die Eingabe des Produktschlüssels über die Steam-Plattform wird das erworbene Spiel daraufhin dem Steam-Account des Käufers hinzugefügt, Download und Spielbetrieb erfolgen über die Steam-Plattform.

Deshalb werden auch für den digitalen Computerspielevertrieb Produktschlüssel verwendet.

4. *Die „Games-Flat“ als Alternative zum Einzelkauf*

Neben dem Einzelvertrieb von Computerspielen bieten erste Anbieter ein neues Modell des Spielevertriebs an: Über ein Abo-Modell wird Nutzern ermöglicht,

---

34 Etwa der „Epic Games Store“ von Epic Games Inc., „Origin“ von Electronic Arts Corp., „Uplay“ von Ubisoft Entertainment SA

35 Abschnitt der Steamworks-Dokumentation über Steam-Produktschlüssel, Valve Corp., https://partner.steamgames.com/doc/features/keys, zuletzt geprüft am 26.05.2021.

auf eine große – durch den Rechteinhaber getroffene – Auswahl von Spielen frei zuzugreifen.[36] Der Nutzer zahlt dafür eine monatliche Gebühr und kann die im Angebot enthaltenen Spiele so lange herunterladen und nutzen, wie sein Abonnement besteht. Beendet der Nutzer sein Abo, kann er auch nicht mehr auf die Spiele zugreifen.

V. „Körperlicher" Erstvertrieb ohne Datenträger

Das Modell des digitalen Erstvertriebs mithilfe von Online-Plattformen und daran gebundenen Nutzerkonten hat sich insoweit bewährt, als auch der körperliche Erstvertrieb inzwischen an dieses System angebunden wird, sodass der Umfang des körperlich verkauften Produkts minimiert wird.

Wer heutzutage ein Computerspiel im Laden kauft und Speichermedien zur Installation des Spiels erwartet, wird immer öfter enttäuscht: Der gekauften Box liegt nur noch ein gedruckter Produktschlüssel bei, der auf der passenden Online-Plattform aktiviert werden muss. Auf dem deutschen Markt war das etwa für „Assassin's Creed: Valhalla"[37] der Fall. Im Online-Vertrieb des Mediamarktes wird unter der Rubrik „Datenträger" nur noch „Download Code" bzw. im Titel der Artikelbeschreibung „Code in der Box" angegeben.[38]

Gerade in osteuropäischen Regionen verschwinden Installationsmedien völlig. Im Laden hängt dann eine Pappkarte, auf der lediglich der Produktschlüssel zur Online-Aktivierung zu finden ist.

Für *Publisher* hat das den Vorteil, dass sie keine Datenträger mehr herstellen müssen und auch der Druck der „Aktivierungskarten" günstiger ist als die Herstellung der sonst üblichen Box-Versionen.

VI. Sprachenvielfalt der Computerspiele fördert den globalen Vertrieb

Computerspiele sind ein internationales Medium. Sie werden international hergestellt, gespielt und gekauft. Deshalb erfolgt die Übersetzung in eine Vielzahl von Sprachen: Spiele mit Sprachausgabe werden in die für den Markt gängigsten

---

36 Abo-Modelle werden derzeit von verschiedenen Publishern angeboten: „EA Play" von Electronic Arts, „Xbox Game Pass PC" von Microsoft und „Uplay+" von Ubisoft.

37 „Assassin's Creed: Valhalla", von Ubisoft Montreal und Ubisoft Milan entwickelt und von Ubisoft gepublisht im Jahr 2020.

38 mediamarkt.de, Verkaufsseite mit Titel: "Assassins Creed® Valhalla (Code in der Box) - [PC]", https://www.mediamarkt.de/de/product/_assassins-creed%C2%AE-valhalla-code-in-der-box-adventure-pc-2653452.html, zuletzt geprüft am 26.05.2021.

Sprachen übersetzt und synchronisiert. Der Anzeigetext wird meist noch in weitere Sprachen übersetzt. Der Spieler kann die Sprachversion seines Spiels häufig während der Installation festlegen oder gar im Spiel selbst beliebig verändern.

Bei körperlichen Installationsmedien war der Speicherplatz für verschiedene Übersetzungen begrenzt, sodass dem Käufer eines Spiels meist nur die regional gängigen Sprachen zur Verfügung standen. Mit der Verbreitung des Online-Verkaufs von Computerspielen als Download ist dieses Problem jedoch nahezu bedeutungslos. Nutzer können die gewünschte Sprache beim Download von den Servern des Rechteinhabers auswählen.

Für den globalen Vertrieb eines Computerspiels bedeutet das also, dass *Publisher* ihre Spiele durch den Online-Vertrieb einfacher international anbieten können. Gleichzeitig bedeutet das für den Käufer, dass im Ausland gekaufte Spiele nicht an die regionale Spracheinstellung gebunden sind.

VII. Preise und Preisentwicklung

Neue und aufwendig programmierte Computerspiele, oft auch „AAA-Titel“ genannt, kosten in Deutschland regelmäßig zwischen 49€ und 89€. Etwa sechs Monate nach ihrer Veröffentlichung sinkt der Preis. Bis dahin hat das Spiel typischerweise etwa 80% seines gesamten erhofften Umsatzes erwirtschaftet.[39] Wenn die erste Nachfrage zum Erscheinungsdatum bedient ist, soll mit günstigeren Preisen der Vertrieb an bisher unentschlossene Spieler gefördert werden. Dafür werden die Spiele regelmäßig in „Sales“ rabattiert oder generell im Preis gesenkt.[40]

Die Verkaufspreise variieren im internationalen Vergleich zum Teil stark: Ein beispielhaft recherchiertes Spiel (Hier „Mass Effect: Andromeda“[41]) kostete in Deutschland zu seiner Veröffentlichung in einem großen Elektronikmarkt 55 €, bei einem großen Online-Händler 53,99 €. Im deutschen Online-Verkauf des *Publishers* lag der Preis sogar bei 59 €. Zum gleichen Zeitpunkt kostete das Spiel in Spanien 44,99 €, in Polen umgerechnet 44 €. Die Preisunterschiede zwischen dem deutschen und dem Markt anderer innereuropäischer Länder sind also bereits deutlich erkennbar. Verlässt man den europäischen Raum, liegt der Preis in Russland sogar nur bei umgerechnet 28 € und damit bei etwa der Hälfte des

---

39 *Kempf*, Videospielindustrie, S. 66.

40 *Kempf*, Videospielindustrie, S. 78 f.

41 Mass Effect: Andromeda, von BioWare entwickelt und von Electronic Arts gepublisht im Jahr 2017.

deutschen Preises. Die Schwankungen ergeben sich durch die Anpassung des Verkaufspreises an die regionale Kaufkraft.

C. Das Geschäftsmodell der Keyseller

Dadurch, dass der Vertrieb von Computerspielen bereits mit der Weitergabe eines Produktschlüssels erfolgen kann, weil Nutzer die erforderlichen Spieldaten von der zugehörigen Online-Plattform herunterladen können, hat sich eine neue Vertriebsform auf dem Markt der Computerspiele entwickelt: *Keyselling.*

Dritte, die in keiner rechtlichen Beziehung zu den sonst am Vertrieb beteiligten Rechteinhabern stehen, verkaufen Produktschlüssel für Computerspiele auf gesonderten Online-Plattformen im Internet.

Die Produktschlüssel dieser *Keyseller* sind, verglichen mit dem sonst in Deutschland anzutreffenden Markt, meist besonders günstig. Das liegt daran, dass die Schlüssel etwa aus anderen Verkaufsregionen stammen und entsprechend nicht an das deutsche, sondern ein anderes, regionales Preisniveau angepasst sind.

I. Herkunft der Produktschlüssel

In der Praxis haben *Keyseller* verschiedene Möglichkeiten, die für den Verkauf geeigneten, also entsprechend günstigen Produktschlüssel zu erhalten. Der folgende Abschnitt widmet sich den möglichen Quellen, die *Keyseller* nutzen, um Produktschlüssel zu erlangen.

1. Ausnutzen regionaler Preisunterschiede

Eine der einfachsten Methoden, günstige Produktschlüssel zu erwerben, ist das Ausnutzen der teils erheblichen regionalen Preisgefälle durch Erwerb im kostengünstigen Ausland und Veräußerung im Inland. *Keyseller* müssen dazu lediglich den günstigsten Verkaufsort ausfindig machen und dort erworbene Produktschlüssel im Internet gewinnbringend weiterverkaufen.[42]

Selbst mit dem auf den ursprünglichen Kaufpreis aufgeschlagenen Gewinn kann der Preis insgesamt unter dem im deutschen Einzelhandel bzw. dem im lizenzierten Online-Vertrieb bleiben. *Keyseller* treten damit in Konkurrenz zu den von *Publishern* gewünschten Vertriebswegen und -regionen.

42 Siehe oben Teil 1:B.VII mit Beispiel zu innereuropäischen Preisunterschieden.

Aufgrund der Sprachvielfalt von Computerspielen stehen diesem Geschäftsmodell keine oder wenige sprachliche Barrieren entgegen.

Deshalb ist die etwa polnische Verkaufsversion verglichen der deutschen absolut gleichwertig. Bei der Produktaktivierung gibt es keine Unterschiede. Der Download der deutschen Sprachversion ist problemlos möglich, denn die Spracheinstellungen richten sich nicht nach der Verkaufsregion, sondern nach den Programmeinstellungen des Nutzers, der spielespezifisch oder allgemein festlegen kann, welche Version installiert werden soll.

2. Verkauf von kostenlos erlangten Produktschlüsseln

Im umkämpften Markt der Computerspiele hängt der Erfolg eines neuen Spiels von der Vermarktungsstrategie ab. Im Schnitt wird etwa 80% des Umsatzes in der Spieleindustrie durch 20% der veröffentlichten Spiele erwirtschaftet.[43] Deshalb vergeben *Publisher* und *Entwickler* kostenlos Produktschlüssel für neue Spiele an Influencer (Steamer, Youtuber, u.A.), um so die mediale Aufmerksamkeit zu erhöhen.

Diese sollen das Spiel auf ihren Kanälen präsentieren und auf diese Weise Zuschauer zum Kauf animieren. Dabei ist es üblich, dass mehrere Produktschlüssel versendet werden, damit das Interesse der potenziellen Käufer durch Verlosungen und Gewinnspiele noch weiter angefeuert werden kann.

Keyseller nutzen diese kostenlos erlangten Produktschlüssel um sie, verglichen mit dem vom *Publisher* bestimmten regionalen Preis, deutlich günstiger zu verkaufen.

Daneben werden Produktschlüssel in Kooperation mit Hardwarekäufen vergeben. Wer sich beispielsweise eine neue Grafikkarte kauft, den erwartet häufig neben der neuen Hardware auch der ein oder andere Produktschlüssel, der für ein Spiel eingelöst werden kann. Wer das Spiel bereits erworben hat oder nicht haben möchte, kann den *Key* verkaufen.

3. Auf anderen Wegen erlangte Produktschlüssel

Immer wieder tauchen Beschwerden von Rechteinhabern auf, die vom Vertrieb „unrechtmäßig“ erlangter Produktschlüssel sprechen.[44] *Keysellern* haftet deshalb

43 *Kempf*, Videospielindustrie, S. 57.

44 Siehe etwa *SuperData Research Holding*, Defend Your Kingdom, *SuperData Research Holding*, Inc., http://driv.ws/he, zuletzt geprüft am 26.05.2021; *Gnade*, IndieGameStand has had $30,759.42 in fraudulent credit card charges and transactions, IndieGame Stand Blog, https://web.archive.org/web/20160316011333/http://blog.indiegamestand.

das Image an, gestohlene oder durch Betrug erlangte Produktschlüssel zu verkaufen, um Geldwäsche zu betreiben.[45] Das zeigt sich insbesondere durch die Vielzahl der im Internet zu findenden Artikel und Nutzerbeiträgen, die sich mit *Keysellern* befassen.[46]

a. Diebstahl von Produktschlüsseln

Aus Gesprächen mit deutschen *Publishern* während der Recherche für diese Arbeit hat sich ergeben, dass es durchaus vorkommt, dass Produktschlüssel während der Auslieferung von Boxed-Produkten an Groß- oder Zwischenhändler gestohlen werden. Das bestätigt auch ein entsprechender Abschnitt der Steam-Dokumentation für Entwickler. Hier wird auf die Möglichkeit eingegangen, dass Produktschlüssel gesperrt werden können, wenn sie gestohlen wurden.[47] Der Diebstahl erfolgt meist während des Transports in den Einzelhandel. Diese Produktschlüssel werden dann oft zu sehr günstigen Preisen weiterverkauft.

Nutzen Rechteinhaber die Steam-Plattform, können sie bei entsprechender eigener Organisation nachvollziehen, welche Charge an Produktschlüsseln in welchen Vertriebsweg versendet werden sollte, und so feststellen, ob gestohlene Produktschlüssel eingelöst wurden.

Im Ergebnis werden die damit verbunden Spiele durch den Plattformbetreiber gesperrt, sodass Käufer von gestohlenen Produktschlüsseln das Computerspiel nicht mehr nutzen können.[48] Für den *Keyseller* ist das Geschäft dann jedoch

---

com/featured-articles/steam-key-reselling-killing-little-guys/, zuletzt geprüft am 26.05.2021; tinyBuild, G2A sold $450k worth of our game keys, http://www.tinybuild.com/single-post/2017/04/28/G2A-sold-450k-worth-of-our-game-keys, zuletzt geprüft am 26.05.2021.

45 *Hentsch*, MMR-Beil. 2019, 3, 4.

46 *Sandqvist*, G2A.com: Ist das denn wirklich legal? Unsere Reportage über Key-Reseller, gamestar.de, https://www.pcgames.de/Spielemarkt-Thema-117280/Specials/G2A-Bericht-Key-Reseller-1261906/, zuletzt geprüft am 26.05.2021; gamedealsmod, Key resellers and what they mean for you, reddit, https://www.reddit.com/r/GameDeals/comments/2yhlw4/key_resellers_and_what_they_mean_for_you/, zuletzt geprüft am 26.05.2021; *Hall*, The truth behind those mysteriously cheap gray market game codes, Polygon, https://www.polygon.com/2015/2/9/8006693/the-truth-behind-those-mysteriously-cheap-gray-market-game-codes, zuletzt geprüft am 26.05.2021.

47 Valve Corp., Steamworks-Dokumentation: Steam-Produktschlüssel, Valve Corp., https://partner.steamgames.com/doc/features/keys, zuletzt geprüft am 26.05.2021.

48 *Cowan*, Over 7,000 stolen Sniper Elite 3 Steam keys revoked, engadget, https://www.engadget.com/2014/06/30/over-7-000-stolen-sniper-elite-3-steam-keys-revoked/, zuletzt geprüft am 26.05.2021.

bereits abgeschlossen. Rückforderungsansprüche der Käufer laufen ins Leere, wenn der *Keyseller* nicht ausfindig zu machen ist.

b. Erwerb von Produktschlüsseln mit gestohlenen Kreditkarten

Eine weitere Möglichkeit, Produktschlüssel zu erhalten, ist die Nutzung gestohlener Kreditkartendaten. Mithilfe dieser Daten werden große Mengen von Produktschlüsseln für verschiedene Spiele im Internet gekauft. Diese können, wie andere kostenlos erlangte Spiele auch, zu sehr günstigen Preisen verkauft werden und dem Verkäufer dennoch Gewinne einbringen.[49]

Das geschieht teilweise in einem Umfang, der dazu führt, dass Entwickler in finanzielle Schwierigkeiten geraten, wenn sie Gebühren für die Rückbuchung der Transaktionen tragen müssen.[50]

Die so erworbenen Produktschlüssel werden häufig durch die Rechteinhaber gesperrt.[51] Auch hier ist für den *Keyseller* das Geschäft bereits abgeschlossen. Selbst wenn die Sperrung der Produktschlüssel frühzeitig erfolgt, hindert das grundsätzlich nicht den Verkauf, denn die Überprüfung des Schlüssels erfolgt erst durch den Server des Plattformbetreibers, wenn der Kunde den Produktschlüssel zu aktivieren versucht.

c. Identitätstäuschung

Das Versenden von Produktschlüsseln zu Werbezwecken sorgt dafür, dass *Publisher* auch Anfragen „falscher" Influencer erhalten, die erlangte Produktschlüssel weiterverkaufen und nicht für Werbezwecke einsetzen wollen.

Das geschieht etwa durch den Versand irreführender E-Mail-Anfragen, in denen sich Anfragende als *Youtuber* ausgeben und einen beliebigen Kanal, der groß genug ist, um wahrgenommen zu werden, als eigenen angeben, um so eine möglichst große Menge an *Keys* erhalten zu können.

---

49 Vgl. etwa *Hall*, The truth behind those mysteriously cheap gray market game codes, Polygon, https://www.polygon.com/2015/2/9/8006693/the-truth-behind-those-mysteriously-cheap-gray-market-game-codes, zuletzt geprüft am 26.05.2021.

50 *Gnade*, IndieGameStand has had $30,759.42 in fraudulent credit card charges and transactions, IndieGameStand Blog, https://web.archive.org/web/20160316011333/http://blog.indiegamestand.com/featured-articles/steam-key-reselling-killing-little-guys/, zuletzt geprüft am 26.05.2021.

51 kinguin.net, Kinguin Refunds Revoked Ubisoft Keys, https://www.kinguin.net/blog/kinguin-refunds-revoked-ubisoft-keys?king, zuletzt geprüft am 26.05.2021.

Diese, zumindest aus Sicht der Rechteinhaber fragwürdige Vorgehensweise überfordert nicht selten kleine Marketing-Teams, wenn sie sich mitunter einer hohen Flut an Anfragen gegenübergestellt sehen oder aus anderen Gründen die Anfragen nicht auf Echtheit überprüfen.

Halten Rechteinhaber nicht gewissenhaft nach, ob die versendeten Produktschlüssel wirklich zu Werbezwecken eingesetzt werden, bleibt häufig unerkannt, dass die kostenlos vergebenen Schlüssel tatsächlich in den Verkauf gelangt sind.[52]

II. Der Verkauf von Produktschlüsseln durch Keyseller

Dadurch, dass bereits die Weitergabe des Produktschlüssels genügt, um dem Käufer den Zugriff auf ein Computerspiel zu ermöglichen, stehen *Keysellern* keine besonderen logistischen Herausforderungen für den Vertrieb im Weg. Die Zutrittshürde ist also äußerst niedrig. Dementsprechend reicht die Bandbreite der *Keyseller* von der Privatperson, die einzelne ungenutzte Produktschlüssel verkaufen will, um sich etwas Geld dazu zu verdienen, bis zu gewerbsmäßig organisierten Verkäufern, die tausende von Produktschlüssel in ihrem Sortiment zum Verkauf anbieten.

Sobald die gewünschte Quelle für die weiterzuverkaufenden Produktschlüssel ausgemacht ist,[53] müssen sie ggf. nur noch für den digitalen Vertrieb vorbereitet werden: Dazu werden etwa im Einzelhandel erworbene physische Produktschlüssel meist abfotografiert oder deren Abbildung eingescannt. Digital erworbene Keys können sofort verkauft werden.

Der Verkauf erfolgt häufig über Vermittlungsplattformen,[54] weil viele *Keyseller* selbst keine dafür geeignete Vertriebsplattform betreiben. Auf den Internetseiten der Vermittlungshändler können *Keyseller* ihre Angebote einstellen. Der Vorgang ist also eine Art Verkaufsbörse für Produktschlüsselanbieter.

Einen standardisierten Verkaufsvorgang gibt es dabei nicht. Häufig müssen *Keyseller* dem Vermittlungshändler die zum Verkauf bestimmten Produktschlüssel und die passende Rechnung übermitteln. Dadurch soll der Verkauf gestohlener Keys verhindert und gleichzeitig ein Überverkauf, also der Verkauf

52 Vgl. dazu insbesondere *Lisowski*, How to get every game on STEAM for free, http://www.gamasutra.com/blogs/LeszekLisowski/20141001/226840/How_to_get_every_game_on_STEAM_for_free.php, zuletzt geprüft am 26.05.2021.

53 Siehe oben Teil 1:C.I.

54 Beispiele dafür wären g2a.com, https://www.g2a.com/, zuletzt geprüft am 26.05.2021; kinguin.net, https://www.kinguin.net/, zuletzt geprüft am 26.05.2021; oder mmoga.de, https://www.mmoga.de/, zuletzt geprüft am 26.05.2021.

von mehr als den beim Verkäufer vorhandenen Keys, oder Doppelverkäufe desselben Schlüssels verhindert werden.

Der Käufer sucht nach dem gewünschten Spiel und kann dann aus der Liste der *Keyseller* das für ihn interessante Angebot auswählen. Der Produktschlüssel wird ihm per E-Mail zugesandt oder wird ihm in seinem Nutzerprofil zum Abruf bereitgestellt. Diesen kann er dann auf der passenden Online-Plattform einlösen und Zugriff auf das Computerspiel erhalten.

Das Interesse der Nutzer an von *Keysellern* verkauften Produktschlüsseln ist hoch. Das zeigt schon die Zahl der verschiedenen Vermittlungsseiten, die inzwischen so groß ist, dass es eigene Vergleichsportale gibt, deren Zweck nur darin besteht für potenzielle Käufer den Shop herauszusuchen, der das günstigste Angebot bereithält.[55]

III. Reaktion: Verkaufsbeschränkungen und Sperrung von Produktschlüsseln

Rechteinhabern, also *Entwicklern*, *Publishern* und auch *lizenzierten Händlern* ist das Geschäftsmodell der *Keyseller* ein Dorn im Auge. Ihre Gewinne werden durch den Vertrieb von Computerspielen, der nicht in dem von ihnen vorgesehenen Vertriebssystem stattfindet, geschmälert.

1. Gewinneinbußen durch regionale Preisgefälle

Durch Ausnutzen der regionalen Preisgefälle werden die vorher angedachten Verkaufsregionen umgangen und die Gewinnspanne geschmälert. Insoweit bleibt also der tatsächlich erwirtschaftete Gewinn hinter der erwarteten Marge zurück.

2. Entgangener Umsatz durch ohne Gewinnmöglichkeit in Verkehr gebrachte Produktschlüssel

Schädlicher ist der Vertrieb von durch Diebstahl oder Täuschung erlangten Keys: Wenn etwa gestohlene oder durch Identitätstäuschung erlangte Produktschlüssel in den Verkehr gelangen, bleiben Gewinne des Rechteinhabers für auf diesem Weg veräußerte Spiele ganz aus.

55 Siehe etwa Planetkey.de, "Finde immer den günstigsten Key", https://www.planetkey.de/, zuletzt geprüft am 26.05.2021.

3. *Probleme bei Zahlungen mit gestohlenen Kreditkarten*

Werden gestohlene Kreditkarten verwendet, sehen sich Rechteinhaber teilweise mit Rückforderungen durch Kreditkartendienstleister konfrontiert,[56] weil das Missbrauchsrisiko durch Rückforderungsklauseln (sog. Chargeback) auf den Rechteinhaber verlagert werden soll.[57] Der Händler soll für den Missbrauch der Kreditkarte aufkommen und den durch den Zahlungsdienstleistenden entweder bereits gezahlten Betrag zurückzahlen oder den eigentlich zu entrichtenden Kaufpreis nicht erhalten.[58]

Nach Ansicht des BGH verstoßen solche Klauseln jedoch gegen § 307 Abs. 1 S. 1 BGB (dort noch § 9 Abs. 1 AGBG), wenn das Kartenunternehmen verschuldensunabhängig das Missbrauchsrisiko verlagert.[59] Das Kartenunternehmen habe als Betreiber des Kartensystems schließlich dieses Risiko grundsätzlich zu tragen.[60]

In der Literatur wird dies teils mit dem Argument bestritten, dass Händler für Kontroll- und Sorgfaltspflichten verantwortlich sein sollten.[61] Die Zulässigkeit solcher Rückbuchungsklauseln wird inzwischen jedoch bejaht, wenn der Händler die Auswahl zwischen einer (teureren) gegen „Chargeback" abgesicherten und einer (günstigeren) nicht abgesicherten Vertragsvariante hat.[62] Für Rechteinhaber kann das deshalb zu erhöhten Kosten für die sichere Authentifizierung im Online-Geschäft oder Rückforderungsansprüchen durch die Zahlungsdienstleister führen.

---

56 *Gnade*, IndieGameStand has had $30,759.42 in fraudulent credit card charges and transactions, IndieGameStand Blog, https://web.archive.org/web/20160316011333/http://blog.indiegamestand.com/featured-articles/steam-key-reselling-killing-little-guys/, zuletzt geprüft am 26.05.2021; tinyBuild, G2A sold $450k worth of our game keys, http://www.tinybuild.com/single-post/2017/04/28/G2A-sold-450k-worth-of-our-game-keys, zuletzt geprüft am 26.05.2021.

57 Säcker/Rixecker/Oetker/Limperg/*Casper*, MüKoBGB, Bd. 6[8], § 675f Rn. 123.

58 *Casper/Pfeifle*, WM 2009, 2343, 2349.

59 BGH v. 16.04.2002 - XI ZR 375/00 = NJW 2002, 2234, 2237.

60 BGH v. 16.04.2002 - XI ZR 375/00 = NJW 2002, 2234, 2237; BGH v. 23.04.1991 - XI ZR 128/90 = NJW 1991, 1886, 1888.

61 *Bitter*, ZIP 2002, 1219; *Langenbucher*, BRK 2002, 119, 122; *Meder*, ZIP 2002, 2112, 2115.

62 Säcker/Rixecker/Oetker/Limperg/*Casper*, MüKoBGB, Bd. 6[8], § 675f Rn. 125; *Casper/Pfeifle*, WM 2009, 2343, 2349.

4. *Bemühungen zur Schadensreduktion durch Publisher*

Wenn Publisher die Kapazität besitzen, solche „illegalen Keys“ ausfindig zu machen, kommt es häufig zu Sperrungen der betroffenen Produktschlüssel.[63] Bei noch nicht eingelösten Schlüsseln sorgt das für eine Verweigerung der Aktivierung durch den Server, während bereits zugeordnete Spiele bei gesperrten Schlüsseln wieder von dem Account des Nutzers entfernt werden.[64]

5. *Geoblocking zur Sicherung der Verkaufsregionen*

Vertriebsplattformen arbeiten inzwischen verstärkt mit Geoblocking, um ihre Verkaufsregionen beibehalten zu können. Produktschlüssel werden dabei einer bestimmten Region zugewiesen – sowohl weltweit als auch innereuropäisch.[65] Nutzer können dann nur eine erfolgreiche Produktaktivierung vornehmen, wenn sie sich in der zu dem Produktschlüssel passenden Region aufhalten.

Innerhalb der europäischen Union hat diese Vorgehensweise bereits zur Verhängung von Bußgeldern durch die Europäische Kommission geführt, die in der Einteilung des Unionsgebiets in verschiedene Aktivierungsregionen eine nach Art. 101 AEUV unzulässige Vereinbarung der verschiedenen *Publisher* gesehen hat.[66]

Die Umgehung der regionalen Verkaufsbeschränkung können Nutzer zudem durch Einsatz von VPN-Verbindungen erreichen. Käufer können damit eine Verbindung zu einem Server, der seinen Standort in der gewünschten Aktivierungsregion hat, herstellen. Bei der Aktivierung können sie so vorgeben, dass sie sich in der erforderlichen Region befinden. Die meisten Spieleplattformen prüfen die Region

---

63 *Cowan*, Over 7,000 stolen Sniper Elite 3 Steam keys revoked, engadget, https://www.engadget.com/2014/06/30/over-7-000-stolen-sniper-elite-3-steam-keys-revoked/, zuletzt geprüft am 26.05.2021; kinguin.net, Kinguin Refunds Revoked Ubisoft Keys, https://www.kinguin.net/blog/kinguin-refunds-revoked-ubisoft-keys?king, zuletzt geprüft am 26.05.2021.

64 Siehe zur Sperrung von Produktschlüsseln auf Steam Abschnitt der Steamworks-Dokumentation über Steam-Produktschlüssel, Valve Corp., https://partner.steamgames.com/doc/features/keys, zuletzt geprüft am 26.05.2021.

65 Siehe etwa Steamworks-Dokumentation: Berichte und Zahlungen, Valve Corp., https://partner.steamgames.com/doc/finance/payments_salesreporting#3, zuletzt geprüft am 26.05.2021.

66 Kartellrecht: Kommission verhängt gegen Valve und fünf PC-Videospieleverlage Geldbußen von 7.8 Mio. EUR wegen Geoblocking-Praktiken, Europäische Kommission, https://ec.europa.eu/commission/presscorner/detail/de/ip_21_170, zuletzt geprüft am 26.05.2021.

des Nutzers nur bei der Aktivierung des Spiels, sodass danach keine weitere VPN-Verbindung zum Spielen nötig ist.

Rechteinhaber wollen nicht lizenzierte *Keyseller* möglichst vollständig aus dem Markt entfernen und sehen in dem ohne Zustimmung erfolgenden Weiterverkauf von Produktschlüsseln eine Verletzung ihrer Urheberrechte.

Insofern ist es problematisch, ob *Keyseller* tatsächlich durch ihr Vertriebsgeschäft gegen das Urheberrecht der *Publisher* und *Entwickler* verstoßen oder ob Rechteinhaber lediglich versuchen ihr selektives Vertriebssystem beizubehalten.[67]

67 So *Dreier*, MMR 2021, 102, 103.

Teil 2: Urheberrechtliche Probleme des Keysellings

Keyseller verkaufen Produktschlüssel für Computerspiele ohne Zustimmung der Rechteinhaber. Wenn diese dagegen mit urheberrechtlichen Mitteln vorgehen wollen, dann stellt sich zunächst die Frage nach dem urheberrechtlichen Schutz von Computerspielen.

Sodann ist die betroffene Verwertungshandlung zu ermitteln, die durch den Produktschlüsselverkauf betroffen sein kann: Infrage kommen die Verletzung des Rechts der öffentlichen Zugänglichmachung (§§ 15 Abs. 2 Nr. 1, 19a; § 69c Nr. 4 UrhG), des Vervielfältigungsrechts (§§ 15 Abs. 1 Nr. 1, 16; § 69c Nr. 1 UrhG) oder des Verbreitungsrechts (§§ 15 Abs. 1 Nr. 2, 17; § 69c Nr. 3 UrhG).

Sofern das Verbreitungsrecht betroffen ist, stellt sich die Frage nach dessen Erschöpfung (§ 17 Abs. 2; § 69c Nr. 2 S. 2 UrhG). Rechteinhaber können die Weiterverbreitung ihrer Spiele nicht mit urheberrechtlichen Mitteln verhindern, wenn sich ihr ausschließliches Recht an der Verbreitung des Werkes bereits erschöpft hat.

A. Der urheberrechtliche Schutz von Computerspielen

Zuerst muss geklärt werden, in welcher Form Computerspiele urheberrechtlich geschützt sind. Sie zeichnen sich durch die komplexe Verknüpfung von Computerprogrammen und anderen audiovisuellen Bestandteilen aus.[68]

I. Schutz der audiovisuellen Bestandteile

In Computerspielen wird eine Vielzahl verschiedener audiovisueller Bestandteile verwendet. Durch die technischen Möglichkeiten der digitalen Gestaltung ist grundsätzlich die Verwendung jeder von § 2 UrhG erfassten Werkart in einem Computerspiel denkbar.

1. Sprachwerke, § 2 Abs. 1 Nr. 1 UrhG

Texte in Spielen können Sprachwerke i.S.d. § 2 Abs. 1 Nr. 1 UrhG sein. Darunter fallen beispielsweise Dialogtexte, die dem Spieler während der Interaktion mit anderen Spielfiguren angezeigt werden.

---

68 Duisberg/Picot/*Förster*, Computerspiele, S. 55; *Lambrecht*, Bildschirmspiele, S. 62 f.; *Krügel/Biehler/Apel*, MMR 2013, 760, 762; *Bullinger/Czychowski*, GRUR 2011, 19; *Kreutzer*, CR 2007, 1.

Häufig wird in Rollenspielen[69] ein ganz besonderer Fokus auf das Erzählen der Spielgeschichte gelegt. Der Spieler schlüpft in die Rolle eines vorgegebenen oder selbst erstellten Charakters, mit der er die Spielwelt erkundet und Aufgaben erledigt. Innerhalb dieser Spielwelt kann er sich unter anderem mit NPCs[70] über vorgegebene Dialogoptionen unterhalten, Bücher oder Briefe lesen, die gerade in Rollenspielen die erzählte Geschichte und die Hintergründe der oft ausgedachten Welt näher für den Spieler beschreiben sollen. Es handelt sich dabei also um Texte, die im Spielgeschehen visuell als Buch oder Brief dargestellt werden. Auch Genres wie *Adventure*[71] oder *Visual Novel*[72] basieren weniger auf der Herausforderung motorischen Geschicks oder schneller Reaktionszeit, sondern wollen hauptsächlich durch geschriebenen oder gesprochenen Text eine Geschichte erzählen. Der Spieler liest also eine Art interaktives Buch, dessen Handlungsverlauf er etwa mit Auswahl verschiedener Antwortmöglichkeiten beeinflussen kann. Einige dieser Spiele bieten dem Nutzer dadurch eine beeindruckende Fülle an Text.[73] Die erforderliche Schöpfungshöhe wird dabei regelmäßig erreicht.[74]

---

69 Auch RPG (kurz für Role-Playing-Game). Kern des Spielkonzepts ist es durch Lösen von Aufgaben den eigenen Charakter zu verbessern. Als Ursprung von Rollenspielen am Computer zählen u.a. klassische Pen & Paper Rollenspiele, bei denen Spieler mithilfe eines Regelwerks verschiedene eigens ausgedachte oder vorgegebene Welten erkunden, um Aufgaben zu lösen, die von einem Spielleiter gestellt werden. Diese Welten – etwa die Vergessenen Reiche in „Dungeons & Dragons" oder Aventurien in „Das Schwarze Auge" – werden auch für Computerspiele umgesetzt.

70 Kurzform für „Non-Player-Characters" = Nicht-Spieler-Charaktere. Diese Spielfiguren werden vom Computer gesteuert.

71 In „Adventure-Games" soll der Spieler durch Erkunden und das Lösen von Rätseln die Handlung erleben und vorantreiben. Vgl. auch: Wikipedia, Adventure, https://de.wikipedia.org/wiki/Adventure, zuletzt geprüft am 26.05.2021.

72 Bei Spielen des Genres Visual Novel liegt der Schwerpunkt auf dem Erzählen einer Geschichte. Diese oft aus Japan stammenden Spiele sind im Kern bebilderte, interaktive, digitale Bücher. Vgl. auch: Wikipedia, Japanisches Adventure, https://de.wikipedia.org/wiki/Japanisches_Adventure, zuletzt geprüft am 26.05.2021.

73 Zur Quantität: Das Spiel „Baldur's Gate II: Shadows of Amn" (2000, Interplay/Bioware) liegt mit 1.121.000 Wörtern (in der englischen Fassung) weit über Homers „Odyssee" (129.443 Wörter in der englischen Fassung) oder den „Herr der Ringe"-Büchern (550.147 Wörter in der englischen Fassung) und liegt damit nahe an „Tausend und eine Nacht" (1.2 Millionen Wörter in der englischen Fassung). Siehe: gamepedia, List of longest video game scripts, https://gamicus.gamepedia.com/List_of_longest_video_game_scripts, zuletzt geprüft am 26.05.2021.

74 Zur Schutzfähigkeit der Handlung bzw. der Charaktere bei Pen & Paper Rollenspielen LG Köln, ZUM-RD 2010, 482, 485 - Fantasy Rollenspiel; *Metelski,* Multimediawerke, Rn. 94; *Rauda,* Computerspiele, Rn. 82 - Jedoch kein Schutz banaler Sätze ("Noch 21

2. *Musikwerke, § 2 Nr. 2 UrhG*

Die in Spielen verwendete Musik kann nach § 2 Nr. 2 UrhG geschützt sein.[75] Was mit simplen Midi-Klängen begann, wird heute nicht selten mit Hilfe von Orchestern aufwendig produziert und macht einen wichtigen Teil der Spielatmosphäre aus.[76] Der Markt für professionell hergestellte Musik in Videospielen ist so groß, dass sie eigens für diesen Bereich komponiert wird. Viele Soundtracks lassen sich getrennt vom Spiel selbst erwerben und werden von Orchestern aufgeführt.[77] Die Bewertung von Computerspielmusik läuft dabei nicht anders als etwa bei Filmmusik. Die erforderliche Schöpfungshöhe liegt in der Regel vor.[78]

3. *Werke der bildenden Künste, § 2 Abs. 1 Nr. 4 UrhG*

Grafische Gestaltungen in Computerspielen können als Werke der bildenden Künste i.S.d. § 2 Abs. 1 Nr. 4 UrhG geschützt sein, wenn ihre Ausarbeitung die nötige Schöpfungshöhe erreicht.[79] Es wird ein Mindestmaß an Individualität

---

Runden bis zum Ziel"); im Ergebnis zustimmend *Lambrecht,* Bildschirmspiele, S. 181 f.; *Brüggemann*, CR 2015, 697, 699; *Bullinger/Czychowski*, GRUR 2011, 19, 24.

75 Näheres zu Musik in Computerspielen in Duisberg/Picot/*Förster,* Computerspiele, S. 60; *Oehler,* Komplexe Werke, S. 424 ff.; *Metelski,* Multimediawerke, Rn. 93; *Rauda,* Computerspiele, Rn. 85 f.; *Lambrecht,* Bildschirmspiele, S. 198 f.

76 Der Soundtrack des Spiels Bloodborne aus dem Jahr 2015 von FROM Software/Sony Computer Entertainment wurde beispielsweise mithilfe eines Orchesters in London aufgenommen: *Robson,* The story behind Bloodborne's nightmare-inducing soundtrack, PlayStation.Blog, https://blog.eu.playstation.com/2015/05/18/the-story-behind-bloodbornes-nightmare-inducing-soundtrack/, zuletzt geprüft am 26.05.2021.

77 „Video Games Live" etwa ist eine Konzertreihe bei der wechselnde Orchester auf der ganzen Welt Videospielmusik aufführen: Video Games Live, What is VGL?, http://www.videogameslive.com/index.php?s=info, zuletzt geprüft am 26.05.2021. Auch das WDR-Orchester hat bereits ein derartiges Konzert gegeben: *Immich*, WDR-Orchester führt Kompositionen für Computerspiele auf, heise.de, https://www.heise.de/newsticker/meldung/WDR-Orchester-fuehrt-Kompositionen-fuer-Computerspiele-auf-182874.html, zuletzt geprüft am 26.05.2021.

78 Wandtke/Ohst/*Kauert,* Medienprodukte[3], Kapitel 6 Rn. 60; Duisberg/Picot/*Förster,* Computerspiele, S. 60; *Hofmann,* Computerspielsysteme, S. 108 ff.; *Rauda,* Computerspiele, Rn. 85 f.; *Lambrecht,* Bildschirmspiele, S. 198 f.; *Brüggemann*, CR 2015, 697, 698; *Bullinger/Czychowski*, GRUR 2011, 19, 24.

79 OLG Frankfurt a. M., GRUR 1983, 757 - Donkey Kong Junior; LG Köln, Der virtuelle Kölner Dom, 21.04.2008; LG Düsseldorf, ZUM 2007, 559, 563; Schricker/Loewenheim/*Katzenberger/Reber,* UrhG[6], Vor. §§ 88ff. Rn. 44; Dreier/Schulze/*Schulze,* UrhG[6], § 2 Rn. 157 - Bejahend für Computeranimationen; Wandtke/Bullinger/*Bullinger,* UrhR[4], § 2 Rn. 130; Dreyer/Kotthoff/Meckel/*Dreyer,* HK-UrhR[3], § 2 Rn. 32 - Auch bejahend

verlangt, die bei der bloßen Abbildung der Realität in der Spielwelt nicht immer erreicht wird. Nicht ausreichend ist die bloße Übernahme von Texturen aus Fotos, um damit beispielsweise ein Bauwerk digital nachzustellen. Auch eine Spielwelt, die lediglich ein Abbild der Realität zeigt, erfüllt nicht ohne weiteres die Voraussetzungen für § 2 Abs. 1 Nr. 4 UrhG.[80] Für ausgefallen und kreativ gestaltete Spielwelten ist aber ein Schutz nach § 2 Abs. 1 Nr. 4 UrhG denkbar.

Im Spiel auftauchende Charaktere, also sowohl menschliche als auch tierische oder fantastische Wesen, können unter den gleichen Voraussetzungen wie Comicfiguren urheberrechtlichen Schutz über § 2 Abs. 1 Nr. 4 UrhG erlangen.[81] Sie müssen also schöpferische Eigentümlichkeit aufweisen, die, losgelöst von der übrigen Darstellung, die nötige Individualität aufweist.[82]

4. *Sonstige Werkarten audiovisueller Bestandteile*

Des Weiteren können kurze Filmabschnitte innerhalb eines Spiels, bei denen der Spieler nicht selbst interagiert, sondern lediglich beobachtet, bei entsprechend aufwendiger Ausarbeitung als Filmwerke nach § 2 Abs. 1 Nr. 6 UrhG oder subsidiär als Laufbilder nach § 95 UrhG geschützt sein.[83]

---

für Computergrafiken; *Redeker*, IT-Recht[7], Rn. 126; *Oehler*, Komplexe Werke, S. 423 f.; *Schulze*, ZUM 1997, 77, 78.

80 LG Köln, ZUM 2008, 533, 535; LG Düsseldorf, ZUM 2007, 559, 563.

81 Schricker/Loewenheim/*Loewenheim*, UrhG[6], § 2 Rn. 172; Fromm/Nordemann/*Nordemann A.*, UrhR[12], § 2 Rn. 161; Dreyer/Kotthoff/Meckel/*Dreyer*, HK-UrhR[3], § 2 Rn. 238; Wandtke/Ohst/*Kauert*, Medienprodukte[3], Kapitel 6 Rn. 67; Duisberg/Picot/*Förster*, Computerspiele, S. 61 f.; *Redeker*, IT-Recht[7], Rn. 126; *Oehler*, Komplexe Werke, S. 423 f.; *Metelski*, Multimediawerke, Rn. 42; *Rauda*, Computerspiele, Rn. 83 f. mit weiteren Nachweisen zu geschützten Figuren; *Lambrecht*, Bildschirmspiele, S. 182 ff.; *Brüggemann*, CR 2015, 697, 698; *Bullinger/Czychowski*, GRUR 2011, 19, 23; *Schulze*, ZUM 1997, 77, 80 ff.; bereits bei den einfachen Darstellungen von Figuren im Jahr 1993 wird der Schutz zwar nicht allein durch die Spieldarstellung angenommen, aber das Potential bereits erkannt: Lehmann/Brandi-Dohrn/*Schlatter-Krüger*, Programmverwertung[2], III Rn. 26 ff.; zu Comicfiguren: Wandtke/Bullinger/*Bullinger*, UrhR[4], § 2 Rn. 94.

82 *Stieper*, GRUR 2017, 649, 652 f.

83 Zur Schutzfähigkeit der einzelnen Teile insgesamt: EuGH - C-355/12 = GRUR 2014, 255, Rn. 23 - Nintendo/PC Box; BGH v. 06.10.2016 - I ZR 25/15 = GRUR 2017, 266, Rn. 34 - World of Warcraft I; BGH v. 27.11.2014 - I ZR 124/11 = GRUR 2015, 672, Rn. 43 = GWR 2015, 368 = MMR 2015, 460 = ZUM 2015, 558 = NJW 2015, 2265 = CR 2015, 562 = K&R 2015, 392 = WRP 2015, 739 - Videospiel-Konsolen II; BGH v. 06.02.2013 - I ZR 124/11 = GRUR 2013, 1035, Rn. 20; Paschke/Berlit/

Einzelne grafische Darstellungen können als Lichtbilder nach § 72 UrhG oder auch als Lichtbildwerke nach § 2 Abs. 1 Nr. 5 UrhG geschützt sein.[84] Für Karten innerhalb von Computerspielen kommt ein Schutz nach § 2 Abs. 1 Nr. 7 UrhG in Betracht.[85]

II. Das Steuerungsprogramm des Computerspiels i.S.d. §69a UrhG

In Computerspielen werden die audiovisuellen Inhalte mithilfe des Steuerungsprogramms dargestellt. Der Programmteil macht das Herzstück des Computerspiels aus. Im Herstellungsprozess wird dafür teilweise auf bereits bestehende Programmbibliotheken zurückgegriffen, die durch individuell für das Spiel entwickelte Programmteile ergänzt werden. Häufig wird etwa die Grafik-Engine,[86] die für die Steuerung der visuellen Darstellung zuständig ist, nicht selbst vom Entwickler programmiert. Stattdessen wird auf vorgefertigte Produkte zurückgegriffen, die für das Spieleprojekt individualisiert und angepasst werden. Die Anpassungsmöglichkeiten sind derart vielfältig, dass optisch und spielerisch völlig unterschiedliche Spiele mit derselben Engine hergestellt werden können, da audiovisuelle Inhalte erst durch den Entwickler hinzugefügt werden.[87] Neben der Grafikengine werden auch eine Vielzahl von Skripten, Physiksimulationen,

---

Meyer/*Christiansen,* Medienrecht[3], 50. Abschnitt, Rn. 95; *Redeker,* IT-Recht[7], Rn. 126; Wandtke/Ohst/*Kauert,* Medienprodukte[3], Kapitel 6, Rn. 49 ff.; Duisberg/Picot/*Förster,* Computerspiele, S. 58 ff.; *Paschke,* MedienR[3], Rn. 626; *Oehler,* Komplexe Werke, S. 399 ff.; *Metelski,* Multimediawerke, Rn. 41 ff.; *Rauda,* Computerspiele, Rn. 81 ff.; *Lambrecht,* Bildschirmspiele, S. 111 ff.; *Brüggemann,* CR 2015, 697, 698; *Bullinger/Czychowski,* GRUR 2011, 19, 22 ff.

84 BGH v. 06.10.2016 - I ZR 25/15 = GRUR 2017, 266, Rn. 34 - World of Warcraft I; EuGH - C-355/12 = GRUR 2014, 255, Rn. 23 - Nintendo/PC Box; BGH v. 06.02.2013 - I ZR 124/11 = GRUR 2013, 1035, Rn. 20; Schricker/Loewenheim/*Spindler,* UrhG[6], § 69a Rn. 27.

85 *Oehler,* Komplexe Werke, S. 427 f. m.w.N.

86 Näheres zur Funktionsweise und eine Übersicht über aktuell verfügbare Engines bei Wikipedia, Grafik-Engine, https://de.wikipedia.org/wiki/Grafik-Engine, zuletzt geprüft am 26.05.2021; siehe auch *Lambrecht,* Bildschirmspiele, S. 34 ff.

87 Beispiele für solche Engines sind etwa die Unreal Engine 4 (genutzt u.A. für EVE: Valkyrie von CCP Games (2014); Gears of War 4 von The Coalition (2016); PlayerUnkown's Battlegrounds von Bluehole (2017) oder Dragon Quest XI von Square Enix (2017).) oder die Unity Engine (genutzt u.A. für Endless Legend von Amplitude Studios (2014); Pillars of Eternity von Obsidian Entertainment (2015) oder Firewatch von Campo Santo (2016).).

künstlicher Intelligenz und anderer Individualsoftware bei der Entwicklung hergestellt und verwendet.[88]

Der Begriff des Computerprogramms ist zwar nicht konkret definiert, damit auch zukünftige Technologien berücksichtigt werden können, jedoch werden Programme in allen Erscheinungsformen erfasst.[89] Darunter fallen auch einzelne Programmbestandteile und -module.[90] Der Schutz erstreckt sich auch auf das Entwurfsmaterial.[91] Der technisch weit zu verstehende Begriff des Computerprogramms verlangt, unter Rückgriff auf die Mustervorschriften der WIPO[92] und der DIN-Norm 44300[93], jedenfalls die Verwendung von Steuerbefehlen.[94] Eine besondere gestalterische Schöpfungshöhe wird nicht vorausgesetzt. Vielmehr kommt es darauf an, dass das Programm eine individuelle geistige Schöpfung des Programmierers darstellt, sodass auch die kleine Münze des Programmschaffens geschützt ist.[95]

Dementsprechend sind einfache Dateien, Datenstrukturen, Datenbanken oder Schriftarten nicht durch die §§ 69a ff. UrhG geschützt.[96] Diese enthalten

---

88 Zur besseren Übersicht vergleiche Abbildung 4 in *Oehler*, Komplexe Werke, S. 390.

89 BTDrucks 12/4022, S. 9 mit Verweis auf den 7. Erwägungsgrund der RL91/250/EWG.

90 OLG Hamburg, ZUM 2001, 519, 521; Dreier/Schulze/*Dreier*, UrhG[6], § 69a Rn. 12; Wandtke/Bullinger/*Grützmacher*, UrhR[4], § 69a Rn 12; *Lambrecht*, Bildschirmspiele, S. 67.

91 Geschützt sind die Entwurfsmaterialen, aus denen sich später das Programm erstellen lässt. Einzelheiten dazu bei Schricker/Loewenheim/*Spindler*, UrhG[6], § 69a Rn. 10; Dreier/Schulze/*Dreier*, UrhG[6], § 69a Rn. 14; Wandtke/Bullinger/*Grützmacher*, UrhR[4], § 69a Rn. 7; Dreyer/Kotthoff/Meckel/*Kotthoff*, HK-UrhR[3], § 69a Rn. 13.

92 § 1 (i) abgedruckt in *Oppenhoff/Vieregge*, GRUR 1979, 300, 306 f.; siehe auch *Metelski*, Multimediawerke, Rn. 33.

93 OLG Karlsruhe, GRUR 1883, 300, 305.

94 Schricker/Loewenheim/*Spindler*, UrhG[6], § 69a Rn. 2; Dreier/Schulze/*Dreier*, UrhG[6], § 69a Rn. 12; Fromm/Nordemann/*Czychowski*, UrhR[12], § 69a Rn. 12; Wandtke/Bullinger/*Grützmacher*, UrhR[4], § 69a Rn. 2; Dreyer/Kotthoff/Meckel/*Kotthoff*, HK-UrhR[3], § 69a Rn. 5, Rn. 6 zu Software; *Metelski*, Multimediawerke, Rn. 33; *Hofmann*, Computerspielsysteme, S. 97 f.; *Rauda*, Computerspiele, Rn. 71; *Lambrecht*, Bildschirmspiele, S. 68 f.

95 BGH v. 03.03-2005 - I ZR 111/02 = GRUR 2005, 860, 861 - Flash 2000; OLG Düsseldorf, ZUM-RD 2009, 182, 186 - Transportsimulationsspiel; Bräutigam/Rücker/*Schapiro*, E-Commerce, 6. Teil F. Rn. 4; Wandtke/Ohst/*Kauert*, Medienprodukte[3], Kapitel 6, Rn. 38; *Metelski*, Multimediawerke, Rn. 35; *Rauda*, Computerspiele, Rn. 78.

96 Ausführungen zu nicht geschützten Elementen in Schricker/Loewenheim/*Spindler*, UrhG[6], § 69a Rn. 12 f.; Dreier/Schulze/*Dreier*, UrhG[6], § 69a Rn. 12; Fromm/Nordemann/*Czychowski*, UrhR[12], § 69a Rn. 8 ff.; Wandtke/Bullinger/*Grützmacher*, UrhR[4], § 69a Rn. 15 ff.; Dreyer/Kotthoff/Meckel/*Kotthoff*, HK-UrhR[3], § 69a Rn. 8 ff.

zwar gespeicherte Informationen, die von Computerprogrammen ausgelesen werden, aber keine eigenen Steuerungsbefehle.

Der Programmteil verknüpft die einzelnen audiovisuellen Bestandteile und setzt die Spielregeln um. Gesteuert werden beispielsweise die Umsetzung der vom Spieler getätigten Eingaben, nicht kontrollierte Spielfiguren und Funktionen sowie die Anzeige von Texturen.[97] Aufgrund der Komplexität der Steuerungsprogramme und der niedrigen Schutzschwelle bei Computerprogrammen ist der Schutz des Programmteils als Computerprogramm i.S.d. §§ 69a ff. UrhG ohne Probleme gegeben.[98]

III. Schutz der Gesamtheit des Computerspiels

Da das Steuerungsprogramm das Grundgerüst bildet und durch eine Vielzahl weiterer Teile zum fertigen Spiel ergänzt wird,[99] die selbst wiederum urheberrechtlich geschützt sein können, werden Computerspiele häufig als hybride bzw. multimediale Werke oder auch Multimediawerke bezeichnet.

Unbestritten ist jedenfalls, dass Computerspiele urheberrechtlichen Schutz genießen können.[100] Frühere Ansichten, Computerspiele schlicht den Computerprogrammen zuzuordnen,[101] sind mittlerweile überholt, denn Computerspiele

---

97 Dies ist lediglich eine vereinfachte Darstellung. Näheres bei Wandtke/Ohst/*Kauert*, Medienprodukte[3], Kapitel 6, Rn. 36; *Oehler*, Komplexe Werke, S. 428 ff.; *Lambrecht*, Bildschirmspiele, 1. Kapitel.

98 LG Berlin, MMR 2014, 838; OLG Hamburg, MMR 1999, 230, 231 - Superfun II; OLG Köln, GRUR 1992, 312, 313 - "Amiga - Club"; Fromm/Nordemann/*Czychowski*, UrhR[12], § 69a Rn. 10; *Hofmann*, Computerspielsysteme, S. 97 ff.; *Metelski*, Multimediawerke, Rn. 40; *Rauda*, Computerspiele, Rn. 79; *Lambrecht*, Bildschirmspiele, S. 67; *Brüggemann*, CR 2015, 697, 698; *Bullinger/Czychowski*, GRUR 2011, 19, 21; *Katko/Maier*, MMR 2009, 306, 307. Zum unproblematischen Schutz von komplexen Programmen BGH v. 03.03-2005 - I ZR 111/02 = GRUR 2005, 860, 861 - Flash 2000.

99 Vgl. Abbildung 4 in *Oehler*, Komplexe Werke, S. 390.

100 EuGH - C-355/12 = GRUR 2014, 255, Rn. 23 - Nintendo/PC Box; BGH v. 06.10.2016 - I ZR 25/15 = GRUR 2017, 266, Rn. 34 - World of Warcraft I; Schricker/Loewenheim/*Loewenheim*, UrhG[6], § 2 Rn. 217; Schricker/Loewenheim/*Spindler*, UrhG[6], § 69a Rn. 27; Wandtke/Bullinger/*Bullinger*, UrhR[5], § 2 Rn. 129; Fromm/Nordemann/*Nordemann A.*, UrhR[12], § 2 Rn. 204; Dreier/Schulze/*Schulze*, UrhG[6], § 2 Rn. 207; *Schack*, UrhR[9], Rn. 248; *Wandtke*, UrhR[7], Kapitel 2, Rn. 20; Loewenheim/*Hoeren*, HB UrhR[3], § 9 Rn. 343; Duisberg/Picot/*Förster*, Computerspiele, S. 55; *Brüggemann*, CR 2015, 697, 697; *Bullinger/Czychowski*, GRUR 2011, 19, 19 ff. jeweils m.w.N.

101 Früher: OLG Frankfurt a. M., GRUR 1983, 757 - Donkey Kong Junior; Ohne Begründung zuletzt jedoch in Verbindung mit anderen Werkarten LG Stuttgart, ZUM 2018, 730, 731.

seien aufwendige interaktive Filme.[102] Da hier sowohl Computerprogramme, die nach den besonderen Regelungen der § 69a ff. UrhG zu schützen sind, als auch andere Werkarten aufeinandertreffen, stellt sich regelmäßig die Frage, wie mit Normkonflikten umzugehen ist.[103]

1. *Kein allgemeiner Schutz als Computerprogramm i.S.d. § 69a ff. UrhG*

Obwohl Computerspiele ohne das Steuerungsprogramm nicht lauffähig wären, sind sie, aufgrund der vielen audiovisuellen Elemente, jedenfalls mehr als nur Software. Die Darstellung des Computerspiels ist deshalb nicht bloß die „Ausdrucksform" des Computerprogramms i.S.d. § 69a Abs. 2 UrhG.[104]

Schließlich wird der Urheberrechtsschutz als Computerprogramm i.S.d. § 69a UrhG bereits für die Benutzeroberfläche und Bildschirmmasken im Softwarebereich nach der herrschenden Ansicht abgelehnt.[105]

2. *Insgesamt Schutz als Filmwerk*

Zum Teil werden sie als Verbindung der bestehenden Werkarten aus dem Katalog des § 2 Abs. 1 UrhG angesehen.[106] Mit der Begründung, dass die besondere

---

102 Wandtke/Bullinger/*Bullinger,* UrhR[5], § 2 Rn. 129.

103 Wandtke/Bullinger/*Bullinger,* UrhR[5], § 2 Rn. 151 ff.; Dreyer/Kotthoff/Meckel/Hentsch/*Dreyer,* UrhR[4], § 2 Rn. 196; Fromm/Nordemann/*Nordemann J. B.,* UrhR[12], Vor. §§ 88 ff. Rn. 12; Paschke/Berlit/Meyer/*Christiansen,* Medienrecht[3], 50. Abschnitt, Rn. 95; Bräutigam/Rücker/*Schapiro,* E-Commerce, 6. Teil F. Rn. 3 ff.; Wandtke/Ohst/*Kauert,* Medienprodukte[3], Kapitel 6 Rn. 47 f.; *Oehler,* Komplexe Werke, S. 455; *Schneider/Spindler*, CR 2014, 213, 221 f.; dazu insbesondere *Grützmacher*, ZGE 2017, 423; *Hilgert*, CR 2014, 354, 356; *Kreutzer*, CR 2007, 1, 2; *Katko/Maier*, MMR 2009, 306.

104 *Oehler,* Komplexe Werke, S. 431 f.; i.E. *Lambrecht,* Bildschirmspiele, S. 92; *Brüggemann*, CR 2015, 697, 699.

105 EuGH - C-406/10 = GRUR 2012, 814, Rn. 38 - SAS Institute; EuGH - C-393/09 = GRUR 2011, 220, Rn. 42 - BSA/Kulturministerium; OLG Karlsruhe, CR 2010, 427, 428, der Senat gibt seine früher Ansicht ausdrücklich auf; Schricker/Loewenheim/*Spindler,* UrhG[6], § 69a Rn. 7; Wandtke/Bullinger/*Grützmacher,* UrhR[5], § 69a Rn. 14; Dreier/Schulze/*Dreier,* UrhG[6], § 69a Rn. 16; Fromm/Nordemann/*Czychowski,* UrhR[12], § 69a Rn. 27; Wandtke/Ohst/*Kauert,* Medienprodukte[3], Kapitel 6 Rn. 35 ff.; *Oehler,* Komplexe Werke, S. 433; *Metelski,* Multimediawerke, Rn. 38 f.

106 Schricker/Loewenheim/*Loewenheim,* UrhG[6], § 2 Rn. 96 - Computerspiele und Multimediawerke begrifflich getrennt; Wandtke/Bullinger/*Bullinger,* UrhR[5], § 2 Rn. 155; Dreier/Schulze/*Schulze,* UrhG[6], § 2 Rn. 243; Dreyer/Kotthoff/Meckel/Hentsch/*Dreyer,* UrhR[4], § 2 Rn. 196; Loewenheim/*Hoeren,* HB UrhR[3], § 9 Rn. 339; Spindler/Schuster/

Verbindung einzelner geschützter Elemente mithilfe eines Computerprogramms über die bisher im Katalog des § 2 Abs. 1 UrhG erfassten Werke hinausginge, steht auch die Einstufung von Computerspielen als neue Werkart zur Diskussion.[107]

Mehrheitlich wird das Computerspiel, zumindest mangels Spezialregelungen für Multimediawerke, den Werken zugeordnet, die ähnlich wie Filmwerke i.S.d. § 2 Abs. 1 Nr. 6 UrhG geschaffen wurden.[108]

Teilweise wird die Interaktivität von Computerspielen als Hindernis für die Einordnung als Filmwerk gesehen, weil nicht stets die gleiche oder die vom Entwickler konkret vorgegebene Bildfolge wiedergegeben wird.[109] Das Kriterium der konstanten Wiedergabemöglichkeit ist aber weder im Gesetz noch in der klassischen Filmdefinition angelegt.[110] Problematisch könnte sein, dass der Spieler womöglich selbst schöpferisch tätig wird. Er kann lediglich die Reihenfolge der Bildfolgen beeinflussen, nicht aber selbst neue Bildfolgen erstellen.[111] Auch, wenn für den Spieler insbesondere bei Open-World-[112] oder Sandbox-

---

Döpkens/*Wiebe,* E-Medien³, § 2 UrhG Rn. 11 ff.; Wandtke/Ohst/*Czernik,* Medienprodukte³, Kapitel 2 Rn. 11; *Oehler,* Komplexe Werke, S. 441 f.; *Loewenheim*, GRUR 1996, 830, 832.

107 OLG Hamburg, ZUM-RD 2012, 664, 667; Wandtke/Bullinger/*Bullinger,* UrhR⁵, § 2 Rn. 152; Fromm/Nordemann/*Nordemann A.*, UrhR¹², § 2 Rn. 231; Loewenheim/*Nordemann,* HB UrhR³, § 9 Rn. 257; Büscher/Dittmer/Schiwy/*Obergfell,* Gewerblicher Rechtsschutz, Urheberrecht, Medienrecht³, Kapitel 10, § 2 UrhG Rn. 62; Wandtke/Ohst/*Kauert,* Medienprodukte³, Kapitel 6 Rn. 47 f.; *Schack,* UrhR⁹, Rn. 248; *Brüggemann*, CR 2015, 697, 700.

108 BGH v. 12.07.2012 - I ZR 18/11 = GRUR 2013, 370, Rn. 14 - Alone in the Dark; Schricker/Loewenheim/*Loewenheim/Leistner,* UrhG⁶, § 2 Rn. 217; Wandtke/Bullinger/*Bullinger,* UrhR⁵, § 2 Rn. 129; Dreier/Schulze/*Schulze,* UrhG⁶, § 2 Rn. 207; *Redeker,* IT-Recht⁷, Rn. 127; *Brüggemann*, CR 2015, 697, 700; *Bullinger/Czychowski*, GRUR 2011, 19, 22; *Katko/Maier*, MMR 2009, 306, 308; *Hilgert*, CR 2014, 354, 356.

109 OLG Frankfurt a. M., GRUR 1983, 757, 758 - Donkey Kong Junior; Bezirksgericht Tokyo, GRUR Int. 2001, 183, 185 - Second-Hand-Videospiele; siehe zur Diskussion auch *Metelski,* Multimediawerke, Rn. 115 ff. m.w.N.

110 *Loewenheim,* FS Hubmann, 307, 320 f.

111 Vgl. OLG Hamburg, GRUR 1983, 436, 437 - PUCKMAN; Wandtke/Bullinger/*Manegold/Czernik,* UrhR⁴, Vor §§ 88 ff. Rn. 62; Wandtke/Ohst/*Kauert,* Medienprodukte³, Kapitel 6, Rn. 43; Lehmann/Brandi-Dohrn/*Schlatter-Krüger,* Programmverwertung², III Rn. 35; *Loewenheim,* FS Hubmann, 307, S. 319 ff.; im Ergebnis zustimmend *Rauda,* Computerspiele, Rn. 99 f.; *Lambrecht,* Bildschirmspiele, S. 121 ff.

112 Open-World-Spiele bieten dem Spieler besonders viele Freiheiten, indem sie ihn von Beginn an die Spielwelt ohne Einschränkung erkunden lassen und ihm so die Möglichkeit geben Aufgaben in selbstbestimmter Reihenfolge zu lösen. Vgl. dazu

Spielen[113] die Illusion von Handlungsfreiheit entsteht, sind seine Möglichkeiten dennoch durch den Programmcode begrenzt.[114]

3. *Schutz nach InfoRL und ComputerRL*

Der EuGH sieht die Anwendungsbereiche des Softwarerechts (ComputerRL) und des allgemeineren Urheberrechts (InfoRL) eröffnet, sodass nicht nur die Regeln für Computerprogramme, sondern auch die allgemeinen Regeln des Urheberrechts angewendet werden können.[115] Auch der BGH wendet Vorschriften des allgemeinen Urheberrechts neben den Spezialvorschriften für Computerprogramme auf Computerspiele an.[116]

Ob Computerspiele dabei als Filmwerk i.S.d. § 2 Abs. 1 Nr. 6 UrhG oder als eigenständige neue multimediale Werkart anzusehen sind, bleibt für die weitere Betrachtung zunächst folgenlos, da die anwendbaren Normen dieselben sind.

Probleme bei der Anwendung beider Richtlinien können sich jedoch dann ergeben, wenn die verschiedenen Vorschriften zu unterschiedlichen Ergebnissen kommen.

IV. Rechtsstellung der Online-Vertriebsplattformen

Unabhängig von Detailfragen des Arbeitnehmerurheberrechts im Zusammenhang mit Computerspielen,[117] sind die Betreiberunternehmen von Online-Plattformen zum digitalen Computerspielvertrieb nicht selbst Urheber der

---

Wikipedia, Open-World-Spiel, https://de.wikipedia.org/wiki/Open-World-Spiel, zuletzt geprüft am 26.05.2021.

113 Sandbox-Spiele bieten dem Spieler meist, neben den Möglichkeiten eines Open-World-Spiels, besondere kreative Freiheit. So wird etwa das Spiel Minecraft (Mojang, Java-Version 1.0 in 2011) zum Erstellen virtueller Bau- und Kunstwerke, sowie für die Lösung technischer Sachverhalte mithilfe der im Spiel vorhanden Möglichkeiten genutzt.

114 *Lambrecht,* Bildschirmspiele, S. 119 ff.; insoweit anderer Ansicht *Oehler,* Komplexe Werke, S. 439 der dem Spieler eigene schöpferische Gestaltung durch den Spielvorgang zuspricht.

115 EuGH - C-355/12 = GRUR 2014, 255, Rn. 23 - Nintendo/PC Box; dieser Umstand wird auch in der UsedSoft-Entscheidung des EuGHs aufgegriffen: vgl. EuGH - C-128/11 = GRUR 2012, 904, Rn. 56 - UsedSoft.

116 Siehe etwa BGH v. 06.10.2016 - I ZR 25/15 = GRUR 2017, 266, Rn. 36 - World of Warcraft I.

117 Siehe etwa Duisberg/Picot/*Förster,* Computerspiele, S. 64 ff.; *Rauda,* Computerspiele, Rn. 114 ff.; *Lambrecht,* Bildschirmspiele, S. 205 ff.

Computerspiele, die sie verkaufen. Für an der Spieleherstellung beteiligte Programmierer gilt hier § 69b UrhG, wenn sie als Arbeitnehmer tätig sind, sodass die wirtschaftlichen Rechte am geschriebenen Programm dem Arbeitgeber zur Verfügung stehen.[118] Zu den Details der Rechteinräumung existieren bereits mehrere Beiträge, die eine genauere Erörterung der verschiedenen Möglichkeiten der Rechteinräumung vornehmen.[119]

Es ist also davon auszugehen, dass i.E. die für den Vertrieb zuständigen *Publisher* in der Lage sind, alle für den Vertrieb erforderlichen Nutzungsrechte an Plattformbetreiber zu übertragen. Letztere vertreiben dann nicht nur Spiele aus eigenem *Publishing*, sondern ermöglichen auch Fremdanbietern den Verkauf von Spielen auf Ihrer Online-Plattform (z.B. Steam oder der Epic Games Store). Zu diesen Nutzungsrechten zählt jedenfalls die Erlaubnis Vervielfältigungen des Computerspiels anzufertigen. Einzelheiten zum Umfang der übertragenen Nutzungsrechte, sind bereits in der einschlägigen Literatur zu finden.[120]

Wenn die mit den erforderlichen Urheberrechten ausgestatteten *Publisher* eines Computerspiels sich an eine Online-Plattform für den Vertrieb ihres Computerspiels wenden, kann davon ausgegangen werden, dass zumindest die Einräumung weiterer Nutzungsrechte i.S.d. § 35 Abs. 1 UrhG gestattet wird. Denn darin liegt schließlich der verfolgte Zweck: *Publisher* erhalten durch den Vertrieb über eine Online-Plattform den Zugang zu einem Markt, den sie allein womöglich nicht oder nicht ohne große Anstrengung erreichen könnten und sind deshalb bereit die erforderlichen Vertriebsrechte zum Online-Vertrieb auf einer Online-Plattform abzugeben.

Es kann hier also zumindest davon ausgegangen werden, dass die Betreiber von Online-Plattformen berechtigt sind, ihren Käufern die Nutzungsrechte, also insbesondere die zur Benutzung erforderliche Herstellung von Vervielfältigungen bei Download der Spieldateien, an den entsprechenden Werken einzuräumen.[121]

---

118 Schricker/Loewenheim/*Spindler*, UrhG[6], § 69b Rn. 1; Wandtke/Bullinger/*Grützmacher*, UrhR[5], § 69b Rn. 1.

119 Duisberg/Picot/*Picot*, Computerspiele, S. 103 ff.; *Lambrecht*, Bildschirmspiele, S. 200 ff.; zu Fragen der Urheberschaft am Computerspiel *Oehler*, Komplexe Werke, S. 443 ff.

120 Siehe vor allem Duisberg/Picot/*Picot*, Computerspiele, S. 107 ff.; *Lambrecht*, Bildschirmspiele, S. 215 ff.

121 Verteieft Duisberg/Picot/*Picot*, Computerspiele, S. 39 ff.

Für nicht lizenzierte *Keyseller* gilt das natürlich nicht, denn sie treten nicht in Kontakt mit dem Rechteinhaber eines Computerspiels, um den weiteren Vertrieb vertraglich zu vereinbaren.

B. Betroffene Verwertungshandlungen durch den Weiterverkauf von Produktschlüsseln

Eine Urheberrechtsverletzung durch den Weiterverkauf von Produktschlüsseln durch *Keyseller* kommt nur in Betracht, wenn im Rahmen des Weiterverkaufs eine urheberrechtlich geschützte Verwertungshandlung durchgeführt wird, zu der *Keyseller* weder durch den Urheber selbst noch aufgrund von Schrankenregelungen berechtigt sind. Im Fall der *Keyseller* kommt als konkreter Vorgang, der gegen Urheberrechte verstoßen kann, die Veräußerung des Produktschlüssels in Betracht. Es muss geklärt werden, wie diese Handlung im System der Verwertungsrechte einzuordnen ist. Aus dem Katalog der Verwertungshandlungen des § 15 UrhG kommen dabei grundsätzlich drei Möglichkeiten in Frage:

Möglich erscheint die Verletzung des Rechts der öffentlichen Zugänglichmachung aus §§ 15 Abs. 2 Nr. 2, 19a; § 69c Nr. 4 UrhG, das gerade für die Online-Verwertung geschaffen wurde.[122] Der *Keyseller* wendet sich mit seinem Angebot an eine unbestimmte Anzahl potenzieller Kunden, denen er mithilfe der Weitergabe des Produktschlüssels letztendlich den Werkgenuss ermöglicht.

Auch die Verletzung des Vervielfältigungsrechts aus §§ 15 Abs. 1 Nr. 1, 16; § 69c Nr. 1 UrhG kommt in Betracht. *Keyseller* ermöglichen ihren Käufern den Download des Computerspiels, wenn diese nach Einlösung des Produktschlüssels die erforderlichen Daten vom Server einer Online-Plattform auf ihren eigenen Computer herunterladen. Problematisch ist jedoch, dass eine solche vermeintliche Vervielfältigung nicht durch den *Keyseller* vorgenommen, sondern von ihm nur ermöglicht wird.

Ebenfalls relevant kann die Verletzung des Verbreitungsrechts aus §§ 15 Abs. 1 Nr. 2, 17 Abs. 1; § 69c Nr. 3 UrhG sein, weil *Keyseller* womöglich durch die Weitergabe des Produktschlüssels auch das Computerspiel weiterverbreiten oder die Weiterverbreitung veranlassen.

---

122 BTDrucks 15/38, S. 16 f.

I. Das Recht der öffentlichen Zugänglichmachung, §§ 15 Abs. 2 Nr. 2, 19a; § 69c Nr. 4 UrhG

Das im Jahr 2003 mit § 19a in das UrhG eingefügte Recht der öffentlichen Zugänglichmachung wurde geschaffen, um die zuvor unklare Rechtslage bei „On-Demand-Diensten“[123] zu klären.[124] Es erfasst Verwertungshandlungen, bei denen urheberrechtlich geschützte Werke der Öffentlichkeit drahtgebunden oder drahtlos von Orten und zu Zeiten ihrer Wahl zugänglich gemacht werden und gehört zu den Rechten der öffentlichen Wiedergabe in unkörperlicher Form aus § 15 Abs. 2 UrhG. Für Computerprogramme gilt § 69c Nr. 4 UrhG. Diese Regelung unterscheidet sich inhaltlich nicht maßgeblich von § 19a UrhG und ist hauptsächlich klarstellender Natur.[125]

Das Recht der öffentlichen Zugänglichmachung ist etwa dann verletzt, wenn jemand ein geschütztes Werk durch das Einstellen auf einen Internetdienst der Öffentlichkeit zugänglich macht.[126] Im Kern kommt es darauf an, dass ein Werk der Öffentlichkeit bereitgestellt wird.[127] Das Recht der Öffentlichen Zugänglichmachung aus § 19a UrhG ist die Umsetzung des Art. 3 Abs. 1 der InfoRL. Das Recht der öffentlichen Zugänglichmachung ist insoweit vollharmonisiert.[128]

Da *Keyseller* entweder selbst oder mithilfe von besonderen Vertriebsplattformen Produktschlüssel im Internet verkaufen, liegt die Vermutung zunächst nahe, das Recht der öffentlichen Zugänglichmachung als potenziell betroffenes Verwertungsrecht anzusehen. Ein *Keyseller* ermöglicht also dem Käufer, die

---

123 Bezeichnung nach BTDrucks 15/38, S. 16; Die InfoRL wählt den Begriff „urheberrechtlich geschützte Werke und sonstige Schutzgegenstände im Wege der interaktiven Übertragung auf Abruf“ in Erwägungsgrund 25.

124 Siehe zur vorherigen Rechtslage etwa Fromm/Nordemann/*Dustmann/Engels,* UrhR[12], § 19a Rn. 1 m.w.N.

125 BTDrucks 15/38, S. 22; Schricker/Loewenheim/*Spindler,* UrhG[6], § 69c Rn. 41; Wandtke/Bullinger/*Grützmacher,* UrhR[5], § 69c Rn. 80; Fromm/Nordemann/*Czychowski,* UrhR[12], § 69c Rn. 34; Dreier/Schulze/*Dreier,* UrhG[6], § 69c Rn. 28; Dreyer/Kotthoff/Meckel/Hentsch/*Kotthoff,* UrhR[4], § 69c Rn. 35.

126 BGH v. 20.06.2013 - I ZR 55/12 = MMR 2014, 190, Rn. 16 - Restwertbörse II.

127 Schricker/Loewenheim/*Ungern-Sternberg,* UrhG[6], § 19a Rn. 57; Dreier/Schulze/*Dreier,* UrhG[6], § 19a Rn. 6; Fromm/Nordemann/*Dustmann/Engels,* UrhR[12], § 19a Rn. 7; Büscher/Dittmer/Schiwy/*Haberstumpf,* Gewerblicher Rechtsschutz, Urheberrecht, Medienrecht[3], Kapitel 10 § 19a Rn. 11; *Schack,* UrhR[9], Rn. 460.

128 Schricker/Loewenheim/*Ungern-Sternberg,* UrhG[6], § 19a Rn. 1; Wandtke/Bullinger/*Bullinger,* UrhR[5], § 19a Rn. 4; Fromm/Nordemann/*Dustmann/Engels,* UrhR[12], § 19a Rn. 2; *Ungern-Sternberg,* GRUR 2012, 1198, 1204.

„Zugänglichmachung" eines urheberrechtlich geschützten Werks. Zumindest aus dem Wortsinn ergibt sich also bereits eine gewisse Übereinstimmung.

1. *Die Entscheidung des EuGH zur öffentlichen Wiedergabe von E-Books: Tom Kabinet*

Die wohl relevanteste Entscheidung des EuGH der letzten Jahre zu diesem Thema ist das Urteil im Fall Tom Kabinet. Der EuGH entschied, dass die unkörperliche Weitergabe von E-Books über eine Weiterverkaufsplattform eine öffentliche Wiedergabe sei.[129]

Damit stellt sich die Frage, ob der Ansatz des EuGH im Fall Tom Kabinet auf *Keyseller* übertragbar ist.

a. Der dem Urteil des EuGH zugrundeliegende Sachverhalt

Geklagt hatten zwei niederländische Verbände, die Interessen der niederländischen Verleger vertreten. Die Beklagte des Verfahrens betrieb eine Plattform, die ihren Nutzern den Kauf und Verkauf „gebrauchter" E-Books ermöglichte.[130] „Gebrauchte" E-Books bedeuten in diesem Zusammenhang, dass Nutzer dort die von Ihnen an anderer Stelle erworbenen E-Books in digitaler Form vertreiben und entsprechend andere E-Books von anderen Nutzern erwerben konnten. Im Laufe des 2014 begonnenen Rechtsstreits ersetzt die Beklagte ihr bisheriges Angebot durch eine gebührenpflichtige Mitgliedschaft und gab Mitgliedern die Möglichkeit, E-Books an sie zu verkaufen oder schenkungsweise zu überlassen – um im Gegenzug andere E-Books günstiger erwerben zu können. Für den wirksamen Verkauf an die Plattform war es erforderlich, dass Mitglieder versicherten, keine Vervielfältigungen des verkauften E-Books zurückzubehalten. Die Beklagte lud sodann das E-Book von der Internetseite des ursprünglichen Verkäufers herunter und brachte ihr eigenes digitales Wasserzeichen an, das den rechtmäßigen Erwerb bestätigen sollte. Im Laufe des Verfahrens wurde dieses Modell verändert: Der Mitgliedsbeitrag entfiel und der Preis für E-Books wurde nicht mehr herabgesetzt. Das niederländische Gericht wandte sich im Verfahren an den EuGH und wollte wissen, ob die Beklagte mit ihrem Geschäftsmodell das Verbreitungsrecht beeinträchtigt. Der EuGH sah jedoch nicht das Verbreitungsrecht, sondern das Recht der öffentlichen Wiedergabe als betroffen an.

---

129 EuGH - C-263/18 = GRUR 2020, 179, 49, 72 - Tom Kabinet.

130 Die Plattform (https://www.tomkabinet.nl/) wurde infolge des Urteils vom Betreiber eingestellt und ist nicht mehr verfügbar.

b. *Die öffentliche Wiedergabe in Abgrenzung zur körperlichen Verbreitung*

Die Vorlagefragen des vorlegenden Gerichts formulierte der EuGH um und legte den Fokus dadurch auf die Anwendbarkeit der öffentlichen Wiedergabe und die Abgrenzung zum Verbreitungsrecht. Das Verbreitungsrecht sei aus verschiedenen Gründen nicht anwendbar: Einerseits ergäbe sich aus dem der InfoRL zugrundeliegenden WCT und zum anderen aus der Begründung der Kommission, dass das Verbreitungsrecht i.S.d. InfoRL nur für die Verbreitung körperlicher Vervielfältigungsstücke gelte.[131] Die unkörperliche Weitergabe falle dagegen unter die öffentliche Wiedergabe.[132] Deren Reichweite sei weit zu verstehen.[133] Das hatte der EuGH jedoch im Fall des digitalen Vertriebs „gebrauchter" Computerprogramme anders gesehen. In der Entscheidung „UsedSoft" hatte er den digitalen Weiterverkauf von Software als Verbreitungshandlung eingestuft.[134] Diese Rechtsprechung sei hier jedoch nicht anwendbar, da es sich bei E-Books nicht um Computerprogramme handele und insoweit die Regelungen der ComputerRL lex specialis seien.[135] In der InfoRL sei vielmehr eine klare Abgrenzung zwischen körperlichen und nicht körperlichen Kopien gewollt.[136]

Zentrales Argument des Gerichts war vor allem der Unterschied zwischen der körperlichen und unkörperlichen Überlassung eines Buchs in wirtschaftlicher und funktioneller Hinsicht: Während bei es bei Software keinen Unterschied mache, ob sie mithilfe eines Datenträgers oder einer digitalen Übertragung überlassen werde,[137] sei dies bei Büchern anders. Die „gebrauchten" körperlichen Kopien eines Buchs seien nicht gleichwertig mit einem neuen Werkexemplar, während die digitale Kopie durch den Gebrauch nicht verschlechtert werde.[138] Selbst, wenn das E-Book durch das darin mitenthaltene Computerprogramm ein komplexeres Werk als das körperliche Buchexemplar sei, könne der Programmteil lediglich akzessorischen Charakter haben und noch nicht aus der Info-RL heraus und in die Vorschriften der ComputerRL hineinführen.[139]

---

131 EuGH - C-263/18 = GRUR 2020, 179, Rn. 40 ff. - Tom Kabinet.
132 EuGH - C-263/18 = GRUR 2020, 179, Rn. 43 - Tom Kabinet.
133 EuGH - C-263/18 = GRUR 2020, 179, Rn. 49 - Tom Kabinet.
134 EuGH - C-128/11 = GRUR 2012, 904, Rn. 72 - UsedSoft.
135 EuGH - C-263/18 = GRUR 2020, 179, Rn. 54 f. - Tom Kabinet.
136 EuGH - C-263/18 = GRUR 2020, 179, Rn. 56 - Tom Kabinet.
137 EuGH - C-263/18 = GRUR 2020, 179, Rn. 57 - Tom Kabinet.
138 EuGH - C-263/18 = GRUR 2020, 179, Rn. 58 - Tom Kabinet.
139 EuGH - C-263/18 = GRUR 2020, 179, Rn. 59 - Tom Kabinet.

Der EuGH geht deshalb davon aus, dass nicht das Verbreitungsrecht betroffen, sondern das Recht der öffentlichen Wiedergabe einschlägig sei.

c. *Das Problem des Öffentlichkeitsmerkmals*

Ein wichtiger Aspekt der öffentlichen Wiedergabe bzw. der öffentlichen Zugänglichmachung ist das Merkmal der Öffentlichkeit. Nach ständiger Rechtsprechung des EuGH beinhaltet das Merkmal der Öffentlichkeit „begrifflich eine unbestimmte Zahl potenzieller Leistungsempfänger", die „ferner aus recht vielen Personen bestehen muss".[140]

Die Beklagte war der Ansicht, dass es an der Öffentlichkeit fehle, da das E-Book nur einem einzigen Mitglied zur Verfügung gestellt werde. Der EuGH sah jedoch das Merkmal der Öffentlichkeit als erfüllt an. Die Öffentlichkeit sei bereits betroffen, wenn mehrere Personen an unterschiedlichen Orten und zu unterschiedlichen Zeiten Zugriff auf das Werk hätten.[141] Entscheidend sei vor allem, wie viele Personen – auch nacheinander – Zugang zu dem Werk haben könnten.[142] Ausschlaggebend für die Bejahung des Öffentlichkeitsmerkmals war für den EuGH der Umstand, dass die Beklagte keine technischen Maßnahmen vorgesehen hatte, die garantieren könnten, dass nicht mehrere Nutzer gleichzeitig ein Werk verwendeten oder dass der Nutzer bei Rückgabe tatsächlich alle bei ihm vorhandenen Kopien unbrauchbar gemacht habe. Die Anzahl der Personen, die Zugriff auf das Werk haben könnten, sei damit erheblich.[143]

Der EuGH kam deshalb zu dem Ergebnis, dass im Fall von Tom Kabinet eine öffentliche Wiedergabe vorliege.

d. *Der Vergleich zwischen Keysellern und dem Verkauf von E-Books aus Tom Kabinet*

Die Fallkonstellation vor dem EuGH und der Verkauf von Computerspielen durch *Keyseller* haben durchaus Gemeinsamkeiten: Anstelle des E-Books

---

140 Zitat aus EuGH - C-527/15 = GRUR 2017, 610, Rn. 32 - Stichting Brein/Wullems; siehe außerdem: EuGH - C-610/15 = GRUR 2017 2017, 790, Rn. 27 - The Pirate Bay; EuGH - C-160/15 = GRUR 2016, 1152, Rn. 36 - GS Media/Sanoma ua; EuGH - C-117/15 = GRUR 2016, 684, Rn. 41 - Reha Training/GEMA; EuGH - C-607/11 = GRUR 2013, 500, Rn. 32 - ITV Broadcasting/TVC.

141 EuGH - C-263/18 = GRUR 2020, 179, Rn. 67 - Tom Kabinet.

142 EuGH - C-263/18 = GRUR 2020, 179, Rn. 68 - Tom Kabinet.

143 EuGH - C-263/18 = GRUR 2020, 179, Rn. 69 - Tom Kabinet; anerkennend *Schneider*, WRP 2021, 293, Rn. 46.

verkauft der *Keyseller* einen Produktschlüssel, durch den der Käufer Zugriff auf das Computerspiel erhalten kann. Dies geschieht ebenso über eine Online-Vertriebsplattform, auf die der Rechteinhaber nicht einwirken kann.

Es stellt sich also die Frage, ob auch die Veräußerung von Produktschlüsseln durch *Keyseller* eine öffentliche Wiedergabe (Art. 3 Abs. 1 der InfoRL) bzw. eine öffentliche Zugänglichmachung (i.S.d. deutschen Regelung des § 19a UrhG) ist.

2. *Die Bereithaltung des Werks zum Abruf durch den Keyseller*

a. *Bereithaltung des Werks zum Abruf durch Verkauf von Produktschlüsseln*

Das Recht der öffentlichen Zugänglichmachung schließt Verwertungshandlungen mit ein, die darauf gerichtet sind, das urheberrechtlich geschützte Werk zum Abruf bereitzuhalten. Dabei ist nicht relevant, ob das Werk tatsächlich abgerufen wird. Das Bereithalten allein genügt, um den Tatbestand des § 19a UrhG zu erfüllen.[144] Erforderlich ist aber, dass sich das Werk in der Zugriffssphäre des Vorhaltenden befindet.[145]

Aus diesem Grund verletzt etwa der unberechtigte Upload eines urheberrechtlich geschützten Videos auf einer frei zugänglichen Internetplattform das Recht der öffentlichen Zugänglichmachung des Urheberrechtsinhabers aus § 19a UrhG, und zwar unabhängig davon, ob das Video jemals von einem Nutzer der Plattform angesehen wird. Auch wenn ein Werk bei so genannten „File Hostern" hochgeladen wird, ist das Recht der öffentlichen Zugänglichmachung verletzt, sobald die Links von (unrechtmäßig) hochgeladenen Werken öffentlich geteilt werden. „File Hoster" sind Internetplattformen, auf denen Nutzer Dateien zu dem Zweck des späteren Verbreitens hochladen können (z.B. Rapidshare oder Megaupload). Die dort hochgeladenen Dateien sind nur über den individuell von der Plattform für eine Datei generierten Link verfügbar. Wer ohne die Zustimmung des Urhebers ein Werkstück hochlädt, verstößt gegen §§ 15 Abs. 2 Nr. 2,

---

144 EuGH - C-466/12 = GRUR 2014, 360, Rn. 19 - Nils Svensson ua/Retriever Sverige; Schricker/Loewenheim/*Ungern-Sternberg*, UrhG[6], § 19a Rn. 57; Wandtke/Bullinger/*Bullinger*, UrhR[5], § 19a Rn. 10; Dreier/Schulze/*Dreier*, UrhG[6], § 19a Rn. 6; Fromm/Nordemann/*Dustmann/Engels*, UrhR[12], § 19a Rn. 7 – jeweils m.w.N.

145 BGH v. 21.09.2017 - I ZR 11/16 = GRUR 2018, 178, Rn. 19 - Vorschaubilder III; BGH v. 29.04.2010 - I ZR 69/08 = GRUR 2010, 628, Rn. 19 - Vorschaubilder; BGH v. 22.04.2009 - I ZR 2016/06 = MMR 2009, 620, Rn. 27 - Internet-Videorecorder; Schricker/Loewenheim/*Ungern-Sternberg*, UrhG[6], § 19a Rn. 60; Wandtke/Bullinger/*Bullinger*, UrhR[5], § 19a Rn. 10.

19a UrhG, sobald der Link auf das hochgeladene Werk verbreitet wird. Das gilt auch für Internetseiten, die diese Links bereithalten.[146]

Dadurch, dass *Keyseller* Produktschlüssel für Computerspiele anbieten und diese Schlüssel dementsprechend auch „bereithalten", könnte man erwägen, dass durch das Angebot oder den Verkauf von Produktschlüsseln in gewisser Weise das Werk selbst bereitgehalten wird. Das wäre der Fall, wenn die Ermöglichung des Zugriffs durch den Verkauf des Produktschlüssels mit dem Bereithalten der Spieldateien zum Abruf gleichzusetzen wäre.

aa. Verbindung zwischen Produktschlüssel und Computerspiel

Ob das Verkaufsangebot für Produktschlüssel oder auch dessen spätere Weitergabe als „Bereithaltung des Werks zum Abruf" eingeordnet werden kann, hängt davon ab, inwiefern der Produktschlüssel selbst mit dem urheberrechtlich geschützten Werk verbunden ist.

Das Vorhalten des Spiels selbst scheidet jedenfalls aus, denn der Käufer lädt die Spieldateien nach dem Kauf nicht von einem Server des *Keysellers* oder dessen Vermittlers, sondern direkt von dem Server des Rechteinhabers herunter. Das Spiel selbst befindet sich damit grundsätzlich also in der Zugriffssphäre des Rechteinhabers und nicht in der des *Keysellers.*

(1). Kein Urheberrechtsschutz des Produktschlüssels als Teil des Computerspiels

Der Produktschlüssel selbst eignet sich nicht als Ansatzpunkt für das Bereithalten eines Werks, weil er als Produkt einer mathematischen Formel, die von automatisierten Computersystemen verwendet wird, selbst keine persönliche geistige Schöpfung i.S.d. § 2 Abs. 2 UrhG darstellt. Die Bereithaltung des Produktschlüssels zum Abruf durch den Käufer ist deshalb keinesfalls schon ein Verstoß gegen das Recht der öffentlichen Zugänglichmachung aus §§ 15 Abs. 2 Nr. 2, 19a UrhG.[147]

(2). Keine Verkörperung des Computerspiels durch den Produktschlüssel

Die Verkaufshandlung des *Keysellers* könnte die „Bereithaltung des Werks zum Abruf" i.S.d. § 19a UrhG betreffen, wenn der Produktschlüssel selbst als eine Art „Verkörperung" des Spiels – so wie bei auf Datenträgern gespeicherten

146 Fromm/Nordemann/*Dustmann/Engels*, UrhR[12], § 19a Rn. 7.
147 So auch *Dreier*, MMR 2021, 102, 103.

Werken – verstanden werden kann und deshalb die Bereitschaft den Produktschlüssel weiterzugeben die Bereithaltung des Werks zum Abruf umfasst.

Anders als bei Datenträgern, wie etwa CDs oder DVDs, auf denen tatsächlich die Einzelheiten des Werks in einer für technische Hilfsmittel auslesbaren Form gespeichert werden, ermöglicht der Produktschlüssel nur Zugang zum Computerspiel, ohne selbst inhaltliche Bestandteile zu transportieren. Die Zahlen- und Buchstabenkombination dient nur einem Überprüfungssystem auf dem Server des Rechteinhabers zur Identifikation und zur Zugangsverschaffung. Hierin liegt ebenso wenig die Verkörperung des Werks wie der Schlüssel zu einem Kunstmuseum die darin enthaltenen Kunstwerke verkörpert. Es besteht also keine inhaltliche Übereinstimmung zwischen Werk und Produktschlüssel, die dazu veranlassen könnte, den Produktschlüssel als eine Art Verkörperung des Werks anzusehen.

Im Ergebnis wird das Werk nicht durch den Produktschlüssel verkörpert und dementsprechend nicht durch den Keyseller zum Abruf bereitgehalten.

b. Bereithaltung des Werks zum Abruf durch Ermöglichung des Downloads

Auch wenn der Produktschlüssel und dessen Übertragung selbst nicht das Werk betreffen, so erhält der Käufer dennoch die Möglichkeit, das Computerspiel später mithilfe des Produktschlüssels auf seinen Computer herunterzuladen. Fraglich ist also, ob die durch den *Keyseller* verkaufte Ermöglichung des Downloads selbst ein Ansatzpunkt für das Bereithalten des Werks sein kann. Schließlich ist die verwendete Technik grundsätzlich nicht ausschlaggebend.[148] Deshalb kommt es nicht darauf an, ob ein Produktschlüssel zur Aktivierung verwendet werden muss.

Bei der Ermöglichung des Downloads besteht eine gewisse Ähnlichkeit zur Verbreitung von Links, die zu einem vorher hochgeladenen Werk auf dem Server eines File Hosters führen. In diesem Fall wäre der Produktschlüssel, ähnlich wie der Link, der Wegweiser zu dem zum Abruf bereitgehaltenen Werk.

Auch wenn die Sachverhalte an dieser Stelle eine Ähnlichkeit aufweisen, besteht ein entscheidender Unterschied: Das ohne Erlaubnis auf dem Server eines File Hosters hochgeladene Werk ist der Anknüpfungspunkt für die Verletzung des Rechts der öffentlichen Zugänglichmachung. Es kommt darauf an, dass das Werk ohne Berechtigung bereitgehalten wird.[149] Der Produktschlüssel weist

---

148 Schricker/Loewenheim/*Ungern-Sternberg*, UrhG[6], § 19a Rn. 66; Dreier/Schulze/*Dreier*, UrhG[6], § 19a Rn. 6.

149 Schricker/Loewenheim/*Ungern-Sternberg*, UrhG[6], § 19a Rn. 6; *Schack*, UrhR[9], Rn. 460.

aber gerade nicht den Weg zu einer ohne die Erlaubnis des Rechteinhabers entstandenen Kopie, sondern ermöglicht dem Nutzer das Werk über den vom Rechteinhaber eingerichteten Vertriebsweg abrufen zu können. Die Spieldateien, also das Werk in konkreter Form, befinden sich nicht selbst in der Zugriffssphäre des *Keysellers*. Auch wenn der direkte Zugriff mithilfe des Produktschlüssels möglich ist, kann der *Keyseller* nicht über die Verfügbarkeit des Werks entscheiden. Entfernt der Rechteinhaber des Computerspiels die Dateien von seinem Server, kann auch der Produktschlüssel nicht mehr dazu verwendet werden, das Spiel herunterzuladen.[150]

Der Produktschlüssel führt also zum einen nicht zu einem Werkstück, dass ohne Zustimmung des Urhebers hochgeladen wurde, noch hat der *Keyseller* Einfluss auf die Verfügbarkeit der Spieldateien, sodass sich das Computerspiel keinesfalls in seiner Zugriffssphäre befindet. Er hält deshalb das Werk nicht zum Abruf bereit.

3. *Das Erfordernis der Öffentlichkeit*

Wie sich bereits aus dem Wortlaut des § 19a UrhG ergibt, genügt die Zugänglichmachung allein nicht, wenn das Werk nicht auch der Öffentlichkeit bereitgestellt wird. Der Begriff der Öffentlichkeit ist aufgrund des insoweit europäisch harmonisierten[151] Urheberrechts einheitlich auszulegen. Die Kriterien des europäischen Öffentlichkeitsbegriffs wurden durch Entscheidungen des EuGH geprägt.[152] Für die hier zugrundeliegende Fallgestaltung ist eine detaillierte Auseinandersetzung mit diesen Kriterien aber nicht erforderlich. Beim *Keyselling*-Geschäft wird ein Produktschlüssel nur an einen einzigen Käufer weitergegeben. Damit kann von „Öffentlichkeit" keine Rede sein.[153]

a. *Vergleich mit Internet-Videorecordern*

Auch der BGH verfolgte in seinem Urteil zu Internet-Videorecordern für die Bestimmung des Öffentlichkeitsmerkmals einen vergleichbaren Ansatz.[154]

---

150 BGH v. 21.09.2017 - I ZR 11/16 = GRUR 2018, 178, Rn. 19 - Vorschaubilder III.

151 Siehe dazu etwa Erwägungsgründe 1, 4, 6, 7, 23, 24 der InfoRL.

152 Siehe etwa EuGH - C-135/10 = GRUR 2012, 593, Rn. 70 ff. - SCF; Schricker/Loewenheim/*Ungern-Sternberg*, UrhG^{6}, § 15 Rn. 361 ff.; Fromm/Nordemann/*Dustmann/Engels*, UrhR^{12}, § 19a Rn. 12.

153 So auch *Metelski*, Multimediawerke, Rn. 191 allgemein zur Weiterveräußerung von Computerspielen.

154 BGH v. 22.04.2009 - I ZR 2016/06 = MMR 2009, 620 - Internet-Videorecorder.

Gegenstand dieses Rechtsstreits war eine über eine Internetseite verfügbare Software, die den Nutzern das Aufzeichnen von Fernsehsendungen ermöglichte. Ein Sendeunternehmen klagte gegen den Betreiber des „internetbasierten persönlichen Videorecorders“ und unterlag. Von einer öffentlichen Zugänglichmachung könne nicht ausgegangen werden, wenn der Zugang zu dem gegenständlichen Werk nur einer einzelnen Person möglich sei.[155]

Bei von *Keysellern* verkauften Produktschlüsseln geht es zwar nicht um die Aufzeichnung von Funksendungen, aber in Bezug auf die Zugriffsmöglichkeit der Öffentlichkeit besteht zwischen den Sachverhalten aufgrund der einmaligen Verwendbarkeit des Produktschlüssels kein Unterschied.

b. Vergleich mit der Öffentlichen Wiedergabe von E-Books

In der Art der Veräußerung der Produktschlüssel durch *Keyseller* liegt der wesentliche Unterschied zu dem oben ausgeführten Rechtsstreit zur öffentlichen Wiedergabe von E-Books.[156] Im Fall Tom Kabinet stützt sich der EuGH auf zwei Argumente, um das Merkmal der Öffentlichkeit zu bejahen. Zum einen ist das die Möglichkeit des Nutzers, das Buch wieder zurückzugeben, sodass dieses erneut in Umlauf gelangen kann, denn es sei auch relevant, wenn Nutzer nacheinander Zugriff auf das Werk hätten.[157] Zum anderen hatte Tom Kabinet nicht garantieren können, dass nur eine Kopie des E-Books nach dem Erwerb heruntergeladen werden und der Nutzer nach Rückgabe des Buchs weitere Kopien nicht mehr nutzen kann. Auch daraus schloss der EuGH, dass ein dort vertriebenes E-Book für einen ausreichend großen Personenkreis verfügbar sei.[158]

Da sich das von dem verkauften Produktschlüssel betroffene Spiel nach der Aktivierung mit dem Benutzerkonto des Käufers verknüpft, kann die spätere Weitergabe des Computerspiels ohne Mitwirkung des Rechteinhabers ausgeschlossen werden. Denn für eine Weitergabe des Spiels wäre entweder die Hilfe des Rechteinhabers bei der Übertragung von einem Nutzeraccount auf einen anderen erforderlich oder die Weitergabe des Accounts durch den Nutzer an eine andere Person. In der ersten Variante läge jedenfalls die Zustimmung des Rechteinhabers vor, in der letzteren kann die spätere, möglicherweise unzulässige Weitergabe des Accounts, jedenfalls nicht auf den *Keyseller* zurückgeführt werden. Beides fällt also jedenfalls nicht in die Sphäre eines *Keysellers*,

155 BGH v. 22.04.2009 - I ZR 2016/06 = MMR 2009, 620, Rn. 26 - Internet-Videorecorder.
156 Siehe oben Teil 2:B.I.1.
157 EuGH - C-263/18 = GRUR 2020, 179, Rn. 68 - Tom Kabinet.
158 EuGH - C-263/18 = GRUR 2020, 179, Rn. 69 - Tom Kabinet.

der lediglich mithilfe des Produktschlüssels den Zugriff auf das Computerspiel ermöglichen kann.

Dazu kommt, dass der Schlüssel, anders als bei vielen Softwareprodukten, nur ein einziges Mal verwendbar ist. Nach der Aktivierung ist er verbraucht. Die auf diesem Wege aktivierten Computerspiele sind mit dem Benutzerkonto des Käufers verbunden. Das ist zumindest für den Plattformbetreiber – bei entsprechender Kooperation auch für den Rechteinhaber – erkennbar, sodass sich pro in Verkehr gebrachten Produktschlüssels auch nur eine Nutzungslizenz bzw. eine lauffähige Kopie des Spiels gleichzeitig im Verkehr befinden kann.

Gerade diese Punkte waren für den EuGH in Tom Kabinet jedoch entscheidend, um das Merkmal der Öffentlichkeit als erfüllt anzusehen.

4. *Zwischenergebnis zur Verletzung des Rechts der öffentlichen Zugänglichmachung aus § 19a UrhG durch Keyseller*

Schon allein, weil die Weitergabe des verkauften Produktschlüssels immer nur an einen Käufer erfolgt und der Produktschlüssel auch nur ein einziges Mal verwendet werden kann, fehlt es an dem erforderlichen Kriterium der „Öffentlichkeit". Eine Zugänglichmachung liegt darüber hinaus ebenso nicht vor. Das urheberrechtlich geschützte Werk wird durch den *Keyseller* für den Käufer nicht zum Abruf bereitgehalten. Vielmehr muss der Käufer selbst noch weitere Schritte ausführen, um das Werk von den Servern des Rechteinhabers herunterladen zu können. Vor allem befindet sich das Werk nicht in der Zugriffssphäre des *Keysellers*, denn dieser kann nicht entscheiden, ob das Werk auf den Servern des Rechteinhabers verfügbar ist oder bleibt.

Durch den Verkauf von Produktschlüsseln für Computerspiele kommt also für *Keyseller* keine Verletzung des Rechts der öffentlichen Zugänglichmachung aus §§ 15 Abs. 2 Nr. 2, 19a UrhG in Betracht. Auch mit Blick auf § 69c Nr. 4 UrhG ergeben sich insoweit keine Unterschiede, sodass es hier nicht darauf ankommt, welche Regelung für Computerspiele angewendet werden soll.

5. *Auswirkung der DSM-RL auf die Haftung von Keysellern*

Mit Art. 17 der DSM-RL und dessen anstehender Umsetzung können sich Änderungen für die Haftung für Plattformbetreiber im Rahmen der öffentlichen Zugänglichmachung ergeben. Problematisiert wird in diesem Zusammenhang, inwiefern die neue Regelung einen sui-generis-Charakter hat oder lediglich eine Klarstellung sein soll.[159]

Das Problem könnte im hier besprochenen Sachverhalt allenfalls für die Haftung der Betreiber von *Key-Stores* relevant sein.[160] Voraussetzung dafür wäre allerdings, dass eine Handlung der öffentlichen Wiedergabe oder öffentlichen Zugänglichmachung durch *Keyseller* durchgeführt wird, die Verkaufsplattformen für die Zugänglichmachung verwenden. Im 61. Erwägungsgrund der DSM-RL wird klargestellt, dass es um die Rechtssicherheit bei der Haftung für durch Nutzer hochgeladene Werke gehen soll. Wie sich aber bereits ergeben hat, ist das hier gerade nicht der Fall. *Keyseller* stellen das Computerspiel nicht zur Verfügung.[161] Ohne eine solche Verletzungshandlung kommt auch eine Haftung der *Key-Stores* aufgrund der durch die DSM-RL eingeführten Veränderungen nicht in Betracht.

Bei Plattformbetreibern, die direkt mit Publishern zusammenarbeiten oder auch eigene Spiele vertreiben, ist schon durch die Zusammenarbeit mit den einzelnen *Publishern* davon auszugehen, dass erforderliche Lizenzvereinbarungen vorliegen.[162]

II. Das Vervielfältigungsrecht, § 16 UrhG

Letztendlich steht am Ende des *Keyseller*-Geschäfts der Download des urheberrechtlich geschützten Werks von den Servern einer Online-Plattform. Ein Vervielfältigungsvorgang durch den *Keyseller* findet nicht statt, weil er keinen Upload des Spiels selbst vornimmt. Da sich bereits ergeben hat, dass der Produktschlüssel inhaltlich nicht mit dem Computerspiel gleichzusetzen ist,[163] kann auch der Upload des Produktschlüssels allein nicht mit dem Upload des Spiels gleichgesetzt werden.

Auf der Festplatte des Käufers entsteht aber bei Download des Spiels von der Online-Plattform eine Kopie der Spieldateien und damit ein neues Vervielfältigungsstück des Computerspiels. Dieser Vorgang betrifft deshalb das in §§ 15 Abs. 1 Nr. 1, 16 UrhG festgelegte Recht des Urhebers an der Vervielfältigung seines Werks.[164] Dieses Recht wäre verletzt, wenn eine Vervielfältigung i.S.d. § 16

---

159 Siehe zur Problematik insbesondere *Leistner*, ZUM 2020, 897, 901 ff. m.w.N.

160 Im Ergebnis *Wandtke/Hauck*, ZUM 2019, 627, 636.

161 Siehe oben Teil 2:B.I.2.

162 *Hentsch*, CR 2019, 351, 353 f.

163 Siehe oben Teil 2:B.I.2.a.aa.

164 Schricker/Loewenheim/*Loewenheim*, UrhG[6], § 16 Rn. 21; Dreier/Schulze/*Schulze*, UrhG[6], § 16 Rn. 7.

UrhG ohne Zustimmung des Rechteinhabers oder sonstige gesetzliche Erlaubnis angefertigt wird. Auch für § 69c Nr. 1 UrhG ergibt sich nichts anderes.[165] Besonderheiten für Computergramme könnten sich aber aus § 69d und § 69e UrhG ergeben, die ausschließlich für Computerprogramme gelten.

Beachtenswert ist, dass der *Keyseller*, dessen Vertriebsmodell hier auf dem Prüfstand steht, selbst jedenfalls keine Vervielfältigungshandlung vornimmt. Der Downloadvorgang wird vom Erwerber des Produktschlüssels ausgeführt.

1. *Der Download des Computerspiels einer Online-Plattform als Vervielfältigungshandlung*

Obwohl das Vervielfältigungsrecht aus § 16 UrhG zu den Verwertungsrechten für Werke in körperlicher Form zählt, ist dessen Anwendbarkeit auf den Download von Dateien aus dem Internet, die auf der Festplatte des Nutzers gespeichert werden, anerkannt.[166] Das ergibt sich bereits aus dem Wortlaut des § 16 Abs. 1 – „gleichviel [...] in welchem Verfahren und in welcher Zahl." – und aus dem Wortlaut des Art. 2 Abs. 1 der InfoRL. Auch für § 69c Nr. 1 UrhG gilt derselbe Vervielfältigungsbegriff.[167]

Durch den Download der Spieldateien von einem Server des Rechteinhabers wird auf der Festplatte des Nutzers ein Vervielfältigungsstück erzeugt. Der Download selbst ist also eine Vervielfältigung des Werks i.S.d. § 16, § 69c Nr. 1 UrhG.

2. *Verantwortlichkeit des Keysellers als Veranlasser einer späteren Vervielfältigung*

Dieses Zwischenergebnis ist für die Überprüfung des vorliegenden Sachverhalts aber nicht ausreichend. Es soll schließlich überprüft werden, ob der *Keyseller* durch den Verkauf eines Produktschlüssels, zumindest mittelbar, das Vervielfältigungsrecht des Rechteinhabers verletzt.[168] Da der Käufer des Produktschlüssels Ort, Zeitpunkt und Speichermedium für die Vervielfältigungshandlung selbständig bestimmen kann und der *Keyseller* nach Übertragung des Produktschlüssels auf diesen Vorgang keinen Einfluss mehr hat, kommt keinesfalls eine

---

165 Schricker/Loewenheim/*Spindler*, UrhG[6], § 69c Rn. 5; Fromm/Nordemann/*Czychowski*, UrhR[12], § 69c Rn. 7; Dreier/Schulze/*Dreier*, UrhG[6], § 69c Rn. 6; Dreyer/Kotthoff/Meckel/Hentsch/*Kotthoff*, UrhR[4], § 69c Rn. 5.

166 BGH v. 10.12.1998 - I ZR 100/96 = GRUR 1999, 325, 327 - Elektronische Pressearchive; Schricker/Loewenheim/*Loewenheim*, UrhG[6], § 16 Rn. 21; *Peifer*, AfP 2013, 89, 90.

167 Dreier/Schulze/*Dreier*, UrhG[6], § 69c Rn. 6.

168 So *Hilgert*, CR 2014, 354, 357.

täterschaftliche, sondern höchstens die Haftung als Teilnehmer oder möglicherweise als Störer bzw. Veranlasser der Vervielfältigung in Betracht.

a. Ansatz des BGH im Fall von Internet-Videorecordern

In seinem Urteil zu Internet-Videorecordern[169] entschied der BGH, dass grundsätzlich der Hersteller der Vervielfältigung auch derjenige sei, der die körperliche Festlegung vollzieht.[170] Davon könne nur in Ausnahmefällen abgewichen werden, wenn der Vervielfältigende etwa die Kopie im Auftrag eines anderen zu dessen privaten Gebrauch anfertige.[171] Fraglich ist also, worin die Vervielfältigungshandlung beim bloßen Veranlasser liegen kann.

Im zugrundeliegenden Fall ging es um die Haftung eines Internetplattformbetreibers, der es seinen Nutzern ermöglichte, Fernsehsendungen aufzunehmen – und damit im Ergebnis zu vervielfältigen – und diese dann über die Plattform anzusehen. Die Aufnahmen wurden vom Plattformbetreiber ermöglicht, dass sie wohl auf Wahl des Nutzers auf einem eigenen Festplattenbereich lediglich für den aufnehmenden Nutzern selbst, nicht für die Gesamtheit der Nutzer des Portals, zur Verfügung gestellt wurden. Das erzeugte die Frage, ob der Plattformbetreiber oder der Nutzer als Hersteller der Vervielfältigung anzusehen seien und hatte das Ergebnis zur Folge, dass der Nutzer auch Hersteller der Aufzeichnung sei.[172]

b. Der Unterschied zwischen Internet-Videorecordern und Keysellern

Ein erheblicher Unterschied zum Fall der *Keyseller* besteht bereits darin, dass die für den *Keyseller* relevante Geschäftshandlung mit der Übertragung des Produktschlüssels abgeschlossen ist. Anders als im Fall der Internet-Videorecorder stellt der *Keyseller* selbst keine Möglichkeit zum Download des Spiels zur Verfügung. Während das Geschäftsmodell des Internet-Videorecorders gerade die Anfertigung von Vervielfältigungen erfasst, bleibt es für den *Keyseller* letztendlich belanglos, ob der Käufer den erworben Produktschlüssel einlöst und den Download der Spieldateien vollzieht oder nicht. Die Initiative zur Vervielfältigung des Computerspiels liegt ausschließlich auf der Seite des Käufers, der das „erworbene" Spiel in Betrieb nehmen möchte.

---

169 BGH v. 22.04.2009 - I ZR 2016/06 = MMR 2009, 620 - Internet-Videorecorder.

170 BGH v. 22.04.2009 - I ZR 2016/06 = MMR 2009, 620, Rn. 16 - Internet-Videorecorder; Wandtke/Bullinger/*Heerma*, UrhR⁴, § 16 Rn. 9.

171 BGH v. 22.04.2009 - I ZR 2016/06 = MMR 2009, 620, Rn. 17 - Internet-Videorecorder.

172 BGH v. 22.04.2009 - I ZR 2016/06 = MMR 2009, 620, Rn. 23 - Internet-Videorecorder.

Die angefertigte Kopie wird weder dem *Keyseller* zum privaten Gebrauch überlassen noch in dessen Auftrag angefertigt. Der *Keyseller* hat mit der späteren Vervielfältigung des Nutzers nichts mehr zu tun.

c. *Der Ansatz des BGH in UsedSoft II: Störerhaftung*

Ein anderer Ansatz ergibt sich aus dem UsedSoft-Verfahren, das vor dem LG München I im Jahr 2007[173] startete und nach dem Urteil des EuGH im Jahr 2012[174] auch den BGH im Jahr 2013[175] beschäftigte. Im Fall des Verkaufs gebrauchter Softwarelizenzen erwog der BGH die Haftung des Weiterverkäufers als Störer.[176] Durch den Verkauf der gebrauchten Software ermögliche der Händler dem Kunden nämlich willentlich und adäquat kausal die Vervielfältigung der urheberrechtlich geschützten Computerprogramme. Grundsätzlich sei also der Verkäufer gebrauchter Softwarelizenzen Störer, wenn dessen Kunden unberechtigt Vervielfältigungshandlungen vornehmen.[177]

aa. *Die Möglichkeit der Vervielfältigung zur „bestimmungsgemäßen Benutzung"*

Anders als bei Computerspielen sind für Computerprogramme nur die besonderen Regelungen der § 69a ff. UrhG bzw. der ComputerRL einschlägig.[178] Für den Fall UsedSoft II des BGH bedeutet das, dass die Ausnahmevorschriften des § 69d Abs. 1 UrhG bzw. Art. 5 Abs. 1 der ComputerRL ohne weiteres anwendbar sind. Diese Regelungen gestatten eine Vervielfältigung, wenn sie für die „bestimmungsgemäße Benutzung" des Computerprogramms erforderlich ist.

Die Vervielfältigungshandlung in UsedSoft II konnte deshalb unabhängig von anderslautenden Vorstellungen des ursprünglichen Rechteinhabers durchgeführt werden.

Der BGH ging also davon aus, dass – sofern der Rechteinhaber ursprünglich den Download angeboten hatte – auch der Käufer der gebrauchten Software den Download aufgrund des § 69d Abs. 1 UrhG durchführen dürfe, sofern er eine legale Kopie erworben hatte und ihm deshalb die erforderlichen Nutzungsrechte gewährt werden.[179] Anders, als bei *Keysellern* ging es in UsedSoft II

173 LG München I, MMR 2007, 328.
174 EuGH - C-128/11 = GRUR 2012, 904 - UsedSoft.
175 BGH v. 17.07.2013 - I ZR 129/08 = MMR 2014, 232 - UsedSoft II.
176 BGH v. 17.07.2013 - I ZR 129/08 = MMR 2014, 232, Rn. 24 - UsedSoft II.
177 BGH v. 17.07.2013 - I ZR 129/08 = MMR 2014, 232, Rn. 26 - UsedSoft II.
178 Siehe dazu oben Teil 2:A.
179 BGH v. 17.07.2013 - I ZR 129/08 = MMR 2014, 232, Rn. 30 - UsedSoft II.

um den Handel mit einer Programmkopie und nicht nur um den Verkauf eines Produktschlüssels.

Wenn eine solche legale Kopie vorliegt, dann erwirbt der Käufer der gebrauchten Software als rechtmäßiger Erwerber auch die Nutzungsmöglichkeit. Die vorgenommene Vervielfältigung ist für die „bestimmungsgemäße Benutzung“ erforderlich.

bb. Vergleich zwischen UsedSoft II und Keysellern

Der Sachverhalt in UsedSoft II ist zunächst ein anderer: Bei dem digitalen Vertrieb von Computerprogrammen ist es durchaus üblich, dass Hersteller das Programm frei – möglicherweise auch als Testversion – zum Download anbieten, aber dann entweder für die Installation oder volle Benutzung der Software eine Aktivierung verlangen. Bei Computerspielen ist das nicht so. Hier ist die Möglichkeit des Downloads an die vorherige Aktivierung mittels Produktschlüssel gekoppelt.[180]

Die beiden Vertriebsmodelle sind sich aber auf Seiten der Weiterverkäufer letztendlich dennoch ähnlich. In beiden Konstellationen ermöglichen Weiterverkäufer, seien es *Keyseller* oder Vertreiber „gebrauchter Software“, ihren Kunden den Download – und damit die Vervielfältigung – eines urheberrechtlich geschützten Werks über die Server der Rechteinhaber.

Problematisch ist hier also, ob auch für Computerspiele § 69d Abs. 1 UrhG angewendet werden kann und der Nutzer, falls er als rechtmäßiger Erwerber des Computerspiels anzusehen ist, auch den Download durchführen darf.[181] Schließlich geht es bei *Keysellern* nur um den Handel mit Produktschlüsseln, ohne, dass auch eine Kopie des Spiels mitverkauft wird.

d. Zwischenstand zur Verantwortlichkeit des Keysellers für die Vervielfältigung nach der Rechtsprechung des BGH

Da der *Keyseller* das Computerspiel nicht selbst vervielfältigt, scheidet eine Haftung als Täter oder Veranlasser der Vervielfältigungshandlung, die durch den Käufer des Produktschlüssels im Rahmen des Spieledownloads durchgeführt wird, aus. Wenn, auch nach Ansicht des BGH,[182] bereits die Anfertigung einer Sendeaufzeichnung mithilfe eines Internetvideorecorders keine täterschaftliche Vervielfältigungshandlung des Betreibers dieses Recorders darstellt, dann kann

---

180 Siehe dazu oben Teil 1:B.IV.

181 Problematisierend *Redeker*, CR 2014, 73, 78.

182 Siehe oben Teil 2:B.II.2.a.

auch erst recht die Vervielfältigungshandlung durch den Käufer eines Produktschlüssels nicht dem *Keyseller* zugeordnet werden. Dieser bietet nämlich, im Gegensatz zum Betreiber des Internet-Videorecorders, nicht einmal eine Plattform für den Download an. Die konkrete Vervielfältigungshandlung wird vom Käufer selbst veranlasst. Der *Keyseller* kann darauf nicht einwirken.

Die Haftung des *Keysellers* als Störer kommt allerdings in Betracht. Denn mit der Weitergabe des Produktschlüssels gewährt er dem Käufer erst die Möglichkeit, die Vervielfältigungshandlung durchzuführen und wird damit adäquat kausal für die spätere Vervielfältigung des Käufers.

Die Berechtigung des Nutzers zur Anfertigung der Vervielfältigung des Computerspiels könnte sich nach § 69d Abs. 1 UrhG ergeben, falls diese, nur für Computerprogramme geltende, Spezialregelung auf Computerspiele anwendbar ist.

Auch die Besonderheiten des Aktivierungsprozesses über die einschlägigen Online-Plattformen sind zu berücksichtigen: Weil der Download erst nach erfolgter Produktaktivierung gestartet werden kann und nicht, wie in UsedSoft II bereits vor der Aktivierung, kommt das Einverständnis des Rechteinhabers für die Vervielfältigungshandlung durch den Nutzer in Betracht.

3. *Einwilligung zur Vervielfältigung durch Bereitstellung des Downloads*

Selbst wenn man den *Keyseller* als für die Vervielfältigung durch den Käufer verantwortlich ansieht,[183] stellt sich die Frage einer möglichen Einwilligung in die Vervielfältigung durch den Plattformbetreiber.[184]

Der Produktschlüssel wird bei der Aktivierung mit dem Datenbankserver der Plattform abgeglichen. Bei positiver Bestätigung wird das Spiel zu der „Bibliothek“[185] des Nutzers zugeordnet.

Zu einer Vervielfältigungshandlung ist es bis zu diesem Zeitpunkt noch nicht gekommen. Die Zuordnung des Spiels zur Bibliothek des Nutzers erfordert noch keinen Download und damit keine Vervielfältigung der Spieldateien.

Bevor der Produktschlüssel aber überprüft und ggf. freigeschaltet wird, muss der Nutzer eine Lizenzvereinbarung in Form von AGB akzeptieren. Diese räumen dem Nutzer die für den Spielbetrieb erforderlichen Nutzungsrechte ein.[186] Erst

---

183 *Hilgert*, CR 2014, 354, 357.

184 Siehe dazu Teil 2:A.IV.

185 Siehe oben Teil 1:B.II.

186 Das ist beispielsweise bei allen größeren Online-Plattformen der Fall. Siehe nur entsprechende Klauseln bei Electronic Arts, Electronic Arts Nutzervereinbarung, https://tos.ea.com/legalapp/WEBTERMS/US/de/PC/, zuletzt geprüft am 23.05.2021;

danach hat der Nutzer überhaupt die Möglichkeit, das auf der Online-Plattform selbst oder mithilfe eines Produktschlüssels aktivierte Spiel herunterzuladen.

So heißt es etwa im Lizenzvertrag der Steam-Plattform: "Valve räumt Ihnen hiermit eine nicht-ausschließliche Lizenz und ein Recht zur Nutzung der vertragsgegenständlichen Inhalte und Leistungen [...] ein".[187] Oder bei der Origin-Plattform: „EA erteilt Ihnen mit Akzeptanz dieses Vertrages eine persönliche, zeitlich auf die Laufzeit des Vertrages begrenzte, nicht-exklusive Lizenz zur Installation und Nutzung der Anwendung zu Ihrem persönlichen, nichtgewerblichen Nutzen, wie in den Bestimmungen dieser Lizenz und der dazugehörigen Dokumentation festgelegt."[188]

Aus diesen beispielhaft entnommenen Klauseln kann möglicherweise bereits die Zustimmung für den Download der Spieldateien nach erfolgter Aktivierung entnommen werden.

a. Auslegung der Nutzungsbestimmung in Bezug auf die Einwilligung zur Vervielfältigung

Die oben genannten Klauseln werden von allen gängigen Online-Plattformen verwendet.[189] Die Nutzungsvereinbarungen haben gemeinsam, dass im Zweifel alle Rechte vorbehalten bleiben sollen[190] und beziehen sich damit sinngemäß auf

Epic Games, Endnutzer-Lizenzvereinbarung Epic Games Store, https://www.epicgames.com/store/de/eula, zuletzt geprüft am 30.03.2021; Ubisoft, Endbenutzer-Lizenzvertrag, https://legal.ubi.com/eula/de-DE, zuletzt geprüft am 30.03.2021; Valve Corp., Steam-Nutzungsvertrag/Steam Abonnementvereinbarung, https://store.steampowered.com/subscriber_agreement/?l=german, zuletzt geprüft am 30.03.2021.

187 Valve Corp., Steam-Nutzungsvertrag/Steam Abonnementvereinbarung, https://store.steampowered.com/subscriber_agreement/?l=german, zuletzt geprüft am 30.03.2021.

188 Electronic Arts, Electronic Arts Nutzervereinbarung, https://tos.ea.com/legalapp/WEBTERMS/US/de/PC/, zuletzt geprüft am 23.05.2021.

189 Siehe oben für Steam und EA-Origin. Ebenso Ubisoft, Endbenutzer-Lizenzvertrag, https://legal.ubi.com/eula/de-DE, zuletzt geprüft am 30.03.2021 in Ziffer 1; Epic Games, Endnutzer-Lizenzvereinbarung Epic Games Store, https://www.epicgames.com/store/de/eula, zuletzt geprüft am 30.03.2021 in Ziffer 1.

190 Electronic Arts, Electronic Arts Nutzervereinbarung, https://tos.ea.com/legalapp/WEBTERMS/US/de/PC/, zuletzt geprüft am 23.05.2021 unter 1. E.; Epic Games, Endnutzer-Lizenzvereinbarung Epic Games Store, https://www.epicgames.com/store/de/eula, zuletzt geprüft am 30.03.2021 in Ziffer 6; Ubisoft, Endbenutzer-Lizenzvertrag, https://legal.ubi.com/eula/de-DE, zuletzt geprüft am 30.03.2021 in Ziffer 2; Valve Corp., Steam-Nutzungsvertrag/Steam Abonnementvereinbarung, https://store.steampowered.com/subscriber_agreement/?l=german, zuletzt geprüft am 30.03.2021 unter F.

die Regelung des § 34 UrhG. Die Rechteinhaber wollen damit also nur insoweit Nutzungsrechte an den Benutzer übertragen, wie es für die tatsächliche Nutzung des Computerspiels erforderlich ist.

Tätigt ein Nutzer den Kauf direkt auf der Online-Plattform, lässt sich festhalten, dass er dann die erforderlichen Nutzungsrechte zum Download des Computerspiels und zu allen für den Betrieb des Spiels notwendigen Vervielfältigungen erhält, falls § 44a UrhG vorübergehende Vervielfältigungen nicht ohnehin schon gestattet. Andernfalls könnte er es schließlich nicht in Betrieb nehmen.

b. Einwilligung zur Vervielfältigung bei der Aktivierung von Produktschlüsseln

Fraglich bleibt also, ob sich an dieser Einwilligung etwas ändert, wenn der Nutzer den Kauf nicht auf der Online-Plattform selbst, sondern bei einem *Keyseller* tätigt. Möglicherweise können Plattformbetreiber die Vervielfältigung von Computerspielen verweigern, die über Produktschlüssel von *Keysellern* aktiviert wurden.

Eine konkrete Aussage zu außerhalb der Plattform erlangten Produktschlüsseln fehlt i.d.R. in den Lizenzbedingungen der Plattformbetreiber. In der Steam-Nutzungsvereinbarung wird zum einen lediglich auf die Möglichkeit, Produktschlüssel aus dem Einzelhandel einlösen zu können, Bezug genommen und zum anderen darauf, dass Fragen zu Produktschlüsseln an den jeweiligen Händler gerichtet werden sollen.[191]

aa. Technische Nachverfolgung von Produktschlüsseln

Es besteht die technische Möglichkeit, die generierten Produktschlüssel insoweit nachzuverfolgen, dass sie Aufschluss über den ursprünglichen Verbreitungsweg liefern – also z.B. als Verkauf im Einzelhandel oder Weitergabe über eine Werbeaktion[192]. So kann der Rechteinhaber nachhalten, für welchen Markt er Produktschlüssel erzeugt hat und in welcher Region diese letztlich eingelöst wurden. Ob der Schlüssel durch einen *Keyseller* veräußert wurde, kann nicht festgestellt, sondern höchstens vermutet werden, wenn etwa die Ursprungsregion, für die der Schlüssel erzeugt wurde, weit von der Aktivierungsregion

---

191 Valve Corp., Steam-Nutzungsvertrag/Steam Abonnementvereinbarung, https://store.steampowered.com/subscriber_agreement/?l=german, zuletzt geprüft am 30.03.2021 unter E.

192 Siehe zu den verschiedenen Einsatzformen von Produktschlüsseln bei Computerspielen Teil 1:C.I.

entfernt ist. Eine sichere Methode zur Bestimmung der Zwischenhandelsschritte ist das aber keinesfalls.

Andernfalls könnten Plattformbetreiber gezielt einzelne Produktschlüssel für die Aktivierung sperren, sodass sich in diesem Fall die Frage nach der Einwilligung zur Vervielfältigung gar nicht erst stellt.

Problematisch ist in diesem Zusammenhang die Frage, inwiefern eine mögliche Zustimmung später, also nach der erfolgten Aktivierung, wieder zurückgenommen werden kann. Für die Frage der Zulässigkeit des Geschäftsmodells der *Keyseller* ist das jedoch nicht relevant, weil es hier darauf ankommt, ob der durch den Nutzer veranlasste Download vom Einverständnis des Plattformbetreibers zur Spielenutzung bei der Aktivierung getragen wird.

bb. Die Zuordnung des Computerspiels zur Benutzerbibliothek als Willenserklärung

Mit der Aktivierung des Produktschlüssels wird dem Benutzer automatisiert die Möglichkeit zur Nutzung und damit auch zur Vervielfältigung des Computerspiels gewährt. Es handelt sich dabei also um eine auf die Auslösung einer Rechtsfolge gerichtete Erklärung, die automatisch von dem Aktivierungsserver abgegeben wird, sobald der korrekte Produktschlüssel zur Überprüfung eingegeben wird.

Vereinfacht dargestellt, handelt es sich bei der Zuordnung der Nutzungslizenz durch den Server um eine – konkludente – Annahmeerklärung, die auf das mit der Eingabe des Produktschlüssels durch den Nutzer angetragene Angebot Bezug nimmt. Die Lizenzerteilung ist damit eine automatisierte Willenserklärung.[193]

cc. Die Auslegung der computergenerierten Willenserklärung

Bei der Auslegung einer solchen Erklärung kommt es nicht darauf an, ob das Computersystem, also hier der verwendete Authentifizierungsserver für den Produktschlüssel, auf die Eingabe reagieren wird, sondern darauf, wie ein menschlicher Adressat die Erklärung verstehen darf.[194]

---

193 Die Möglichkeit, Willenserklärungen auch automatisiert zu versenden, ist allgemein anerkannt, siehe BGH v. 26.01.2005 - VIII ZR 79/04 = NJW 2005, 976, 977; Spindler/Schuster/Döpkens/*Spindler*, E-Medien^3, Vor. §§ 116 ff. Rn. 5; *Paulus*, JuS 2019, 960, 962.

194 BGH v. 16.01.2012 - X ZR 37/12 = NJW 2013, 598, Rn. 17; Säcker/Rixecker/Oetker/Limperg/*Busche*, MüKoBGB, Bd. 1^8, § 133 Rn. 12.

Es ist also nicht relevant, ob der Server dem Benutzer durch den automatisierten Vorgang der Produktaktivierung den Zugang zum Computerspiel ermöglicht, sondern darauf, wie ein menschlicher Adressat die Aktivierungsanfrage des Nutzers hätte deuten können.

Fraglich ist, welche Auslegung der Erklärung des Nutzers sich daraus ergibt. Als der BGH über die Auslegung der Erklärung des Nutzers eines Flugbuchungsportals[195] zu entscheiden hatte, kam es darauf an, dass der Nutzer bei der zweiten Person „noch unbekannt" in das Namensfeld eingetragen hatte. Das Computersystem konnte die Erklärung in ihrem Sinngehalt nicht verstehen – ein menschlicher Adressat schon.

Mit den zugänglichen Informationen könnte ein menschlicher Adressat nichts über den konkreten vorangegangenen Vertriebsweg des Produktschlüssels herausfinden, sodass auch für diesen lediglich die Freischaltung eines passenden Schlüssels mit gleichzeitiger Annahme der Lizenzbedingungen in Frage kommt.

Außerdem ist relevant, ob der Empfänger der automatisierten Erklärung diese als Eingangsbestätigung oder als tatsächliche Annahmeerklärung erfassen kann.[196]

Im hier vorliegenden Fall steht als nach §§ 133, 157 BGB auslegungsfähige Willenserklärung des Nutzers lediglich die Anfrage zur Aktivierung eines Produktschlüssels zur Verfügung. Inhaltlich ist die Zustimmung zu den AGB und die Übermittlung des Produktschlüssels darin enthalten.

Entscheidend ist in diesem Zusammenhang jedoch, dass bei Eingabe eines korrekten Produktschlüssels, unabhängig von dessen Herkunft, dem Nutzer die Möglichkeit des Spieledownloads eingeräumt wird.

Dadurch beginnt die tatsächliche, von einer dadurch eingegangen Nutzungsvereinbarung umfasste Leistungsbewirkung mit der automatischen Zuordnung des Spiels zur Bibliothek des Nutzers, sodass die automatisierte Erklärung als Annahme des Angebots und insoweit auch als Zustimmung zur Vervielfältigung angesehen werden kann.[197]

Für den Benutzer ist schließlich nur ersichtlich, dass die Eingabe seines Produktschlüssels zur erfolgreichen Aktivierung und Zuordnung des Spiels geführt hat. Er erhält die Möglichkeit zur Vervielfältigung, die ihm erst nach Zuordnung des Produktschlüssels zur Verfügung gestellt wird. Eine Abfrage über die Herkunft des Produktschlüssels findet nicht statt, sodass der Nutzer auch nicht

---

195 BGH v. 16.01.2012 - X ZR 37/12 = NJW 2013, 598.

196 BGH v. 16.01.2012 - X ZR 37/12 = NJW 2013, 598, Rn. 19.

197 BGH v. 16.01.2012 - X ZR 37/12 = NJW 2013, 598, Rn. 19.

davon ausgehen kann, sein Schlüssel werde nur unter Vorbehalt richtiger Angaben akzeptiert.

Wenn bei der Angabe eines „falschen" Produktschlüssels, der sich dementsprechend nicht in der Aktivierungsdatenbank des Servers befindet,[198] die Aktivierung verweigert wird, fehlt an dieser Stelle das Einverständnis. Da es dann aber auch nicht zur Verschaffung der Downloadmöglichkeit kommt, hat das für die Überprüfung des Vervielfältigungsrechts keine Auswirkungen.

Damit liegt in der Zuordnung des Spiels zum Account des Nutzers und der Ermöglichung des Downloads auch die Einwilligung, den Download vornehmen zu dürfen.

4. *Zwischenergebnis zur unrechtmäßigen Vervielfältigung des Computerspiels durch Keyseller*

Ein *Keyseller* hat mit der später durch den Käufer durchgeführten Vervielfältigungshandlung konkret nichts zu tun, denn er führt selbst keine Handlungen aus, die zur Vervielfältigung des urheberrechtlich geschützten Spiels i.S.d. § 16, § 69c Nr. 1 UrhG führen. Auch als Veranlasser zur späteren Vervielfältigung durch den Käufer des Produktschlüssels kann er nicht herangezogen werden. Eine Haftung als Störer käme in Betracht. Das gilt aber nur, wenn der Rechteinhaber den Download nicht gestattet. Durch die automatisierte Zuordnung des Computerspiels zur Benutzerbibliothek des Nutzers ist aber gerade das der Fall.[199]

Damit liegt also auch keine Verletzung des Vervielfältigungsrechts aus § 16, § 69c Nr. 1 UrhG vor.

III. Das Verbreitungsrecht, § 17 Abs. 1 UrhG

Der Schutz persönlicher geistiger Schöpfungen mithilfe des Urheberrechts soll auch für die Sicherung einer angemessenen Vergütung des Urhebers sorgen. Das ergibt sich bereits aus § 11 S. 2 UrhG. Das Verbreitungsrecht aus § 17 Abs. 1, § 69c Nr. 3 UrhG ermöglicht dem Urheber, die Verbreitung des geschaffenen Werkes zu beeinflussen, sodass er selbst entscheiden kann, ob und wann sein Werk der Öffentlichkeit zugänglich gemacht wird. Dem Urheber wird so ermöglicht, ein Nutzungsentgelt für die Verbreitung konkreter Werkstücke zu

---

198 Siehe oben Teil 1:B.III.

199 Im Ergebnis übereinstimmend *Dreier*, MMR 2021, 102, 106; Bräutigam/Rücker/*Specht*, E-Commerce, 6. Teil G. Rn. 72.

verlangen und eine angemessene Vergütung für sein schöpferisches Tätigwerden zu erzielen.[200]

Durch den Weiterverkauf von Produktschlüsseln könnten *Keyseller* eine Verbreitungshandlung vornehmen, denn im Ergebnis wird der Käufer durch das Veräußerungsgeschäft in die Lage versetzt, auf ein konkretes Werkstück zugreifen zu können. Sollte das eine Verbreitung i.S.d. § 17 Abs. 1, § 69c Nr. 3 UrhG sein, dann stellt sich die Frage, ob diese das dem Urheber nach §§ 15 Abs. 1 Nr. 2, 17, § 69c Nr. 3 UrhG vorbehaltene Verbreitungsrecht betrifft.

Dabei ergeben sich jedoch verschiedene Probleme bei der Einordnung: Mit dem Verkauf von Produktschlüsseln müssten *Keyseller* eine taugliche Verbreitungshandlung i.S.d. § 17 Abs. 1, § 69c Nr. 3 S. 1 UrhG ausführen, obwohl sie das Spiel nicht konkret verkörpert weitergeben oder anbieten.

Eine möglicherweise vorliegende unkörperliche Weitergabe des Computerspiels muss zunächst eine taugliche Verbreitungshandlung i.S.d. § 17 Abs. 1, § 69c Nr. 3 S. 1 UrhG sein.

Auch die Weitergabe des Produktschlüssels durch den *Keyseller* an den Kunden müsste das urheberrechtlich geschützte Computerspiel betreffen. Schließlich wird das Werk selbst bei diesem Vorgang nicht unmittelbar an den Käufer weitergegeben.

Durch die Rechtsprechung des EuGH zum Verkauf gebrauchter Softwarelizenzen[201] kommt es außerdem zu Schwierigkeiten bei der Verwendung der Regeln des allgemeinen Urheberrechts und der Sonderregeln für Computerprogramme. Deshalb wird zunächst erarbeitet, ob das Verbreitungsrecht aus § 17 Abs. 1 UrhG betroffen sein kann. Danach findet die Erörterung der Besonderheiten der beiden Vorschriften und der Auswirkung auf die Beurteilung der Verbreitung von Computerspielen statt.

1. Die Auslegung des Verbreitungsbegriffs nach dem Wortlaut

Der Gesetzeswortlaut des § 17 Abs. 1 UrhG umfasst sowohl das Inverkehrbringen von Original- oder Vervielfältigungsstücken eines urheberrechtlich geschützten Werks als auch das Anbieten dieser Werkstücke an die Öffentlichkeit.

---

200 Schricker/Loewenheim/*Loewenheim*, UrhG^6, § 17 Rn. 1; Wandtke/Bullinger/*Heerma*, UrhR^5, § 17 Rn. 1.

201 EuGH - C-128/11 = GRUR 2012, 904 - UsedSoft.

Beide Handlungen sind nach früherer Ansicht geeignet, den Tatbestand des § 17 Abs. 1 UrhG zu erfüllen.[202] Inzwischen ist jedoch umstritten, ob das Anbieten allein bereits ausreichend ist, um eine Verbreitung zu begründen.[203] Das ist jedoch nur relevant, wenn das geschützte Werk nicht in Verkehr gebracht, sondern nur angeboten wird.

Ausgehend vom Wortlaut der §§ 15 Abs. 1 Nr. 2, 17 Abs. 1 UrhG gehört das Verbreitungsrecht zu den Verwertungsrechten für das Werk „in körperlicher Form“.

a. *§ 17 Abs. 1 UrhG im deutschen Urheberrecht: Verbreitung lediglich bei körperlichen Werkstücken*

In der Literatur und Rechtsprechung wird vielfach darauf verwiesen, dass für die Anwendung der Regeln des Verbreitungsrechts aus § 17 UrhG – insbesondere mit Blick auf die Möglichkeit der Erschöpfung aus § 17 Abs. 2 UrhG – die Verbreitung eines körperlichen Werkstücks unumgänglich sei.[204] Diese Ansicht kann sich auf die ursprüngliche Gesetzesbegründung zu § 17 UrhG aus dem Jahr 1962 stützen. Dort ist festgehalten, dass nur körperliche Werkstücke i.S.d. § 17 UrhG dem Verbreitungsrecht zugänglich sind.[205]

Für den Online-Handel bzw. die „Online-Verbreitung“ von Produktschlüsseln scheint also im Anwendungsbereich des § 17 Abs. 1 UrhG kein Raum zu sein. Auch digitale Werke können i.S.d. § 17 Abs. 1 UrhG verbreitet werden, wenn sie auf einem Datenträger gespeichert sind, der dann als körperliches Werkstück dient.[206] Aber die Veräußerung eines körperlichen Werkstücks des Computerspiels findet bei dem Verkauf des Produktschlüssels im Internet schlichtweg nicht statt.

---

202 BGH v. 15.02.2007 - I ZR 114/04 = GRUR 2007, 871, Rn. 29 - Wagenfeld-Leuchte; Schricker/Loewenheim/*Loewenheim*, UrhG[6], § 17 Rn. 8; Fromm/Nordemann/*Dustmann*, UrhR[12], § 17 Rn. 11.

203 Schricker/Loewenheim/*Loewenheim*, UrhG[6], § 17 Rn. 10 f.; Wandtke/Bullinger/*Heerma*, UrhR[5], § 17 Rn. 10.

204 OLG Hamm, GRUR 2014, 853, 855 - Hörbuch-AGB; OLG Stuttgart, MMR 2012, 834, 835; LG Berlin, GRUR-RR 2013, 281, 284 - Hörbuch; Schricker/Loewenheim/*Loewenheim*, UrhG[6], § 17 Rn. 6; Fromm/Nordemann/*Dustmann*, UrhR[12], § 17 Rn. 8; Möhring/Nicolini/*Götting*, UrhR[4], § 17 Rn. 9; Dreier/Schulze/*Schulze*, UrhG[6], § 17 Rn. 5; *Oswald*, Erschöpfung durch Online-Vertrieb, S. 24 ff.; *Hilgert*, CR 2014, 354, 358; *Krügel/Biehler/Apel*, MMR 2013, 760, 762 f.; *Stieper*, ZUM 2012, 668.

205 BTDrucks IV/270, S. 47.

206 Schricker/Loewenheim/*Loewenheim*, UrhG[6], § 17 Rn. 7; Fromm/Nordemann/*Dustmann*, UrhR[12], § 17 Rn. 9; Dreier/Schulze/*Schulze*, UrhG[6], § 17 Rn. 6.

Der Gesetzesbegründung aus dem Jahr 1962 kann man jedoch entgegenhalten, dass der Gesetzgeber damals nicht an die heutige Verbreitung von Werken über das Internet gedacht haben kann und deshalb hauptsächlich Rundfunksendungen aus dem Anwendungsbereich des Verbreitungsrechts entnehmen wollte, die vor Inkrafttreten des UrhG vom Reichsgericht[207] mangels vorhandener Spezialregelungen für die Funkübertragung als verbreitungsfähig angesehen wurden.[208]

Der Begriff „Vervielfältigungsstück" müsste also digitale Vervielfältigungen erfassen können, damit der Wortlaut des § 17 UrhG eine digitale Verbreitung ermöglichen kann. Dafür spricht aus systematischer Sicht zumindest, dass auch das Vervielfältigungsrecht aus § 16 UrhG den Begriff des „Vervielfältigungsstücks" gebraucht und auf digitale Werke Anwendung findet, obwohl auch hier nach der Gruppierung des § 15 Abs. 1 UrhG eigentlich nur körperliche Werkstücke erfasst werden sollten.[209]

Da sich sowohl § 16, als auch § 17 UrhG in der Gruppe der körperlichen Verwertungsrechte des § 15 Abs. 1 UrhG befinden, wäre eine Trennung gleicher Begrifflichkeiten grundsätzlich unpassend. Die Anerkennung der digitalen Vervielfältigung geht aber, anders als die digitale Verbreitung, auf die Umsetzung der InfoRL zurück.[210]

Es ist jedoch nicht zu begründen, weshalb der Begriff des Vervielfältigungsstücks in § 16 UrhG digitale Werkstücke umfassen und in § 17, bei Verwendung desselben Begriffs, ausschließen soll.

b. Verbreitung unkörperlicher Werkstücke nach dem Wortlaut des Art. 4 Abs. 1 InfoRL

Die Betrachtung des deutschen Rechts allein ist deshalb nicht ausreichend. Schließlich wurde das deutsche Urheberrecht mit Inkrafttreten der InfoRL innerhalb der Europäischen Union harmonisiert.

Ob es sich dabei um eine Vollharmonisierung des Verbreitungsrechts handelt, ist zunächst nicht ausschlaggebend, wenn es um die digitale Verbreitung geht und die Auslegung der deutschen Regelung in diesem Zusammenhang nicht von der Richtlinie abweicht. Sollte die deutsche Regelung entweder

207 RG, RGZ 113, 413, 419 - Rundfunk.

208 So wird es auch in der Gesetzesbegründung angeführt BTDrucks IV/270, S. 47.

209 Siehe dazu oben Teil 2:B.II.1.

210 Schricker/Loewenheim/*Loewenheim,* UrhG[6], § 16 Rn. 16; Fromm/Nordemann/*Dustmann,* UrhR[12], § 16 Rn. 5; Dreier/Schulze/*Schulze,* UrhG[6], § 16 Rn. 4.

weitergehenden Schutz gewähren oder hinter dem Schutzniveau der Richtlinie zurückbleiben, wäre das nur möglich, wenn das Verbreitungsrecht nicht vollständig harmonisiert ist.

Falls auch die Auslegung der Richtlinie ergeben sollte, dass unkörperliche Werkstücke keine „Werkstücke" i.S.e. Verbreitung sein können, dann hat die deutsche Regelung in diesem Punkt das gleiche Schutzniveau. Sollten digitale Werkstücke erfasst sein, dann weicht die deutsche Regelung von der europäischen ab. Jedenfalls ist klar, dass die Auslegung der deutschen Norm nicht ohne Auslegung der Richtlinie gelingen kann.[211]

Auch in Art. 4 InfoRL ist von der Verbreitung von Originalen oder Vervielfältigungsstücken die Rede. Der Wortlaut entspricht an dieser Stelle also § 17 UrhG. Anders als in der deutschen Norm spricht der Richtlinientext aber nicht lediglich von der Verbreitung von Vervielfältigungsstücken, sondern scheint mit der Formulierung weiterzugehen: Dort heißt es in Art. 4 Abs. 1 zusätzlich, dass dem Urheber das Recht der Verbreitung „[...] in beliebiger Form durch Verkauf oder auf sonstige Weise zu erlauben oder zu verbieten" zustehe.

Man könnte daraus schließen, dass auch nach Art. 4 Abs. 1 InfoRL unkörperliche Werkstücke von der Vorschrift umfasst sein sollen, denn die „beliebige Form" kann nach dem Wortlaut schließlich auch die digitale sein. Ein Unterschied zur Wortlautauslegung der deutschen Regelung ergibt sich also nicht.

Die bloße Verwendung des Begriffs „Vervielfältigungsstück" impliziert nicht zwangsläufig die Voraussetzung der Körperlichkeit. Die Vorschrift darf nicht nur nach einem Begriff, sondern muss in ihrem kompletten Zusammenhang ausgelegt werden. Die Formulierung „in beliebiger Form" lässt die Möglichkeit der unkörperlichen Verbreitung zu.[212] Dem Wortlaut des Art. 4 Abs. 1 InfoRL widerspricht die Annahme einer unkörperlichen Verbreitung deshalb grundsätzlich nicht.

Gegenstimmen beziehen sich insbesondere auf den 28. Erwägungsgrund der InfoRL, der von „in einem Gegenstand verkörperten" Werkstücken spricht.[213] Dabei ist allerdings zu beachten, dass die Erwägungsgründe zwar zur Ermittlung des gesetzgeberischen Willens herangezogen werden können, aber keine eigene

---

211 BGH v. 22.01.2009 - I ZR 247/03 = GRUR 2009, 840, Rn. 18 - Le-Corbusier-Möbel II; bestätigend BVerfG, GRUR 2012, 53, Rn. 93 - Le-Corbusier-Möbel; *Ungern-Sternberg*, GRUR 2012, 1198, 1204; zum Streit Wandtke/Bullinger/*Heerma*, UrhR^5, § 17 Rn. 5 ff.

212 *Redeker*, CR 2014, 73, 77.

213 *Hilgert*, CR 2014, 354, 355; *Krügel/Biehler/Apel*, MMR 2013, 760, 762.

Bindungswirkung entfalten und deshalb im Konfliktfall nicht beachtet werden müssen.[214]

Insofern kann man die Erwägungsgründe zur Erforschung des gesetzgeberischen Willens heranziehen, kann aber nicht eine wortlautgetreue Auslegung nur mit Verweis auf anderslautende Erwägungsgründe verhindern.

c. Völkerrechtskonforme Wortlautauslegung unter Berücksichtigung des Art. 4 Abs. 1 InfoRL

Da Vorschriften der Richtlinie nach Möglichkeit völkerrechtskonform auszulegen sind, müssen auch völkerrechtliche Regelungen in die Auslegung einbezogen werden.[215] Aus dem 15. Erwägungsgrund der InfoRL ergibt sich, dass dem Verbreitungsrecht aus Art. 4 Abs. 1 InfoRL der Art. 6 des WIPO-Urheberrechtsvertrags (WCT) zugrunde liegt.[216] Deshalb muss die Auslegung des Art. 4 Abs. 1 InfoRL den Wortlaut des Art. 6 WCT berücksichtigen.

aa. Wortlautauslegung des Art. 6 WCT

Auch im WCT ist in Art. 6 von „Original und Vervielfältigungsstücke[n]" die Rede. Anders aber als Art. 4 Abs. 1 InfoRL bestimmt Art. 6 Abs. 1 WCT, dass die Verbreitung „durch Verkauf oder sonstige Eigentumsübertragung" geschehen soll. Daraus schloss bereits der EuGH, dass jedenfalls eine Eigentumsübertragung erforderlich sei, um eine Verbreitungshandlung anzunehmen.[217] Auch hier wird nicht konkret auf das Erfordernis der Körperlichkeit verwiesen. Die Formulierung des Art. 6 WTC ist grundsätzlich neutral gefasst[218] und lässt von ihrem Wortlaut ausgehend keine Beschränkung auf körperliche Werkstücke erkennen.

---

214 Walter/Lewinski/*Lewinski*, EU Copyright, Rn. 1.048; *Redeker*, CR 2014, 73, 77; *Ganzhorn*, CR 2014, 492, 494; *Kubach*, CR 2013, 279, 282; *Hartmann*, GRUR Int. 2012, 980, 982; *Knies*, GRUR Int. 2002, 314, 316.

215 EuGH - C-456/06 = GRUR 2008, 604, Rn. 30 - Le-Corbusier-Möbel; EuGH - C-306/05 = GRUR 2007, 225, Rn. 35 - SGAE/Rafael; EuGH - C-61/94 = BeckRS 2004, 77623.

216 So auch EuGH - C-456/06 = GRUR 2008, 604, Rn. 28 ff. - Le-Corbusier-Möbel; Schricker/Loewenheim/*Loewenheim*, UrhG[6], § 17 Rn. 2; Wandtke/Bullinger/*Heerma*, UrhR[5], § 17 Rn. 4; Dreier/Schulze/*Schulze*, UrhG[6], § 17 Rn. 4a.

217 EuGH - C-456/06 = GRUR 2008, 604, Rn. 32 - Le-Corbusier-Möbel; Schricker/Loewenheim/*Loewenheim*, UrhG[6], § 17 Rn. 17; Wandtke/Bullinger/*Heerma*, UrhR[5], § 17 Rn. 19; Dreier/Schulze/*Schulze*, UrhG[6], § 17 Rn. 15; Fromm/Nordemann/*Dustmann*, UrhR[12], § 17 Rn. 16.

218 *Redeker*, CR 2014, 73, 77; *Krügel/Biehler/Apel*, MMR 2013, 760, 764.

bb. Einbeziehung der Erklärung zu Art. 6 WCT

Der Ausschluss der unkörperlichen Verbreitungsmöglichkeit wird deshalb nicht direkt aus der Vorschrift selbst, sondern aus deren Interpretation durch die Erklärung zu Art. 6 WTC entnommen.[219] Dort heißt es: „Die in diesen Artikeln im Zusammenhang mit dem Verbreitungs- und Vermietrecht verwendeten Ausdrücke ‚Vervielfältigungsstücke' und ‚Original und Vervielfältigungsstücke' beziehen sich ausschließlich auf Vervielfältigungsstücke, die als körperliche Gegenstände in Verkehr gebracht werden können."

Es könnte der Eindruck entstehen, dass die Ergänzung zu Art. 6 WCT sich lediglich auf körperliche Werkstücke bezieht.[220] Aus der Literatur wird mitgeteilt, dass die Erläuterung zu Art. 6 WCT zur Klarstellung gefasst wurde, um die bisherige Unterscheidung von körperlichen und unkörperlichen Verwertungen beizubehalten.[221] Das spräche dafür, dass mit der Ergänzung zu Art. 6 WCT das Ziel verfolgt wurde die Verbreitung auf körperliche Werkstücke zu beschränken. Der Wortlaut der Erklärung zu Art. 6 WCT lässt aber eine andere Interpretation zu: Denn auch über das Internet als unkörperliche Werkexemplare verbreitete Werkstücke sind zumindest in der Lage, in körperlicher Form festgehalten zu werden, wenn sie auf einem Datenträger gespeichert werden können. Sofern ein Werkstück also unkörperlich über das Internet übertragen wird, gleichzeitig aber – zumindest theoretisch – die Möglichkeit bestünde, es körperlich zu übertragen, wäre damit dem Wortlaut der Ergänzung zu Art. 6 WCT genüge getan.[222]

Dadurch wird der Begriff der Verbreitung auch nicht zu weit ausgedehnt, denn er bezieht sich nach wie vor nur auf Originale und Vervielfältigungen, die tatsächlich in körperlicher Form verbreitet werden könnten, es aber lediglich aufgrund der Vertriebsart nicht werden.[223]

cc. Kein Ausschluss der unkörperlichen Verbreitung nach Art. 6 WCT

Nimmt man also den Art. 6 WCT für die Auslegung des Art. 4 Abs. 1 InfoRL zu Hilfe, ergibt sich kein pauschaler Ausschluss der unkörperlichen

---

219 Deshalb kritisch *Redeker*, CR 2014, 73, 77.

220 Bräutigam/Rücker/*Specht*, E-Commerce, 6. Teil G. Rn. 66; *Hilgert*, CR 2014, 354, 355; *Krügel/Biehler/Apel*, MMR 2013, 760, 764; *Hansen/Libor*, AfP 2012, 447, 450; *Stieper*, ZUM 2012, 668.

221 *Lewinski*, GRUR Int. 1997, 667, 674.

222 So auch *Redeker*, CR 2014, 73, 77.

223 *Neuber*, WRP 2014, 1274, 1276; *Redeker*, CR 2014, 73, 77; *Malevanny*, CR 2013, 422, 423 f.

Verbreitungsmöglichkeit. Selbst, wenn man die Erklärung zu Art. 6 WCT als Interpretation zugrunde legt, kann auch der dortige Wortlaut dahingehend ausgelegt werden, dass lediglich die körperliche Fixierung möglich sein muss, um das Verbreitungsrecht heranziehen zu können.

Selbst, wenn man aber davon ausgehen wollte, dass in Art. 6 des WCT nur körperliche Werkstücke gemeint seien, so werden dort nur Mindestrechte gewährleistet, sodass die Erweiterung durchaus möglich ist.[224] Wenn etwa die europäische Regelung zusätzlich zum Schutz der körperlichen Verbreitung auch die unkörperliche mit dem Verbreitungsrecht aus Art. 4 Abs. 1 InfoRL erfassen wollte, dann spräche Art. 6 WCT nicht dagegen.

d. Unionsrechtskonforme Überprüfung der Wortlautauslegung des Art. 4 Abs. 1 InfoRL nach Ansicht des EuGH

Da die Auslegung des Unionsrechts zu den Aufgaben des EuGH gehört, ist maßgeblich zu beachten, inwiefern die digitale Verbreitung nach dessen Ansicht möglich ist. Der EuGH versteht die Verbreitung als unionsrechtlichen Begriff, der deshalb unabhängig vom nationalen Recht zu betrachten ist.[225] Zur Begründung zieht auch der EuGH ausdrücklich Art. 6 Abs. 1 WCT und dessen zu Art. 4 Abs. 1 InfoRL ähnliche Systematik heran.[226] Der Verbreitungsbegriff sei allein durch die InfoRL nicht hinreichend präzisiert.[227]

aa. Voraussetzungen für die Verbreitung i.S.d. Art. 4 InfoRL nach Ansicht des EuGH

Im Zusammenhang mit körperlichen Gegenständen, die Designschutz erhalten, formulierte er die folgende Definition: „Die Verbreitung an die Öffentlichkeit zeichnet sich durch eine Reihe von Handlungen aus, die zumindest vom Abschluss eines Kaufvertrags bis zu dessen Erfüllung durch die Lieferung an ein Mitglied der Öffentlichkeit reichen.“[228]

---

224 BGH v. 17.07.2013 - I ZR 129/08 = MMR 2014, 232, Rn. 40 - UsedSoft II; Schricker/Loewenheim/*Katzenberger/Metzger*, UrhG^6, Vor §§ 120 ff. Rn. 53; Bräutigam/Rücker/*Specht*, E-Commerce, 6. Teil G. Rn. 67; *Ganzhorn*, CR 2014, 492, 494.

225 EuGH - C-516/13 = GRUR 2015, 665, Rn. 22 - Marcel-Breuer-Möbel; EuGH - C-5/11 = GRUR 2012, 817, Rn. 25 - Donner.

226 EuGH - C-456/06 = GRUR 2008, 604, Rn. 35 - Le-Corbusier-Möbel.

227 EuGH - C-456/06 = GRUR 2008, 604, Rn. 29 - Le-Corbusier-Möbel.

228 EuGH - C-5/11 = GRUR 2012, 817, Rn. 26 - Donner.

In einem anderen Verfahren ging es darum, ob bereits das Ausstellen von Möbeln in einem Bekleidungsgeschäft eine Verbreitung sein könne. Auch hier blieb das Erfordernis der Eigentumsübertragung bestehen und sei für die nach Art. 4 Abs. 1 InfoRL auf „sonstige Weise“ erfolgte Verbreitungshandlung erforderlich.[229]

Auf der Ebene des deutschen Rechts hat der BGH sich der Vorgabe des EuGH angeschlossen und versteht den Verbreitungsbegriff als vollständig harmonisiert, sodass weder eine Über- noch eine Unterschreitung des festgelegten Schutzniveaus, hier i.S.d. Verbreitung nach Art. 4 Abs. 1 InfoRL, erfolgen dürfe.[230]

Das Erfordernis zur Eigentumsübertragung wird aber, zumindest mit der vom EuGH angeführten Begründung, im Schrifttum nicht unkritisch gesehen, weil auch die vom EuGH herangezogenen völkerrechtlichen Vorschriften nur einen Minimalschutz gewährleisten sollen, sodass Abweichungen, die das Schutzniveau erhöhen, nicht von völkerrechtlicher Seite ausgeschlossen wären.[231] Wenn die Richtlinie den Schutzrahmen vollständig vorgibt, ist eine nationale Abweichung aber nicht mehr möglich.

Da das Verbreitungsrecht vollharmonisiert ist, bleibt festzuhalten, dass eine Eigentumsübertragung nach europäischem Verständnis erforderlich ist, damit von einer Verbreitung gesprochen werden kann.

bb. Eigentumsübertragung unkörperlicher Werkstücke nach deutschem Eigentumsverständnis

Eine Eigentumsübertragung an digitalen Werkstücken nach deutschem Verständnis ist im digitalen Raum schon deshalb nicht möglich, weil kein sachenrechtliches Eigentum an digitalen Werkstücken besteht, solange diese nicht über einen Datenträger verkörpert werden, der dann als Sache übereignet werden kann. Die digitale Fassung eines Werks in Dateiform ist eine unkörperliche Ansammlung von Informationen,[232] die nach allgemeiner Auffassung keine

---

229 EuGH - C-456/06 = GRUR 2008, 604, Rn. 32 - Le-Corbusier-Möbel.

230 BGH v. 05.11.2015 - I ZR 91/11 = GRUR 2016, 490, Rn. 32 - Marcel-Breuer-Möbel II; BGH v. 05.11.2015 - I ZR 76/11 = GRUR 2016, 487, Rn. 30 - Wagenfeld-Leuchte II; BGH v. 22.01.2009 - I ZR 247/03 = GRUR 2009, 840, Rn. 18 f. - Le-Corbusier-Möbel II.

231 Schricker/Loewenheim/*Loewenheim,* UrhG[6], § 17 Rn. 17; Dreier/Schulze/*Schulze,* UrhG[6], § 17 Rn. 4a; Wandtke/Bullinger/*Heerma,* UrhR[5], § 17 Rn. 6.

232 Vgl. *Zech,* Information als Schutzgegenstand, S. 117 ff. m.w.N.

Sachqualität i.S.d. § 90 BGB besitzt, weil sie lediglich aus elektrischen Spannungen bestehen, die auf einem Datenträger gespeichert sind.[233]

Nimmt man nun hinzu, dass ohnehin vielfach in der deutschen Literatur und Rechtsprechung das Vorliegen eines körperlichen Werkstücks, das als Sache übereignet werden kann, bei einer Verbreitung für zwingend erforderlich gehalten wird, dann ergeben sich erhebliche Schwierigkeiten, eine digitale Übertragung als Eigentumsübertragung zu begreifen.[234]

Mit Blick auf das *Keyseller*-Geschäft rückt die Möglichkeit der klassischen Eigentumsübertragung in noch weitere Ferne: Hier wird schließlich keine verkörperte Version des Produktschlüssels (zum Beispiel als Ausdruck, o.Ä.) und erst recht keine verkörperte Version des Computerspiels übertragen. Deshalb kann in diesem Zusammenhang keine Übertragung von Eigentum im sachenrechtlichen Sinne stattfinden.

Geht man von dem Erfordernis einer tatsächlichen Eigentumsübertragung am Werkstück aus, dann ist das Geschäftsmodell der *Keyseller* nicht vom Verbreitungsbegriff erfasst.

cc. Der Verbreitungsbegriff des EuGH in UsedSoft: Verkauf von unkörperlichen Werkstücken bei Computerprogrammen

Das Verständnis der Eigentumsübertragung als auf körperliche Sachen beschränkter Akt ist jedoch nicht deckungsgleich mit dem Begriff der Übertragung innerhalb des Verkaufs, den der EuGH in seiner UsedSoft-Entscheidung[235] angewendet hat.

(1). Das UsedSoft-Verfahren vor dem EuGH

Der Weg des *UsedSoft*-Verfahrens beginnt in Deutschland: Ein Softwarehersteller (Oracle) klagte gegen ein Unternehmen, das „gebrauchte" Softwarelizenzen

---

233 LG Konstanz, NJW 1996, 2662; Säcker/Rixecker/Oetker/Limperg/*Stresemann*, MüKoBGB, Bd. 1[8], § 90 Rn. 25; *Zech*, Information als Schutzgegenstand, S. 326 ff. - hält jedoch unter besonderen Voraussetzungen Ausnahmen für denkbar.

234 OLG Hamm, GRUR 2014, 853, 855 - Hörbuch-AGB; OLG Stuttgart, MMR 2012, 834, 835; LG Berlin, GRUR-RR 2013, 281, 284 - Hörbuch; Schricker/Loewenheim/*Loewenheim*, UrhG[6], § 17 Rn. 6; Fromm/Nordemann/*Dustmann*, UrhR[12], § 17 Rn. 8; Möhring/Nicolini/*Götting*, UrhR[4], § 17 Rn. 9; Dreier/Schulze/*Schulze*, UrhG[6], § 17 Rn. 5; *Hilgert*, CR 2014, 354, 358; *Krügel/Biehler/Apel*, MMR 2013, 760, 762 f.; *Stieper*, ZUM 2012, 668.

235 EuGH - C-128/11 = GRUR 2012, 904 - UsedSoft.

verkauft. Das beklagte Unternehmen (UsedSoft) ermöglichte seinen Käufern Lizenzen für Software zu erwerben, die u.a. ursprünglich von der Klägerin Oracle verkauft wurden. Die Lizenzen waren nach Angaben der Beklagten „aktuell", was im konkreten Fall bedeutete, dass der vom ursprünglichen Lizenznehmer abgeschlossene Wartungsvertrag mit der Klägerin noch fortwirkte. Die Rechtmäßigkeit des ursprünglichen Verkaufs sowie die Versicherung, dass die Programmkopie auf Seiten des Ersterwerbers vollständig entfernt wurde, geschah durch ein Notartestat. Der Käufer einer „gebrauchten" Lizenz wurde angewiesen, das zugehörige Computerprogramm von der Internetseite des Herstellers herunterzuladen.[236]

Das Verfahren begann 2007 vor dem LG München I,[237] das zugunsten des klagenden Softwareherstellers entschied. Der Rechtsstreit erreichte den BGH, der den Fall dem EuGH vorlegte.[238]

Dieser stellte fest, dass im Rahmen des Verkaufsgeschäfts das Eigentum an der gebrauchten Software auf den Kunden übertragen werde, was dazu führte, dass durch die erfolgte Eigentumsübertragung von einer Verbreitungshandlung auszugehen sei.[239] Entgegen der damals herrschenden Meinung in der deutschen Literatur[240] sah der EuGH damit das Verbreitungsrecht auch dann als betroffen an, wenn kein körperliches Werksstück veräußert wurde.

(2). Der Verkaufsbegriff des EuGH

In der Entscheidung definierte der EuGH den Begriff „Verkauf" nach „einer allgemein anerkannten Definition" als „Vereinbarung, nach der eine Person ihre Eigentumsrechte an einem ihr gehörenden körperlichen oder nichtkörperlichen Gegenstand gegen Zahlung eines Entgelts an eine andere Person abtritt."[241]

Nach diesem Verständnis ist auch eine Eigentumsübertragung an „nichtkörperlichen Gegenständen" möglich. Es konnten also digital gespeicherte Computerprogramme im Rahmen des Verkaufs übertragen werden.

---

236 Vgl. EuGH - C-128/11 = GRUR 2012, 904 - UsedSoft.

237 LG München I, MMR 2007, 328.

238 BGH v. 03.02.2011 - I ZR 129/08 = GRUR 2011, 418 - UsedSoft.

239 EuGH - C-128/11 = GRUR 2012, 904, Rn. 52 - UsedSoft.

240 Vgl. dazu Dreyer/Kotthoff/Meckel/*Kotthoff*, HK-UrhR², § 69c Rn. 25; Wandtke/Bullinger/Block/*Grützmacher*, UrhR², § 69c Rn. 28 f.; Schricker/Dietz/*Loewenheim*, UrhG³, § 69c Rn. 33 jeweils m.w.N. Zum Diskussionsstand vor der UsedSoft-Entscheidung siehe *Spindler*, CR 2008, 69.

241 EuGH - C-128/11 = GRUR 2012, 904, Rn. 42 - UsedSoft.

Damit insbesondere die Regeln der Erschöpfung nicht durch die bloße Umgestaltung eines Kaufvertrags zu einem Lizenzvertrag umgangen werden könnten, sah der EuGH auch den digitalen Vertrieb als „Erstverkauf“ i.S.d. ComputerRL an, obwohl eine Aufteilung von kostenlosem Download der Software und kostenpflichtigem Lizenzvertragsabschluss vorlag.[242] Ohne den Eintritt der Erschöpfungswirkung könnte der Rechteinhaber schließlich den Weiterverkauf von heruntergeladenen Programmkopien kontrollieren, obwohl bereits eine angemessene Vergütung hätte erzielt werden können.[243]

In der Literatur war diese „Erweiterung“ des Verkaufsbegriffs zwar zur Zeit des Urteils nicht unbestritten,[244] sie wird aber inzwischen weitläufig zumindest hingenommen.[245]

(3). Übertragung der Nutzungsmöglichkeit als Ersatz für die körperliche Übereignung

Die insofern erfolgende Übertragung von „Eigentumsrechten“ an „nichtkörperlichen Gegenständen“ ist mit dem deutschen Eigentumsverständnis nicht vereinbar.[246]

Vor diesem Hintergrund kann die Weitergabe jedoch als Übertragung von Nutzungsrechten verstanden werden, die der EuGH lediglich als Eigentumsübertragung bezeichnet. Er begründet sein Ergebnis mit der Gesamtbetrachtung von Download der Kopie eines Computerprogramms und Abschluss eines Lizenzvertrags als „unteilbares Ganzes“. Der bloße Download sei unnütz, wenn die Software nicht genutzt werden könnte.[247] Es spiele keine Rolle, ob das Computerprogramm von einem Datenträger stamme oder aus dem Internet von der Seite des Herstellers heruntergeladen werde.[248]

---

242 EuGH - C-128/11 = GRUR 2012, 904, Rn. 49 - UsedSoft.

243 EuGH - C-128/11 = GRUR 2012, 904, Rn. 63 - UsedSoft.

244 Siehe dazu etwa *Hansen/Wolff-Rojczyk*, GRUR 2012, 908-910, 909; *Heydn*, MMR 2012, 591.

245 Schricker/Loewenheim/*Spindler*, UrhG[6], § 69c Rn. 34; Wandtke/Bullinger/*Grützmacher*, UrhR[5], § 69c Rn. 35; Fromm/Nordemann/*Czychowski*, UrhR[12], § 69a Rn. 32; Spindler/Schuster/Döpkens/*Wiebe*, E-Medien[3], § 69c Rn. 22.

246 Siehe oben Teil 2:B.III.1.d.bb.

247 EuGH - C-128/11 = GRUR 2012, 904, Rn. 44 - UsedSoft.

248 EuGH - C-128/11 = GRUR 2012, 904, Rn. 47 - UsedSoft.

(a). Vorliegen einer Verbreitungshandlung i.R.d. Durchführung eines Rechtskaufs

In diesem Zusammenhang können für das deutsche Recht Überlegungen zum Rechtskauf weiterhelfen, denn nach § 453 Abs. 1 BGB ist der Kauf von Rechten jedenfalls dem Sachkauf gleichgestellt.[249] Ein solcher Kaufvertrag kann deshalb, nach der oben genannten Definition des EuGH, eine passende Vereinbarung auf der Verpflichtungsebene darstellen. Darunter kann schließlich die Verpflichtung zur Veräußerung von urheberrechtlichen Nutzungsrechten fallen.[250] Die Übertragung des Nutzungsrechts bildet die Verfügungsebene, bei der die tatsächliche Nutzungsmöglichkeit auf den Käufer übertragen wird. Dementsprechend kann die Verschaffung eines Rechts zu einer Verbreitungshandlung für die gegenständliche Software führen, wenn man die Vorgehensweise des EuGH in das deutsche Recht transferiert.

Der BGH hatte in der Vergangenheit, bereits vor dem UsedSoft-Verfahren, bei dem Verkauf von Standardsoftware, also nicht individuell angefertigten Programmen, das Vorliegen eines Sachkaufs[251] oder zumindest die Anwendbarkeit des Kaufrechts angenommen.[252] Auch in der Literatur wurde das bereits vor der UsedSoft-Entscheidung erwogen.[253] Das ist mit der beschriebenen Vorgehensweise des EuGH in UsedSoft kompatibel.

Im Fall UsedSoft wurde die „gebrauchte" Software nicht durch direkte Datenübertragung vom Gebrauchthändler an den Käufer weitergegeben, sodass eine direkte „Eigentumsübertragung" am Computerprogramm zwischen Käufer und Verkäufer nicht stattfinden konnte. Anknüpfung für die Verbreitungshandlung kann deshalb lediglich das Verschaffen der Nutzungsmöglichkeit sein.[254] Aber auch dafür ist die Herrschaft über die Programmkopie erforderlich.

---

249 Säcker/Rixecker/Oetker/Limperg/*Westermann,* MüKoBGB, Bd. 4^8, § 453 Rn. 1.

250 Säcker/Rixecker/Oetker/Limperg/*Westermann,* MüKoBGB, Bd. 4^8, § 453 Rn. 6.

251 BGH v. 15.11.2006 - XII ZR 120/04 = MMR 2007, 243, 244 f. - ASP-Software.

252 BGH v. 22.12.1999 - VIII ZR 299/98 = NJW 2000, 1415; BGH v. 18.10.1989 - VIII ZR 325/88 = NJW 1990, 320, 321; in der Literatur Säcker/Rixecker/Oetker/Limperg/*Westermann,* MüKoBGB, Bd. 4^8, § 433 Rn. 10; *Hoeren/Försterling,* MMR 2012, 642, 645.

253 *Hoeren,* MMR 2010, 447, 447 f.

254 So auch *Determann/Specht,* GRUR Int. 2018, 731, 732; i.E. *Becker,* ZGE 2016, 239, 242; *Redeker,* CR 2014, 73, 75; *Kubach,* CR 2013, 279, 280; *Zech,* ZGE 2013, 368, 397 f.; *Senftleben,* NJW 2012, 2924, 2926.

(b). Zuweisung zum Kaufrecht durch Umsetzung der Richtlinie zu digitalen Inhalten

Im Rahmen der Umsetzung der Richtlinie über bestimmte vertragsrechtliche Aspekte der Bereitstellung digitaler Inhalte und digitaler Dienstleistungen[255] findet zudem eine Änderung des § 453 BGB statt,[256] die eine Zuweisung der Bereitstellung digitaler Inhalte zum Kaufrecht vornehmen soll.[257] Auch Computerprogramme seien unter den Begriff „digitale Inhalte" zu fassen,[258] sodass nach §§ 453, 327 Abs. 1 BGB n.F. davon auszugehen ist, dass bei der Veräußerung der Nutzungsmöglichkeit an einem Computerprogramm das Kaufrecht anzuwenden ist.

(c). Zwischenergebnis zum Verbreitungsbegriff für Computerprogramme

Zumindest für Computerprogramme muss deshalb ein anderer Begriff der Verbreitung angewendet werden, der auf die „wirtschaftliche Vergleichbarkeit" von analogem und digitalem Vertrieb bei der Veräußerungshandlung abstellt.[259] Nach deutschem Verständnis kann die Einräumung des Nutzungsrechts im Rahmen eines Rechtskaufs erfolgen. So wird die Annahme einer Verbreitungshandlung für die digitale Weitergabe von Werkstücken möglich.

(4). Veräußerung von Produktschlüsseln als Verbreitungshandlung

Die Verbreitung erfolgt nach der Rechtsprechung des EuGH auch bei dem bloßen Verkauf von Produktschlüsseln, die dem Erwerber den Download der Software von der Webseite des Herstellers ermöglichen.[260] Der BGH ist der Argumentation des EuGH gefolgt. In seiner Green-IT-Entscheidung[261] hatte er die bloße Veräußerung des Produktschlüssels eines Computerprogramms für mit der Weitergabe eines Datenträgers vergleichbar gehalten.[262]

Auch hier liegt die Begründung in der Betrachtung des Gesamtgeschäfts: Da es keinen Unterschied ergebe, ob dem Käufer ein Datenträger ausgehändigt

---

255 RL 2019/770.
256 BTDrucks 19/27653, S. 19.
257 BTDrucks 19/27653, S. 82.
258 BTDrucks 19/27653, S. 39.
259 EuGH - C-128/11 = GRUR 2012, 904, Rn. 61 - UsedSoft.
260 EuGH - C-128/11 = GRUR 2012, 904, Rn. 47 - UsedSoft.
261 BGH v. 19.03.2015 - I ZR 4/14 = GRUR 2015, 1108 - Green-IT.
262 BGH v. 19.03.2015 - I ZR 4/14 = GRUR 2015, 1108, Rn. 48 - Green-IT; siehe auch oben Teil 2:B.III.1.d.cc(4).

werde oder er die Möglichkeit erhalte, das Computerprogramm von der Seite des Herstellers herunterzuladen, genüge auch die Mitteilung eines Produktschlüssels, um den Download ausführen zu können.[263]

Der im UsedSoft-Verfahren angewendete Verbreitungsbegriff des EuGH beinhaltet also auch den Verkauf eines Produktschlüssels. Es genügt, wenn der Käufer durch seinen Kauf eine Möglichkeit erhält, das Computerprogramm in Betrieb zu nehmen, selbst wenn die erforderlichen Programmdateien nur vom Rechteinhaber selbst bezogen werden können.

(5). Verbreitung bei nicht aktivierten Produktschlüsseln

Die Möglichkeit der Verbreitung eines Computerprogramms durch die digitale Weitergabe eines Produktschlüssels war im Fall UsedSoft dadurch gekennzeichnet, dass noch freie Lizenzen einer Volumenlizenz nicht benötigt wurden. Der Erstkäufer und spätere Veräußerer hatte also selbst die Software bereits in Betrieb genommen und wollte die nicht genutzten Lizenzen weiterverkaufen.

Dieser Umstand führte das OLG Frankfurt a.M. zu der Annahme, dass nicht aktivierte Produktschlüssel deshalb von den in UsedSoft erarbeiteten Besonderheiten nicht profitieren sollten, denn dann „diene der Produktschlüssel nicht der unkörperlichen Weitergabe eines bereits existierenden, der Antragsgegnerin zur Verfügung stehenden Vervielfältigungsstücks im Sinne der ‚UsedSoft'-Rechtsprechung des EuGH und des BGH, sondern der Herstellung eines Vervielfältigungsstücks auf dem Server des Erwerbers."[264]

Auch in der Literatur gibt es Stimmen, die bei dem Vertrieb von bisher nicht aktivierten Produktschlüsseln keine Verbreitung, sondern eine erstmalige Anfertigung eines Vervielfältigungsstücks annehmen, die von der Zustimmung des Rechteinhabers i.R.d. Vervielfältigungsrechts und nicht des Verbreitungsrechts abhänge, weil hier der abzuschließende Lizenzvertrag und nicht die Veräußerung des Produktschlüssels für die Zustimmung maßgeblich sei.[265]

(a). Übertragung der UsedSoft-Rechtsprechung auf den Vertrieb nicht aktivierter Produktschlüssel

Die Besonderheiten der UsedSoft-Rechtsprechung führen dazu, dass es im digitalen Umfeld auf die Nutzungsermöglichung, also auf die Verwertung des

263 EuGH - C-128/11 = GRUR 2012, 904, Rn. 61 - UsedSoft; BGH v. 19.03.2015 - I ZR 4/14 = GRUR 2015, 1108, Rn. 39 - Green-IT.

264 OLG Frankfurt a. M., GRUR-Prax 2016, 337.

265 *Jänich*, K&R 2020, 781, 784 ff.

Nutzungsrechts ankommt.[266] Dem EuGH kam es schließlich auf die Gesamtbetrachtung an.[267] Da die Aushändigung eines Datenträgers funktionell mit der digitalen Übertragung vergleichbar sein soll, war das Ergebnis des EuGH die Gleichbehandlung von analogem und digitalem Vertrieb bei der Verbreitung von Computerprogrammen.[268]

Entscheidend ist deshalb, dass die Bekanntgabe des Produktschlüssels die Aushändigung eines Datenträgers ersetzt. Denn das führt letztendlich zur verbreitungscharakterisierenden Veräußerung des Computerprogramms.[269]

Das Verbreitungsrecht ermöglicht dem Rechteinhaber schließlich das Inverkehrbringen eines Werkstücks zu kontrollieren.[270] Nichts anderes geschieht durch den Vertrieb von Produktschlüsseln. Wenn der Rechteinhaber einen Produktschlüssel veräußert, dann bringt er durch die Gewährung des Zugriffs auch das Computerprogramm selbst in Verkehr.

(b). Keine Abhängigkeit des Inverkehrbringens vom Abschluss eines Lizenzvertrags

Die Bekanntgabe des Produktschlüssels eröffnet dem Käufer die Möglichkeit, das Computerprogramm herunterzuladen und verwenden zu können, so wie es die Voraussetzung des EuGH erfordert.

Das ist im analogen Vertrieb nicht anders: Hier bestehen keine Einwände, dass die Veräußerung eines Computerprogramms mittels Datenträger zu einem Inverkehrbringen des Programms und damit zu einer Verbreitungshandlung führt.[271] Auch hier wird aber im Rahmen der Installation regelmäßig ein Lizenzvertrag abgeschlossen. Die Zustimmung des Rechteinhabers zum Inverkehrbringen des Werkstücks liegt also auch ohne Lizenzvertrag bereits vor. Damit ist die zuvor dargestellte Kritik zurückzuweisen.

(6). Keine Zuweisung zum Recht der öffentlichen Wiedergabe

In der Diskussion über die Zuordnung der digitalen Verbreitung von Computerprogrammen gibt es Stimmen, die eine digitale Verbreitungsmöglichkeit i.S.d.

---

266 Siehe oben Teil 2:B.III.1.d.cc(3).
267 Siehe oben Teil 2:B.III.1.d.cc(3)(a).
268 EuGH - C-128/11 = GRUR 2012, 904, Rn. 61 - UsedSoft.
269 So auch BGH v. 19.03.2015 - I ZR 4/14 = GRUR 2015, 1108, Rn. 39 - Green-IT.
270 Siehe Einleitung oben Teil 2:B.III.
271 Schricker/Loewenheim/*Spindler*, UrhG[6], § 69c Rn. 26; Wandtke/Bullinger/*Grützmacher*, UrhR[5], § 69c Rn. 33 "ohne Zweifel".

Verbreitungsrechts ablehnen und dabei auf die öffentliche Zugänglichmachung i.S.d. § 69c Nr. 4 UrhG als Instrument für die digitale Übertragung von Werkstücken abstellen.[272]

Der Verweis auf die öffentliche Zugänglichmachung kann aber nicht alle Sachverhalte passend abdecken und führt deshalb zu Schutzlücken für Urheber und Rechteinhaber, wenn die Voraussetzungen der öffentlichen Zugänglichmachung nicht vorliegen, [273] das Werk aber im Ergebnis dennoch verwertet wird. Die Zuordnung zur öffentlichen Zugänglichmachung eignet sich schließlich nur dann, wenn es um die Werkverwertung geht, die viele Nutzer erreicht und nicht jeweils nur eine Person betrifft.[274]

Die Regelungslücke, die bei der Ablehnung der digitalen Verbreitung entsteht, zeigt, dass auch im digitalen Umfeld Verwertungshandlungen durchgeführt werden, die der Idee des Verbreitungsrechts entsprechen. Aus diesem Grund können diese Handlungen auch nur schwerlich oder gar nicht den anderen Verwertungsrechten zugeordnet werden.

(7). Das Auslegungsergebnis des Verbreitungsbegriffs des EuGH bei Computerprogrammen

Damit ist festzuhalten, dass der Verbreitungsbegriff des EuGH in Bezug auf Computerprogramme wie folgt beschrieben werden kann: „Ein Computerprogramm verbreitet, wer einem anderen dessen Nutzungsmöglichkeit gegen ein Entgelt im Wege des Verkaufs überträgt.“[275]

Diese Definition liegt nahe an der öffentlichen Zugänglichmachung, bei der schließlich ebenfalls der Zugang zu einem Werk ermöglicht, aber nicht verkauft wird. Dort verbleibt aber die Nutzungsmöglichkeit in der Sphäre des Anbietenden, während bei der Verbreitung die Nutzungsmöglichkeit im Wege des Verkaufs an den Käufer weitergegeben wird. In der Art der Übertragung liegt dementsprechend auch der wesentliche Unterschied, denn für die Verbreitung erfolgt sie nur an eine Person, während der EuGH in seiner Entscheidung Tom

---

272 Schricker/Loewenheim/*Spindler,* UrhG[6], § 69c Rn. 26; Fromm/Nordemann/*Czychowski,* UrhR[12], § 69c Rn. 26.

273 Siehe oben Teil 2:B.I.4.

274 So auch *Grützmacher*, CR 2020, 154, 155.

275 Ähnlich auch Schricker/Loewenheim/*Spindler,* UrhG[6], § 69c Rn. 34; i.E. zustimmend *Becker*, ZGE 2016, 239, 242; *Redeker*, CR 2014, 73, 75; *Kubach*, CR 2013, 279, 280; *Zech*, ZGE 2013, 368, 379 f.; *Senftleben*, NJW 2012, 2924, 2926; ausführlich *Redeker*, CR 2011, 634; *Berger*, GRUR 2002, 198, 202.

Kabinet klargestellt hatte, dass keine Verbreitung vorliegen könne, wenn mehrere Personen individuellen Zugang zu einem Werk haben.[276]

(8). Analoge Anwendung des § 69c Nr. 3 UrhG bei digitaler Veräußerung

Die Ansicht des EuGH ist jedoch in der Literatur nicht unbestritten. Auch vor der UsedSoft-Entscheidung gab es bereits Ansätze für die Erweiterung des Verbreitungsrechts bei Computerprogrammen im digitalen Umfeld. So wird etwa vorgebracht, dass eine direkte Anwendung des § 69c Nr. 3 UrhG, der das Verbreitungsrecht für Computerprogramme im deutschen Urheberrecht regelt, aufgrund der grundsätzlichen Beschränkung auf körperliche Werkstücke nicht möglich sei und deshalb die Norm in analoger Anwendung heranzuziehen wäre.[277]

Die analoge Anwendung beruht auf dem Grundsatz, die direkte Anwendung des Verbreitungsrechts aus § 69c Nr. 3 UrhG für körperliche Werkstücke vorzubehalten und die Verbreitung mittels Datenübertragung als Sonderfall auszuweisen, der die planwidrige Regelungslücke in diesem vom Gesetzgeber nicht bedachten Sachverhalt erfassen kann.[278]

Da sich die digitale Veräußerung bei Computerprogrammen funktionell nicht von der körperlichen unterscheide, sei eine Andersbehandlung auch mit Blick auf die europäische Warenverkehrs- und Dienstleistungsfreiheit nicht möglich, wenn dies nicht auf Kosten der Verwertungsinteressen der Urheber – wie etwa durch die wiederholte öffentliche Wiedergabe – geschehe.[279]

Eine analoge Anwendung des § 69c Nr. 3 UrhG auf die digitale Verbreitung kommt dann in Frage, wenn man an der Ansicht festhalten will, dass der Gesetzgeber auch bei Computerprogrammen grundsätzlich das Verbreitungsrecht auf körperliche Werkstücke beschränken wollte, was mit Blick auf die Gesetzesbegründung des § 69c Nr. 3 UrhG passend erscheint, weil eine grundsätzliche Übereinstimmung mit § 17 UrhG beabsichtigt wurde.[280]

Für die direkte Anwendung spricht jedoch, dass einerseits bereits der Wortlaut des § 17 UrhG eine digitale Verbreitung nicht von vornherein ausschließen

---

276 EuGH - C-263/18 = GRUR 2020, 179, Rn. 44 f. - Tom Kabinet.

277 Wandtke/Bullinger/*Grützmacher,* UrhR[5], § 69c Rn. 34; Möhring/Nicolini/*Hoeren,* UrhR[4], § 69c Rn. 16; *Kilian,* GRUR Int. 2011, 895, 900; *Hoeren,* CR 2006, 573; *Berger,* GRUR 2002, 198, 199.

278 Wandtke/Bullinger/*Grützmacher,* UrhR[5], § 69c Rn. 38.

279 Wandtke/Bullinger/*Grützmacher,* UrhR[5], § 69c Rn. 39.

280 BTDrucks 12/4022, S. 11.

muss[281] und andererseits die weiter gefasste Formulierung des Art. 4 Abs. 1 lit. c ComputerRL „jede Form der öffentlichen Verbreitung" erfasst. So hatte es schon der EuGH in UsedSoft aufgegriffen.[282]

Direkte und analoge Anwendung haben jedoch gemeinsam, dass beide sich für die Möglichkeit der digitalen Verbreitung von Computerprogrammen aussprechen. Das Ergebnis ist sowohl bei direkter als auch analoger Anwendung gleich.

dd. Der Verbreitungsbegriff des EuGH bei Werken der InfoRL

Dieser Verbreitungsbegriff kann nicht ohne Weiteres auf Werke im Sinne der InfoRL übertragen werden, weil die ComputerRL, die der Definition des EuGH im Fall UsedSoft zugrunde liegt, lex specialis zur InfoRL ist.[283] Es wäre falsch, ohne nähere Betrachtung die Definition aus einer spezielleren Rechtsvorschrift auf die allgemeinere zu übertragen.

(1). Verschiedene Verbreitungsbegriffe bei Werken der InfoRL und der ComputerRL

Daher stellt sich die Frage, ob die Eigentumsübertragung im Zusammenhang mit Computerprogrammen anders gemeint ist als bei den Werken, die der InfoRL unterliegen. Schließlich geht der EuGH in seiner Urteilsbegründung zu UsedSoft spezifisch auf Art. 1 Abs. 2 ComputerRL und den siebten Erwägungsgrund der ComputerRL ein, aus denen sich der Wille des Gesetzgebers ergebe, dass Computerprogramme sowohl in körperlicher als auch unkörperlicher Gestalt gleichbehandelt werden sollten.[284]

Das lädt zu dem Gedanken ein, dass ein anderer Maßstab für Computerprogramme gelten soll als für die übrigen Werke der InfoRL.

(2). Entgegenstehender Wille des Unionsgesetzgebers

Diese Vermutung bestätigt der EuGH in seinem späteren Urteil zu E-Books.[285] Er nimmt explizit Bezug auf den Willen des Unionsgesetzgebers, der eine Trennung

---

281 Siehe oben Teil 2:B.III.1.

282 EuGH - C-128/11 = GRUR 2012, 904, Rn. 57 f. - UsedSoft.

283 EuGH - C-128/11 = GRUR 2012, 904, Rn. 56 - UsedSoft.

284 EuGH - C-128/11 = GRUR 2012, 904, Rn. 57 f. - UsedSoft.

285 EuGH - C-263/18 = GRUR 2020, 179, Rn. 55 - Tom Kabinet; näheres zum Verfahren oben Teil 2:B.I.1.a.

von elektronischer und körperlicher Verbreitung gewollt habe, was sich bereits aus dem 28. Erwägungsgrund der InfoRL ergebe.[286]

Es scheint also, dass ein körperliches Werkstück gemeint sein soll, wenn der EuGH von der Eigentumsübertragung bei Werken der InfoRL spricht.[287] Auch in der Literatur wird dieser Einwand angeführt.[288]

(3). Fehlende wirtschaftliche Vergleichbarkeit

Der vermeintlich entgegenstehende Wille des Gesetzgebers war aber nicht der einzige Umstand, der den EuGH zur Ablehnung der elektronischen Verbreitung i.S.d. Art. 4 InfoRL bewogen hat. Zusätzlich stellt er eine ökonomische Bewertung[289] an, indem er auf den Gebrauchtmarkt für E-Books eingeht: Die Überlassung eines Buchs in digitaler Form sei nicht mit der Überlassung eines körperlichen Buchs in wirtschaftlicher Hinsicht vergleichbar. Ein digitales Buch verschlechtere sich nicht durch den Lesevorgang, während ein physisches Buch Gebrauchsspuren erhalte. Damit sei ein Second-Hand-Markt bei digitalen Werken eine größere Beeinträchtigung für Rechteinhaber, weil dort stets gleichwertige Kopien verkauft werden, die aber womöglich günstiger angeboten werden als die Erstverkäufe der Rechteinhaber.[290]

Diesen Gedanken stellt der EuGH in Zusammenhang mit dem vorher ergangenen UsedSoft-Urteil an. Dort hatte er die wirtschaftliche Vergleichbarkeit von digitaler und analoger Veräußerung von Computerprogrammen bejaht.[291]

Im Ergebnis bedeutet das aber, dass der EuGH im Rahmen der InfoRL keinen Spielraum für die digitale Verbreitung sieht. Im digitalen Umfeld soll vielmehr das Recht der öffentlichen Zugänglichmachung angewendet werden.[292]

ee. Trennung von körperlicher und unkörperlicher Verbreitung

Die unionsrechtskonforme Überprüfung der Wortlautauslegung hat also mit Blick auf die Ansicht des EuGH ergeben, dass innerhalb der InfoRL eine Trennung von körperlicher und digitaler Verbreitung bezweckt werden soll.[293]

---

286 EuGH - C-263/18 = GRUR 2020, 179, Rn. 51, 56 - Tom Kabinet.
287 So auch in EuGH - C-456/06 = GRUR 2008, 604, Rn. 33 - Le-Corbusier-Möbel.
288 *Hilgert*, CR 2014, 354, 355; *Krügel/Biehler/Apel*, MMR 2013, 760, 763 f.
289 *Rauer/Bibi*, GRUR-Prax 2020, 55, 56.
290 EuGH - C-263/18 = GRUR 2020, 179, Rn. 58 - Tom Kabinet.
291 EuGH - C-263/18 = GRUR 2020, 179, Rn. 57 - Tom Kabinet.
292 EuGH - C-263/18 = GRUR 2020, 179, Rn. 45 - Tom Kabinet.
293 Siehe oben Teil 2:B.III.1.d.dd(2).

Das bedeutet, dass für die Verbreitung nach Art. 4 Abs. 1 InfoRL bzw. § 17 Abs. 1 UrhG das Vorliegen eines körperlichen Werkstücks erforderlich ist. Im digitalen Umfeld soll das Recht der öffentlichen Zugänglichmachung angewendet werden.[294]

2. *Ungeklärte Fragen bei der Ablehnung der digitalen Verbreitung durch den EuGH bei Werken der InfoRL*

Nach Ansicht des EuGH ist also die unkörperliche Weitergabe von E-Books keine Verbreitung i.S.d. Art. 4 InfoRL.[295]

Die Entscheidung wirft jedoch Fragen auf: Zum einen ist unklar, ob das sowohl in UsedSoft als auch in Tom Kabinet herangezogene Kriterium der wirtschaftlichen Vergleichbarkeit von analoger und digitaler Veräußerung zu anderslautenden Ergebnissen führen kann, wenn verschiedene Werktypen zur Betrachtung stehen. E-Books und Bücher sind letztendlich deutlich verschiedene Ausprägungen des Schriftwerks. Das eine ist auf die passende Elektronik bei der Wiedergabe angewiesen, verschlechtert sich in seiner Beschaffenheit jedoch durch den Gebrauch nicht. Das andere ist wiederum völlig technikfrei genießbar, verschlechtert sich aber aufgrund seiner Beschaffenheit durch den Gebrauch. Es stellt sich also die Frage, ob der EuGH bei einem anderen Werktypus, dessen digitale und analoge Verwertung ähnlicher sind, anders entschieden hätte.

Zum anderen ist fraglich, wie die Diskrepanz zwischen „wirtschaftlicher Vergleichbarkeit" und der Absicht des Unionsgesetzgebers, die der Norm zugrunde liegt, aufzulösen wäre. Käme es einzig auf den Willen des Gesetzgebers an, wäre das Kriterium der wirtschaftlichen Vergleichbarkeit auch in Tom Kabinet womöglich nicht erforderlich gewesen. Der EuGH hätte bereits die Möglichkeit der Verbreitung eines E-Books einzig mit diesem Argument ablehnen können. Deshalb kommt es zunächst auf die nähere Bestimmung des Ziels der Normen an.

Wenn Telos der Norm sein soll, dass nur körperliche Werkstücke dem Verbreitungsrecht aus Art. 4 Abs. 1 InfoRL unterfallen, stellt sich wiederum die Frage, ob sich eine unterschiedliche Behandlung von Werken der InfoRL und ComputerRL rechtfertigen lassen kann, wenn Vertriebsmethoden wirtschaftlich vergleichbar sind. Dann ergäbe sich gerade ein anderes Ergebnis als in Tom Kabinet.

---

294 Siehe oben Teil 2:B.III.1.d.dd(3).

295 EuGH - C-263/18 = GRUR 2020, 179, Rn. 45 - Tom Kabinet.

a. Die Intention des europäischen Gesetzgebers bei der Schaffung des Art. 4 der InfoRL

Bei der Auslegung des Art. 4 InfoRL und damit in direkter Folge auch bei der Auslegung des § 17 Abs. 1 UrhG sind neben dem konkreten Wortlaut auch die verfolgten Ziele hinzuzuziehen, so wie es der EuGH in Tom Kabinet getan hat.[296] Gegen die Möglichkeit die Verbreitung bei Weitergabe eines unkörperlichen Werkstücks zuzulassen, spricht der 28. Erwägungsgrund der InfoRL. Dort ist im Zusammenhang mit dem Verbreitungsrecht ausdrücklich von „in einem Gegenstand verkörperten Werk“ die Rede.

Der Erwägungsgrund ist Ausdruck des gesetzgeberischen Willens und zeigt damit, dass der europäische Gesetzgeber die unkörperliche Verbreitung wohl nicht vorgesehen hat.[297] Diese Gründe entfalten, wie bereits erörtert,[298] keine direkte Bindungswirkung. Die unionsrechtskonforme Auslegung des Wortlauts hat aber ergeben, dass zumindest nach Ansicht des EuGH, die formulierten Gründe insoweit nicht unmaßgeblich sind.[299]

aa. Die historische Einordnung der digitalen Vertriebsmodelle

Die Problematik um die digitale Verbreitung hat erst in den letzten zwei Jahrzehnten mit Verbreitung und wirtschaftlicher Nutzung des Internets Fahrt aufgenommen.

Das gilt insbesondere für den digitalen Vertrieb von Computerspielen: Die heute größte Plattform für den digitalen Vertrieb von Computerspielen – Steam, der Valve Corp. – war erst seit 2003 in der Version 1.0 verfügbar[300] und markiert zwar nicht den Beginn des digitalen Computerspielvertriebs, aber jedenfalls den Start der steigenden Verbreitung des Online-Handels für Computerspiele. Zu diesem Zeitpunkt war die InfoRL bereits über zwei Jahre alt.

Auch in anderen Bereichen des digitalen Vertriebs von urheberrechtlich geschützten Werken ist die Sachlage ähnlich: So hat etwa Apple erst im Jahr 2003 seinen iTunes Store für den digitalen Musikvertrieb eröffnet, der seit 2004 in den ersten europäischen Ländern verfügbar war.[301]

---

296 EuGH - C-263/18 = GRUR 2020, 179, Rn. 38 - Tom Kabinet.
297 So auch *Hilgert*, CR 2014, 354, 355; *Krügel/Biehler/Apel*, MMR 2013, 760, 762.
298 Siehe oben Teil 2:B.III.1.b.
299 Siehe oben Teil 2:B.III.1.d.ee
300 Valve Corp., Steam Client Released 09/12/2002, https://store.steampowered.com/news/183/, zuletzt geprüft am 30.03.2021.
301 Wikipedia, iTunes Store, https://de.wikipedia.org/wiki/ITunes_Store, zuletzt geprüft am 26.05.2021.

An die Formen digitaler Veräußerung von urheberrechtlich geschützten Werken, die heute gängig sind, hat der Unionsgesetzgeber deshalb bei der Schaffung der InfoRL gar nicht denken können.

Dieser Umstand allein nimmt der aus den Erwägungsgründen erkennbaren Zielrichtung, körperliche Werkstücke vorauszusetzen etwas an Bedeutung, wenn es um die Anwendung der Richtlinie auf aktuelle Sachverhalte geht. Schließlich muss das Auftreten neuer Sachverhalte nicht zwangsläufig bedeuten, dass ältere Rechtsvorschriften keinesfalls auf sie angewendet werden können. Bereits die Auslegung des Wortlauts hat schließlich gezeigt, dass die Vorschrift des Art. 4 InfoRL grundsätzlich dazu geeignet ist, auch digitale Sachverhalte zu erfassen.[302]

Festzuhalten ist an dieser Stelle, dass die Erwägungsgründe vor dem Hintergrund ihrer Entstehung gesehen werden müssen und moderne Sachverhalte dafür sorgen könnten, dass ihnen kein entscheidendes Gewicht zukommen muss.

bb. Keine Anpassung durch die ComputerRL oder die DSM-RL

Hätte der Unionsgesetzgeber nicht gewollt, dass Werke in digitaler Form verbreitet werden können, dann hätte sich bereits bei Erlass der ComputerRL die Möglichkeit geboten, die digitale Verbreitung ausdrücklich auszunehmen.[303]

Schließlich waren im Jahr 2009 einige Formate des heutigen digitalen Vertriebs zumindest erkennbar. Da die ComputerRL aber letztendlich spezielle Regelungen für Computerprogramme vorsieht, kommt ihr in diesem Zusammenhang höchstens ein Indizcharakter zu.

Auch mit der DSM-RL aus dem Jahr 2019, die gezielt auf die Anpassung urheberrechtlicher Vorschriften zur Anwendung im digitalen Binnenmarkt gerichtet ist, findet keine Anpassung des Verbreitungsrechts statt.

In Erwägungsgrund Nr. 3 der DSM-RL heißt es, dass einschlägige Regelungen „zukunftstauglich“ sein sollen, damit „die technologische Entwicklung nicht behindert wird.“

Art. 1 der Richtlinie bestimmt, dass die Zielsetzung „das ordnungsgemäße Funktionieren des Marktes für die Verwertung von Werken [...] sicherzustellen“ sein soll.

Anlässlich dieser Zielrichtung wäre also zumindest eine Klarstellung von Art. 4 der InfoRL denkbar gewesen, denn bei der sich hier stellenden Frage nach der Anwendbarkeit des Verbreitungsrechts auf digitale Werkstücke geht es

---

302 Siehe oben Teil 2:B.III.1.

303 *Peifer*, AfP 2013, 89, 91; *Hartmann*, GRUR Int. 2012, 980, 982.

schließlich um Fragen der „ordnungsgemäße[n]" Werkverwertung im Rahmen der voranschreitenden „technologischen Entwicklung".

Dass eine solche Klarstellung in der DSM-RL nicht enthalten ist, kann verschiedene Ursachen haben: Der Richtliniengeber könnte davon ausgegangen sein, dass Art. 4 der InfoRL keine Relevanz für den digitalen Binnenmarkt habe und deshalb in dieser Richtlinie nicht anzupassen sei. Das erscheint aber schon vor dem Hintergrund der europaweit auftretenden Verbreitungsproblematik nicht naheliegend.

Der Harmonisierungsgedanke ergibt sich auch aus dem 3. Erwägungsgrund der Mitteilung der Kommission zum digitalen Binnenmarkt.[304] Im europäischen Kontext ist also davon auszugehen, dass die Problemlage bekannt ist. Wäre die Verbreitungsfrage den Mitgliedsstaaten überlassen, ergäbe sich ein „Flickenteppich" verschiedener Regelungen, die das Gegenteil des Harmonisierungsgedankens erreichten und keinesfalls die Schaffung eines digitalen Binnenmarktes begünstigten.

Denkbar ist aber, dass der Unionsgesetzgeber den Art. 4 der InfoRL bereits für „zukunftstauglich" hält und deshalb keine Anpassung für nötig hielt. Daraus ergibt sich aber nicht, dass die Verbreitung auch im digitalen Umfeld angewendet werden können soll, auch wenn das mit der hier bereits geschehenen Wortlautauslegung vereinbar wäre.[305] Denn vor dem Hintergrund des 28. Erwägungsgrundes der InfoRL erscheint der Wille, eine digitale Verbreitung innerhalb der InfoRL zu ermöglichen, zumindest fraglich.

Schließlich deuten die Erwägungsgründe darauf hin, dass der Unionsgesetzgeber keine Anpassung des Art. 4 InfoRL über die DSM-RL veranlasst hat, weil er sie im digitalen Umfeld nicht für anwendbar hält. Zu dem Schluss, dass sich aus der Begründung ergebe, dass nur körperliche Werkstücke von der Verbreitung erfasst werden sollen, ist bereits der Generalanwalt im Verfahren Tom Kabinet gekommen.[306] Auch der EuGH sieht hier den „klaren Willen" des Gesetzgebers, die körperlichen und unkörperlichen Verwertungsrechte zu trennen.[307]

Es ist also vielmehr davon auszugehen, dass der Unionsgesetzgeber das Recht der Verbreitung, zumindest innerhalb der InfoRL, lediglich auf körperliche

---

304 Europäische Kommission, COM(2015) 626.

305 Siehe oben Teil 2:B.III.1.b f.

306 Generalanwalt Szpunar, Schlussantrag vom 10.09.2019 - C-263/18 = BeckRS, 20448, 20448, Rn. 36.

307 EuGH - C-263/18 = GRUR 2020, 179, Rn. 56 - Tom Kabinet.

Werkstücke beschränken möchte und deshalb eine Anpassung durch die DSM-RL i.E. nicht für nötig gehalten hat.

cc. *Sicht des EuGH in Tom Kabinet*

Der EuGH sieht in der Gestaltung der Richtlinie und der Erwägungsgründe deshalb nicht viel Spielraum. Er kommt zu dem Ergebnis, dass Ziel der Regeln der Verbreitung ist, dass sie nur für verkörperte Werkstücke gelten sollen und verweist insoweit auf seine bisherige Rechtsprechung.[308]

Die Verbindung zur ComputerRL, zu welcher der EuGH eine Verbreitung von digitalen Werkstücken von Computerprogrammen angenommen hat, wird mit dem Hinweis blockiert, dass die ComputerRL lex specialis zur InfoRL sei.[309] Dort habe der Richtliniengeber eine Gleichstellung von körperlichen und unkörperlichen Werkstücken gewollt, während das bei der InfoRL nicht der Fall sei.[310]

b. *Der Konflikt zwischen InfoRL und ComputerRL bei Mischwerken*

Für Werke, die allein der InfoRL unterfallen hat der EuGH damit eine klare Vorgabe gemacht: Hier soll das Verbreitungsrecht nur betroffen sein, wenn ein körperliches Werkstück vertrieben wird. Das hat er zum einen mit dem Willen des Gesetzgebers im Allgemeinen[311] und zum anderen mit der mangelnden wirtschaftlichen Vergleichbarkeit von digitalem und analogem Vertrieb von E-Books im Besonderen[312] festgestellt.

Weniger klar blieb das Gericht jedoch bei der Einordnung „komplexer Gegenstände", also multimedialer Werke, die sowohl Computerprogramme als auch Werke der InfoRL enthalten. Bei E-Books komme es auf den Computerprogrammteil nicht an, weshalb die besonderen Regeln der ComputerRL jedenfalls nicht anzuwenden seien.[313]

Diese Vorgehensweise ist jedoch problematisch: Der EuGH nimmt hier womöglich eine Art Schwerpunktabwägung vor. Die Regeln über Computerprogramme sollten nur deshalb nicht gelten, weil der Computerprogrammteil bei

308 EuGH - C-263/18 = GRUR 2020, 179, Rn. 52 - Tom Kabinet; mit Verweis auf EuGH - C-419/13 = GRUR 2015, 256, Rn. 37 - Allposters/Pictoright

309 EuGH - C-263/18 = GRUR 2020, 179, Rn. 54 - Tom Kabinet.

310 EuGH - C-263/18 = GRUR 2020, 179, Rn. 55 f. - Tom Kabinet.

311 EuGH - C-263/18 = GRUR 2020, 179, Rn. 56 - Tom Kabinet.

312 EuGH - C-263/18 = GRUR 2020, 179, Rn. 58 - Tom Kabinet.

313 EuGH - C-263/18 = GRUR 2020, 179, Rn. 59 - Tom Kabinet.

Betrachtung des E-Books vernachlässigbar sei. Das E-Book werde nicht wegen des Programmteils, sondern wegen seines Inhalts gelesen.[314]

Kritiker sehen darin einen Bruch mit der früheren Rechtsprechung.[315] Dort wurde im Fall von Videospielen noch entschieden, dass eine solche Schwerpunktbetrachtung nicht erfolgen solle.[316]

Fraglich ist vor allem, wie Fälle zu beurteilen sind, in denen das Computerprogramm nicht bloß akzessorischer Natur ist, sodass es zu Konflikten zwischen den in UsedSoft herausgearbeiteten Grundsätzen zur digitalen Verbreitung und deren vermeintlicher Ablehnung für die Werke der InfoRL aus dem Urteil Tom Kabinet kommen könnte.[317]

Das schafft letztendlich Rechtsunsicherheit, wenn es um andere Werkarten geht, bei denen der Programmteil nicht „unwichtig" ist, wie bei den E-Books im Fall Tom Kabinet. Schließlich käme es dann womöglich auf die Beurteilung der Relevanz des Programmteils an, wenn man herausfinden möchte, ob eine digitale Verbreitung i.S.d. UsedSoft-Entscheidung möglich sein kann oder i.S.v. Tom Kabinet an der mangelnden Verkörperung des Werkexemplars scheitern soll.[318]

aa. Die Nintendo-Entscheidung des EuGH

In Nintendo[319] hatte der EuGH für Videospiele entschieden, dass der Programmteil eines Videospiels die Zuweisung zur InfoRL nicht verhindere.[320] Dort beurteilte der EuGH also den umgekehrten Fall, wo es nach der grundsätzlichen Zuordnung von Computerspielen zur ComputerRL um die Frage ging, ob auch Vorschriften der InfoRL angewendet werden könnten.

Auch in diesem Verfahren ging es also um ein Werk, dass sowohl Computerprogramme i.S.d. ComputerRL als auch Werke der InfoRL beinhaltet.

Das namensgebende Unternehmen Nintendo ist u.A. Hersteller von Videospielkonsolen, die es mit technischen Schutzmaßnahmen ausstattet, um das Verwenden von Videospielen ohne die passende, digitale Zugangsmaßnahme

314 EuGH - C-263/18 = GRUR 2020, 179, Rn. 59 - Tom Kabinet.
315 *Grützmacher*, CR 2020, 154, 157.
316 EuGH - C-355/12 = GRUR 2014, 255, Rn. 22 ff. - Nintendo/PC Box.
317 *Schneider*, WRP 2021, 293, Rn. 41; *Ohly*, GRUR 2020, 184, 185.
318 Hoeren/Sieber/Holznagel/*Arlt,* Multimedia-Recht, 7.7 Rn. 24; *Grützmacher*, CR 2020, 154, 157.
319 EuGH - C-355/12 = GRUR 2014, 255 - Nintendo/PC Box.
320 EuGH - C-355/12 = GRUR 2014, 255, Rn. 22 ff. - Nintendo/PC Box.

zu verhindern. Damit wird sowohl die Verwendung illegal erstellter Kopien als auch die Nutzung nicht durch Nintendo zugelassener Videospiele verhindert.

Das Unternehmen PC-Box vertrieb Modifikationen, die eine Umgehung dieser auf der Hardware der Nintendo-Konsolen vorhandenen Schutzmaßnahme ermöglichten.[321]

Der EuGH sah sich deshalb mit der Frage konfrontiert, ob die Regeln der InfoRL, insbesondere über technische Schutzmaßnahmen aus Art. 6 InfoRL, neben den Regeln der ComputerRL auf Videospiele anwendbar sein können. Im Ergebnis hat er die Anwendung der InfoRL bejaht, weil ein Videospiel nicht nur aus dem Programmteil bestehe, sondern auch audiovisuelle Bestandteile beinhalte, die das Werk in seiner Eigenart prägten und sich aus der InfoRL nicht ergebe, dass Teile eines Werks anderen Regelungen unterlägen als das Werk in seiner Gesamtheit.[322] Dass die ComputerRL lex specialis zur InfoRL ist, ändere nichts an dieser Einschätzung.[323]

Der EuGH spricht sich damit für einen Maximalschutz bei Hybridwerken aus, sodass sowohl die Vorschriften der InfoRL als auch die der ComputerRL angewendet werden können. Diese Vorgehensweise entspricht auch der Ansicht der deutschen Literatur.[324] Es kommt danach also nicht auf den Schwerpunkt der Werkkombination an.[325]

bb. Vermeintlicher Widerspruch zwischen Tom Kabinet und Nintendo

Das Ergebnis aus Nintendo ist jedoch mit Blick auf Tom Kabinet nicht unproblematisch. Schließlich beinhaltet auch ein E-Book, neben dem Schriftwerkteil, ein Computerprogramm. Als multimediales Werk hätte sich also die Frage stellen müssen, ob die besonderen Vorschriften für Computerprogramme hier nicht hätten angewendet werden müssen.[326]

Der EuGH verneint das jedoch mit dem Verweis darauf, dass der Programmteil des E-Books bloß nebensächlich, also nur akzessorisch sei.[327] Damit stehen

---

321 EuGH - C-355/12 = GRUR 2014, 255, 256 - Nintendo/PC Box.

322 EuGH - C-355/12 = GRUR 2014, 255, Rn. 22 ff. - Nintendo/PC Box.

323 EuGH - C-355/12 = GRUR 2014, 255, Rn. 23 - Nintendo/PC Box.

324 Schricker/Loewenheim/*Götting*, UrhG^{6}, § 94a Rn. 4; *Grützmacher*, ZGE 2017, 423, 425; *Bullinger/Czychowski*, GRUR 2011, 19, 25.

325 Insoweit anderer Ansicht *Grützmacher*, CR 2020, 154, 157.

326 Vgl. auch ders., CR 2020, 154, 157.

327 EuGH - C-263/18 = GRUR 2020, 179, Rn. 59 - Tom Kabinet.

die Entscheidungen Nintendo und Tom Kabinet womöglich im Widerspruch zueinander.

Da es in Nintendo um Videospiele und in Tom Kabinet um E-Books ging, könnte die Lösung des Problems im Umgang dieser beiden Werktypen mit dem ihnen zugrundeliegenden Computerprogramm liegen.

Auch in der Entscheidung Nintendo überlässt der EuGH die infragestehenden Videospiele nicht unbegründet den Anwendungsbereichen beider Richtlinien, sondern führt vielmehr aus, dass die audiovisuellen Bestandteile an der schöpferischen Eigenart des Videospiels ebenso beteiligt seien wie das dem Spiel zugrundeliegende Computerprogramm.[328]

Im Urteil Tom Kabinet fehlt es zwar an einer solchen konkreten Auseinandersetzung, aber der Verweis auf die Akzessorietät des Computerprogramms ist Hinweis genug, um annehmen zu können, dass der EuGH die Regeln über Computerprogramme für E-Books wohl deshalb nicht zulassen will, weil der Programmteil des E-Books nicht an der schöpferischen Eigenart des E-Books beteiligt ist.

Das ist zumindest mit Blick auf simple E-Books, bei denen der Programmteil lediglich für die Darstellung des Inhalts verwendet wird, nachvollziehbar.

Eine solch „simple" Funktion kommt dem Programmteil bei einem Computerspiel schließlich nicht zu.[329]

Letztendlich wäre damit die Tom Kabinet-Entscheidung mit Blick auf weitere komplexe Werke eine Ausnahme des in Nintendo aufgestellten Maximalschutzes aus beiden Richtlinien.

Das bedeutet, dass die Entscheidungen Nintendo und Tom Kabinet widerspruchsfrei nebeneinander bestehen können. Während bei Videospielen sowohl die Bestandteile der InfoRL als auch die der ComputerRL an der schöpferischen Eigenart des Gesamtwerks teilhaben, war das bei den E-Books in Tom Kabinet nicht der Fall. Dort diente das Computerprogramm lediglich dem Zweck, den Werkgenuss zu ermöglichen. Die Entscheidungen beurteilen also nicht gleiche Sachverhalte auf verschiedene Weise, sondern finden verschiedene Lösungen für verschiedene, wenn auch auf den ersten Blick ähnlich anmutende Sachverhalte.

---

328 EuGH - C-355/12 = GRUR 2014, 255, Rn. 23 - Nintendo/PC Box.

329 Vgl. oben Teil 2:A.II.

c. *Verschiedene Verbreitungsbegriffe im Lichte des allgemeinen Gleichheitsgrundsatzes*

Der europäische Gesetzgeber mag die digitale Verbreitung bei der Schaffung der InfoRL nicht vorgesehen haben, da aber die ComputerRL insoweit weiter gefasst ist stellt sich das Problem, ob die dadurch entstehenden verschiedenen Verbreitungsbegriffe mit dem unionsrechtlichen Gleichheitsgrundsatz vereinbar sind.[330]

Der allgemeine unionsrechtliche Gleichheitsgrundsatz ist zwar gesetzlich nicht geregelt, wurde aber schon frühzeitig durch den EuGH entwickelt und wird seither in ständiger Rechtsprechung angewendet, um sicherzustellen, dass im Unionsrecht gleiche Sachverhalte gleich bewertet werden.[331] Er hat insoweit in der Unionsrechtsordnung Verfassungsrang.[332]

Grundsätzlich ist damit jedenfalls erforderlich, dass eine einheitliche Begriffsauslegung innerhalb einer Kodifikation stattfindet und nicht etwa verschiedene Definitionen für denselben Begriff innerhalb derselben Richtlinie gelten.[333]

Auch in der UsedSoft-Entscheidung führt der EuGH diesen Grundsatz zusammen mit dem Harmonisierungsgedanken und dem Verweis auf seine ständige Rechtsprechung an, um eine einheitliche Definition für den Verkaufsbegriff festzulegen.[334]

Um verschiedene Verbreitungsbegriffe rechtfertigen zu können, müssten die InfoRL und die ComputerRL mit ihren Regelungen zur Verbreitung auch verschiedene Sachverhalte abdecken, die eine ungleiche Behandlung erlauben. Jedenfalls müsste innerhalb der jeweiligen Richtlinie aber derselbe Verbreitungsbegriff für alle Werkarten gelten.

Letzteres ist jedenfalls gegeben. Die digitale Verbreitung soll nach aktueller Rechtsprechung des EuGH und dem Willen des Unionsgesetzgebers insgesamt für die InfoRL ausscheiden und für die ComputerRL verfügbar sein. Fraglich bleibt also nur, ob die durch die beiden Richtlinien geregelten Verbreitungsrechte

---

330 *Kaiser*, GRUR Int. 2020, 489, 495; kritisch, aber bejahend *Rauer/Bibi*, GRUR-Prax 2020, 55, 57.

331 EuGH - 117/76 = BeckRS 2004, 71315; näher zur Historie *Wahle*, Gleichheitssatz in der EU, S. 36 ff.; *Schwarze*, NJW 1986, 1067, 1070; *Englisch*, EuR 2009, 488, 491 m.w.N.; seither in st. Rspr. EuGH - C-334/03 = BeckRS 2005, 70800, Rn. 23 f.; EuGH - C-27/00, C-122/00 = BeckRS 2004, 75853, Rn. 79.

332 Baur/*Zuleeg*, FS Börner, S. 475; *Englisch*, EuR 2009, 488, 492.

333 *Rauer/Bibi*, GRUR-Prax 2020, 55, 56.

334 EuGH - C-128/11 = GRUR 2012, 904, Rn. 39 - UsedSoft.

zwei unterschiedliche Sachverhalte abdecken und somit eine unterschiedliche Begriffsbestimmung möglich sein kann oder ob nicht vielmehr eine unterschiedliche Behandlung gleicher Sachverhalte vorliegt, die womöglich gegen den Gleichbehandlungssatz verstößt.

aa. *Wirtschaftliche Vergleichbarkeit zwischen analogem und digitalem Werkvertrieb*

Ein Kriterium des EuGH, um die Anwendung der aus UsedSoft bekannten digitalen Verbreitungsmöglichkeit in Fällen der InfoRL abzulehnen, ist die fehlende wirtschaftliche Vergleichbarkeit zwischen analogem und digitalem Vertrieb bei Büchern bzw. E-Books. Insofern dient das Kriterium als Abgrenzung der verschiedenen Sachverhalte innerhalb der InfoRL und der ComputerRL.

Während die in UsedSoft untersuchten Computerprogramme sowohl analog als auch digital in wirtschaftlich vergleichbarer Weise vertrieben werden können, soll das bei Werken der InfoRL in der Entscheidung Tom Kabinet, also bei E-Books, nicht der Fall sein.

E-Books würden durch den Gebrauch nicht verschlechtert, sodass keine Wertminderung bei einem Weiterverkauf entstünde. Bücher wiederum seien kaum verwendbar, ohne dass Gebrauchserscheinungen entstünden, die den Weiterverkaufswert verminderten. Deshalb entstünde eine für den Urheber erhebliche Beeinträchtigung, wenn ein „Gebrauchtmarkt“ für E-Books zugelassen werde.[335]

Mit Blick auf Computerprogramme hatte der Generalanwalt bereits ausgeführt, dass auch die Langlebigkeit der Werke der InfoRL zu einer erhöhten Konkurrenz von gleichwertigem Original- und Gebrauchtmarkt führte, weil Computerprogramme als „Werkzeug“ aufgrund der fortschreitenden Innovation viel kurzlebiger seien und deshalb die gleichwertige Gebrauchtware nicht so sehr in Konkurrenz mit neuen Programmen stehe.[336]

Demnach wäre der digitale Vertrieb von „gebrauchten“ E-Books wirtschaftlich nicht mit dem Vertrieb gebrauchter Bücher vergleichbar.

Es gibt aber auch Stimmen, die in Frage stellen, ob ein Vergleich zwischen einem „neuen“ und „gebrauchten“ E-Books nicht mit Blick auf die

---

335 EuGH - C-263/18 = GRUR 2020, 179, Rn. 58 - Tom Kabinet; *Bullinger/Rauch*, NJW 2020, 816, 819; *Hofmann*, ZUM 2020, 136, 137; *Ohly*, GRUR 2020, 184, 185; früher bereits *Zech*, ZGE 2013, 368, 394.

336 Generalanwalt Szpunar, Schlussantrag vom 10.09.2019 - C-263/18 = BeckRS, 20448, 20448, Rn. 62.

UsedSoft-Entscheidung angebrachter gewesen wäre, weil es bei der wirtschaftlichen Vergleichbarkeit um das analoge Pendant zum digitalen Vertrieb gehen soll.[337]

Das wirft bei manchen Werkarten der InfoRL die Frage auf, welche Vergleichspaare bei der „wirtschaftlichen Vergleichbarkeit" zu bilden sind. Im Fall UsedSoft, also bei Computerprogrammen, hatte sich ein solches Problem nicht stellen können, weil das Pendant zur digitalen Veräußerung nur die Veräußerung des auf einem Datenträger festgehaltenen Computerprogramms sein kann. Für E-Books wiederum besteht die Möglichkeit, die digitale Verbreitung mit der Verbreitung eines E-Books auf einem Datenträger oder der Weitergabe eines Buchs zu vergleichen.

Das Argument, ein gelesenes Buch sei nicht gleichwertig zu einer digitalen Kopie, weil letztere keine Gebrauchsspuren aufweisen könne, ist schließlich hinfällig, wenn man auf die in einem Datenträger verkörperte Kopie eines E-Books und deren Veräußerung abstellt, die auch nach der InfoRL[338] dem Recht der Verbreitung unterliegen kann.

Jedenfalls kann dem EuGH nicht vorgeworfen werden, in der UsedSoft-Entscheidung bloß ein branchen- bzw. werkspezifisches Urteil gefällt zu haben[339], dass durch die Entscheidung Tom Kabinet wieder relativiert worden sei, wenn man nicht zugleich akzeptiert, dass auch in der Tom Kabinet-Entscheidung nichts anderes passiert ist. „Eselsohren" und andere Gebrauchsspuren gibt es schließlich nur bei in Buchform verkörperten Schriftwerken, nicht aber bei anderen – gängigen – auch digital vertriebenen Werken, wie Musik- oder Filmwerken.

Wollte man auf die Lebensdauer von Speichermedien abstellen, dann betrifft das schließlich Computerprogramme ebenso wie verkörperte Werkstücke aus der InfoRL.

Letztendlich kommt es auf das gewählte Vergleichspaar bei der Betrachtung der wirtschaftlichen Vergleichbarkeit an. Da es sich um eine wirtschaftliche Betrachtung handelt, wäre es wohl sinnvoll, die Vergleichspaare so zu wählen, dass der infragestehende digitale Vertrieb mit dem Wirtschaftsbereich verglichen wird, der vor einer vermeintlich unzumutbaren Beeinträchtigung für die Urheber geschützt werden soll.

---

337 *Rauer/Bibi*, GRUR-Prax 2020, 55, 57.

338 Schricker/Loewenheim/*Loewenheim*, UrhG[6], § 17 Rn. 7; Fromm/Nordemann/*Dustmann*, UrhR[12], § 17 Rn. 9; Dreier/Schulze/*Schulze*, UrhG[6], § 17 Rn. 6.

339 *Kaiser*, GRUR Int. 2020, 489, 495.

Der im Verfahren Tom Kabinet angestrengte Vergleich ist passend, weil die analoge Konkurrenz zu einem E-Book ein Buch ist und nicht das auf einem Datenträger gespeicherte E-Book. Dadurch, dass keine Verschlechterung des digitalen E-Books eintritt, ist der Vertrieb in wirtschaftlicher Sicht nicht mit dem analogen Vertrieb eines Buchs vergleichbar.

Das Argument der Langlebigkeit gilt dabei auch für andere Werke der InfoRL. Musik, Film und andere Werke mögen zwar in der Zeit nach der Erstveröffentlichung besonders interessant sein, bleiben aber auch mit steigendem Alter wirtschaftlich verwertbar. Anders ist der Fall dagegen bei Computerprogrammen zu beurteilen, deren Nutzen mit dem technischen Fortschritt obsolet werden kann[340] – veraltete Programme sind für die wirtschaftliche Verwertung schließlich uninteressant. Deshalb sind die entsprechenden Vertriebsmodelle mit Blick auf den Gebrauchtmarkt nicht wirtschaftlich vergleichbar.

bb. Abgrenzung verschiedener Sachverhalte durch Überprüfung der wirtschaftlichen Vergleichbarkeit

Das Kriterium der wirtschaftlichen Vergleichbarkeit erklärt bei E-Books und Computerprogrammen also, mit Blick auf die Begründung des EuGH in Tom Kabinet und UsedSoft, weshalb verschiedene Verbreitungsbegriffe angewendet werden. Solange der bisherige Verbreitungsbegriff der InfoRL die digitale Verbreitung für alle Werke, die der InfoRL unterfallen untersagt, spricht auch die Anwendung des Gleichheitsgrundsatzes nicht dagegen.

Dennoch sollte dem Kriterium der wirtschaftlichen Vergleichbarkeit lediglich ein Indizcharakter zukommen, der die Einordnung bei multimedialen Werken erleichtern kann. Denn ausschlaggebend für die Verneinung der digitalen Verbreitungsmöglichkeit innerhalb der InfoRL ist letztendlich der gesetzgeberische Wille, der sich in der Zielsetzung der Regelung widerspiegelt.[341]

d. Konsequenz für andere multimediale Werke

Bei multimedialen Werken, bei denen sowohl die Bestandteile der InfoRL als auch die der ComputerRL schöpferisch zum Gesamtwerk beitragen, bedeutet das aber, dass der Konflikt zwischen der InfoRL und ComputerRL gelöst werden muss. Denn dort wäre die digitale Verbreitung schließlich nach der ComputerRL möglich, nach der InfoRL aber nicht.

---

340 Generalanwalt Szpunar, Schlussantrag vom 10.09.2019 - C-263/18 = BeckRS, 20448, 20448, Rn. 62.

341 Siehe oben Teil 2:B.III.2.a.

Aus der Rechtsprechung des EuGH ist schließlich nicht zwangsläufig abzulesen, dass nun für alle multimedialen Werke ausschließlich das Verbreitungsrecht aus der InfoRL anzuwenden ist. Im Fall von E-Books wurde die Anwendung der ComputerRL schließlich nur abgelehnt, weil das verwendete Computerprogramm keinen Anteil an der schöpferischen Eigenart des E-Books hatte.[342] Eine pauschale Anwendung der in Tom Kabinet angewendeten Rechtsprechung auf alle multimedialen Werke ist deshalb nicht sinnvoll, weil der EuGH eine Entscheidung getroffen hat, die auf die Besonderheiten der im dortigen Fall betroffenen E-Books angepasst war.

Das bedeutet, dass bei anderen multimedialen Werken festgestellt werden muss, inwiefern Computerprogramm und audiovisuelle Bestandteile an der schöpferischen Eigenart des Gesamtwerks teilhaben. Erst dann kann die Feststellung der anwendbaren Vorschrift für das Verbreitungsrecht erfolgen.

Deshalb kann besonders in diesen Fällen der Blick auf die wirtschaftliche Vergleichbarkeit von analogem und digitalem Vertrieb eine Hilfe für die Einordnung sein. Wenn eine Werkkombination insgesamt so beschaffen ist, dass sie analog und digital in vergleichbarer Weise vertrieben wird, dann spricht das für die besondere Nähe zu dem verwendeten Computerprogramm, das von seiner Natur aus digital ist.[343] Wenn eine Werkkombination aber ein physisches Pendant hat, das nicht an ein Computerprogramm gebunden ist, dann spricht das für die akzessorische Natur des Computerprogramms und deshalb gegen die Anwendbarkeit der besonderen Regeln für Computerprogramme.

3. *Die digitale Verbreitung von Computerspielen durch Keyseller*

Da Computerspiele multimediale Werke sind, bei denen sowohl Computerprogramm als auch audiovisuelle Bestandteile zur schöpferischen Eigenart des Gesamtwerks beitragen, sind nach Ansicht des EuGH sowohl die Vorschriften der InfoRL als auch die der ComputerRL anwendbar.[344]

Problematisch ist dabei jedoch, dass die digitale Verbreitung bei Computerprogrammen grundsätzlich möglich,[345] bei Werken der InfoRL aber ausgeschlossen sein soll.[346] Es muss also festgestellt werden, ob im Fall von Computerspielen die Wertung der InfoRL oder der ComputerRL vorgehen soll.

---

342 EuGH - C-263/18 = GRUR 2020, 179, Rn. 59 - Tom Kabinet.

343 So auch *Rauer/Bibi*, GRUR-Prax 2020, 55, 57.

344 Siehe oben Teil 2:B.III.2.b.aa.

345 Siehe oben Teil 2:B.III.1.d.cc(7).

346 Siehe oben Teil 2:B.III.1.d.ee.

Zur Lösung dieses Konflikts sind in der Vergangenheit durch verschiedene Stimmen der Literatur bereits verschiedene Ansätze dargelegt worden.

a. Die Schwerpunkttheorie

Teilweise wird befürwortet, die anwendbaren Vorschriften nach dem Schwerpunkt der Werkkombination zu wählen. Dazu soll bestimmt werden, ob schwerpunktmäßig ein Computerprogramm oder eine andere Werkart geschützt werden soll.[347] Das erfordert nicht nur eine anteilsmäßige Einschätzung zwischen Computerprogramm und audiovisuellen Bestandteilen, sondern vielmehr auch die Berücksichtigung des wirtschaftlichen Werts der einzelnen Bestandteile und deren Verhältnis zueinander.[348]

Für die Einschätzung von Computerspielen ist dabei bedeutend, dass es auch auf die Kostenverteilung in den verschiedenen Entwicklungsbereichen ankommt. Zweifelsohne nimmt die Entwicklung des Steuerungsprogramms einen erheblichen Anteil der wirtschaftlichen Investition in die Gesamtproduktion bei der Spieleentwicklung ein. Aber auch Design, Musik und Spielgeschichte erfordern Investitionen. Fraglich ist vor allem, ob hierbei eine für Computerspiele allgemein gültige Einschätzung möglich ist oder jedes Computerspiel aufs Neue begutachtet oder zumindest in Kategorien eingeordnet werden muss.

Denn wenn man etwa an Sportspiele denkt, die hohe Lizenzierungskosten verursachen, um die digitalen Abbilder realer Sportler verwenden zu können, stellt sich die Frage, ob das Computerprogramm dann bei wirtschaftlicher Betrachtung in den Hintergrund rückt. Andererseits steht der Programmteil bei einem audiovisuell simplen Spiel, dass sich erst durch die Einbettung komplexer Computerprogramme[349] und ihrer Funktionen hervorhebt, im Schwerpunkt vor den audiovisuellen Bestandteilen.

Die Höhe der Kosten als alleiniges Abgrenzungskriterium, kann vor dem Hintergrund der verschiedenen Investitionserfordernisse bei den Computerspielgenres nicht ausschlaggebend sein.

---

347 Wandtke/Bullinger/*Grützmacher*, UrhR^5, § 69a Rn. 97; detaillierter in *Grützmacher*, ZGE 2017, 423, 425 ff.; *Kreutzer*, CR 2007, 1, 6 f.

348 Wandtke/Bullinger/*Grützmacher*, UrhR^5, § 69a Rn. 97; *Kreutzer*, CR 2007, 1, 4.

349 Ein extremes Beispiel dafür wäre „Dwarf Fortress“ von Bay 12 Games, dessen zufällig generierte, komplexe Spielwelt durch die Verwendung eingefärbter ASCII-Zeichen dargestellt wird. Mit dem Start eines neuen Spieldurchlaufs werden Kontinente, samt Klimazonen, Topografie, simulierter Vergangenheit für Kulturen u.Ä. völlig neu generiert.

aa. Vor- und Nachteile der Schwerpunkttheorie

Die Schwerpunkttheorie hat den Vorteil, dass sie auf den Einzelfall bezogen zu Ergebnissen kommt, die zu der jeweiligen Werkverbindung passen. Wenn jedoch jedes Werk zunächst auf seinen Schwerpunkt untersucht werden muss, dann kann das jedenfalls in Grenzfällen, bei denen Computerprogramm und audiovisuelle Bestandteile sowohl wirtschaftlich als auch inhaltlich in ähnlichem Umfang vertreten sind, zu Abgrenzungsschwierigkeiten führen. Die einzelfallbezogene Betrachtung hat darüber hinaus den Nachteil, dass im Zweifel bis zur höchstrichterlichen Klärung streitig sein kann, wo der Schwerpunkt des betroffenen Werkes liegen kann. Mit Blick auf die Rechtssicherheit ist dieses Vorgehen der größte Nachteil der Schwerpunkttheorie.[350]

Denkbar wäre, dass einige Computerspiele dann der InfoRL zuzuordnen wären, sodass die digitale Verbreitung nicht möglich wäre, während andere Spiele zur ComputerRL zugeordnet werden und damit auch digital verbreitet werden könnten.

Hinzu kommt, dass bei einer schwerpunktgerichteten Rechtsanwendung der jeweils unanwendbare Teil für Urheber nicht zur Verfügung steht, sodass sie möglicherweise schlechter gestellt sein könnten als im Fall einer Einzelverwertung der jeweiligen Bestandteile.[351]

bb. Allgemeinere, nicht einzelfallbezogene Anwendung auf Computerspiele

Da die einzelfallbezogene Betrachtung Probleme bei der Abgrenzung mit sich bringt, stellt sich die Frage, ob auch mit der Schwerpunktheorie ein allgemeiner Ansatz für Computerspiele gefunden werden kann.[352] Letztendlich geht es darum, die zentrale Funktion des Steuerungsprogramms zu berücksichtigen, die erst interaktives Spielen ermöglicht und damit dem Computerspiel seine besondere Funktionalität verleiht.[353]

(1). Wirtschaftlicher Schwerpunkt bei Computerspielen

Da die Entwicklung eines Computerspiels ihren Schwerpunkt in der Programmierleistung habe, läge der wirtschaftliche Schwerpunkt im Bereich des

---

350 So auch *Kreutzer*, CR 2007, 1, 6; *Brüggemann*, CR 2015, 697, 700.

351 *Metelski,* Multimediawerke, Rn. 130; *Brüggemann*, CR 2015, 697, 700; *Bullinger/Czychowski*, GRUR 2011, 19, 21.

352 Problematisierend *Metelski,* Multimediawerke, Rn. 130.

353 Wandtke/Bullinger/*Grützmacher,* UrhR^5, § 69a Rn. 97; *Kreutzer*, CR 2007, 1, 4, 7.

Computerprogramms.[354] Für die Herstellung eines Computerspiels kommt es schließlich primär auf die Anfertigung eines passenden Computerprogramms an. Selbst, wenn andere Bestandteile, etwa die Lizenzkosten für die Verwendung der Abbildungen echter Fußballer bei Sportspielen, finanziell sehr kostspielig sein können, kommt es doch im Ergebnis darauf an, dass ein brauchbares Computerprogramm hergestellt wird, das die Verwendung der übrigen audiovisuellen Bestandteile erst ermöglicht.

Anders, als etwa bei Büchern und E-Books, gibt es für Computerspiele außerdem kein physisches Pendant zur digitalen Form. Wie bei Computerprogrammen kann also eine körperliche Weitergabe nur mittels Datenträger erfolgen. Insoweit ist also auch der typische Vertrieb von Computerspielen den Computerprogrammen ähnlich. Damit ist nach der Schwerpunkttheorie die ComputerRL anzuwenden.[355]

(2). Problem der allgemeinen Zuweisung zur ComputerRL

Aber auch diese allgemein auf Computerspiele anwendbare Lösung löst nicht das eigentliche Problem der Schwerpunkttheorie. Wenn nun die ComputerRL insgesamt für das Computerspiel gelten soll, dann steht das im Widerspruch zur Entscheidung des EuGH, der in Nintendo noch die Regeln für technische Schutzmaßnahmen der InfoRL auch auf Computerspiele für anwendbar gehalten hatte.[356]

b. Vorrang der Regeln für Computerprogramme

Zumindest früher wurde vertreten, dass bei der Beteiligung von Computerprogrammen stets die hierfür geltenden besonderen Regeln anzuwenden seien, weil die InfoRL die Spezialität dieser Regeln besonders herausstelle und daher respektiere.[357]

Da die bildliche Darstellung des Computerspiels unmittelbar auf dem zugrundeliegenden Computerprogramm basiert, wäre dementsprechend ausschließlich das Recht für Computerprogramme anwendbar.[358]

---

354 *Kreutzer*, CR 2007, 1, 6 f.

355 ders., CR 2007, 1, 6.

356 EuGH - C-355/12 = GRUR 2014, 255, Rn. 26 - Nintendo/PC Box; zur Konfliktlösung oben Teil 2:B.III.2.b.bb.

357 OLG Frankfurt a. M., GRUR 1983, 757 - Donkey Kong Junior; OLG Frankfurt a. M., GRUR 1983, 753, 755 - Pengo; Loewenheim/*Peukert*, HB UrhR^2, § 34 Rn. 8; *Heinemeyer/Nordmeyer*, CR 2013, 586, 590.

358 Loewenheim/*Peukert*, HB UrhR^2, § 34 Rn. 8.

Mit der allgemeinen Zuweisung zum Recht für Computerprogramme entstehen zwar keine Abgrenzungsfragen, allerdings werden die Besonderheiten der übrigen beteiligten Werke durch diese Vorschriften nicht berücksichtigt.[359]

Für den Fall von Computerspielen wären dann die Regeln für Computerprogramme, also die ComputerRL und deren Umsetzungsvorschriften aus § 69a ff. UrhG, ausschließlich anwendbar.

c. *Die parallele Anwendbarkeit von InfoRL und ComputerRL*

Wohl herrschend ist die Ansicht, die eine parallele Anwendung beider Richtlinien befürwortet und von EuGH[360], BGH[361] sowie vielen Stimmen der Literatur[362] vertreten wird. Hauptsächlich wurde das bisher im Rahmen von technischen Schutzmaßnahmen diskutiert. Ausgangspunkt war die Frage, ob Art. 6 Abs. 3 InfoRL bzw. § 95a UrhG, als deutsche Umsetzung, auf Computerspiele Anwendung finden können, obwohl ein wichtiger Teil des Werks ein Computerprogramm i.S.d. ComputerRL ist.

Problematisch ist, inwiefern diese Ansicht auf andere Bereiche des Urheberrechts angewendet werden kann, denn häufig werden die Regeln für Computerprogramme lediglich auf den Programmteil bezogen.[363] Danach soll das Computerspiel insgesamt als (multimediales) Filmwerk geschützt werden,[364] bei Beeinträchtigung des Steuerungsprogramms seien aber die Vorschriften für Computerprogramme anwendbar.

Der EuGH zieht mit der Überprüfung der wirtschaftlichen Vergleichbarkeit und schöpferischen Teilhabe des Computerprogramms am Gesamtwerk

---

359 Wandtke/Bullinger/*Grützmacher,* UrhR[5], § 69a Rn. 96; *Metelski,* Multimediawerke, Rn. 129.

360 EuGH - C-355/12 = GRUR 2014, 255, Rn. 21 ff. - Nintendo/PC Box.

361 BGH v. 06.02.2013 - I ZR 124/11 = GRUR 2013, 1035, Rn. 24; BGH v. 06.10.2016 - I ZR 25/15 = GRUR 2017, 266, Rn. 36 - World of Warcraft I - hier verwendet der BGH sowohl § 16 als auch § 69c UrhG.

362 Schricker/Loewenheim/*Spindler,* UrhG[6], § 69a Rn. 27; Wandtke/Bullinger/*Bullinger,* UrhR[5], § 2 Rn. 130; Dreyer/Kotthoff/Meckel/Hentsch/*Dreyer,* UrhR[4], Rn. 201; Duisberg/Picot/*Förster,* Computerspiele, S. 56; *Brüggemann,* CR 2015, 697, 700; *Hilgert,* CR 2014, 354, 356; *Kuß/Schmidtmann,* K&R 2012, 782, 784; *Bullinger/Czychowski,* GRUR 2011, 19, 26; *Katko/Maier,* MMR 2009, 306; *Arnold/Timmann,* MMR 2008, 286, 287 (siehe insbes. Fn 7); *Arlt,* MMR 2005, 148, 154.

363 Fromm/Nordemann/*Nordemann J. B.,* UrhR[12], Vor §§ 88 ff. Rn. 12a; Schricker/Loewenheim/*Spindler,* UrhG[6], § 69a Rn. 27; *Hofmann,* ZUM 2013, 279, 280.

364 Siehe oben Teil 2:A.III.

ein konkretes Abgrenzungsinstrument heran, mit dem sich womöglich der hier bestehende Normkonflikt auflösen lässt.[365]

Fraglich ist im Bereich des deutschen Rechts, wie die Entscheidung des BGH einzuordnen ist, in der das Gericht § 69c Nr. 1 gemeinsam mit §§ 15 Abs. 1 Nr. 1, 16 Abs. 1 UrhG angewendet hatte, aber sodann die weiteren Ausführungen sprachlich auf „die Software“ beschränkte.[366]

aa. Unterschiedliche Ergebnisse führen zu einem Kollisionsfall

Wenn das Steuerungsprogramm nach der ComputerRL, also den § 69a ff. UrhG geschützt werden soll, das Spiel sonst aber insgesamt als filmähnliches Werk i.S.d. InfoRL bzw. der §§ 88 ff. UrhG, dann stehen die Verbreitungsmöglichkeiten im digitalen Umfeld in Widerspruch zueinander.

Zu einem Kollisionsfall kommt es, wenn bei der Überprüfung des Vorliegens einer Verbreitungshandlung durch den Verkauf von Produktschlüsseln anhand der verschiedenen Verbreitungsbegriffe[367] unterschiedliche Ergebnisse vorliegen.

(1). Keine Verbreitung bei Anwendung der InfoRL

Unproblematisch ist, dass nach Stand der bisherigen Untersuchung ohne Veräußerung eines körperlichen Werkstücks, jedenfalls keine Verbreitung durch den Verkauf eines Produktschlüssels i.S.d. Art. 4 Abs. 1 InfoRL und dementsprechend auch § 17 Abs. 1 UrhG vorliegt.[368]

Der Produktschlüsselvertrieb durch *Keyseller* ist danach also nicht als Verbreitung i.S.d. Verbreitungsrechts der InfoRL zu verstehen.

(2). Verbreitung bei Anwendung der ComputerRL

Gegenteiliges ergibt sich bei der Anwendung des Verbreitungsbegriffs aus der ComputerRL. Hier kann die Mitteilung eines Produktschlüssels die Übergabe eines körperlichen Werkstücks ersetzen, wenn dadurch die Nutzung des Werks ermöglicht wird.[369] Ob der Produktschlüssel aktiviert wurde oder noch ungenutzt ist, spielt keine Rolle.[370]

---

365 Siehe oben Teil 2:B.III.2.c.aa.

366 BGH v. 06.10.2016 - I ZR 25/15 = GRUR 2017, 266, Rn. 36 - World of Warcraft I.

367 Dazu oben Teil 2:B.III.1.d.ee.

368 Siehe oben Teil 2:B.III.1.d.cc(8).

369 Siehe oben Teil 2:B.III.1.d.cc(4).

370 Siehe oben Teil 2:B.III.1.d.cc(5).

Wenn *Keyseller* also einen Produktschlüssel für Computerspiele verkaufen, dann ermöglichen sie dem Nutzer den Zugriff auf das Computerspiel, indem dieser den Aktivierungsprozess durchläuft.[371] Es läge damit also eine Verbreitungshandlung i.S.d. ComputerRL vor.

bb. Konfliktlösung bei Normkollisionen

Damit kommt es zu einem Kollisionsfall, der aufgelöst werden muss. Bei Konflikten, die durch die parallele Anwendung von InfoRL und ComputerRL entstehen, soll nach einer Ansicht in der Literatur, nicht zwangsläufig die strengere, aber die im Konfliktfall besser passende Regelung angewendet werden. Passender ist eine Regelung dann, wenn sie rechtlich oder wirtschaftlich den engeren Bezug aufweist.[372] Diese Vorgehensweise entspräche der Lösung des allgemeinen Zivilrechts bei der Kollision von Vorschriften typengemischter Verträge.[373]

(1). Keine starre Zuweisung zur InfoRL

Richtet man sich nach der aktuell in diesem Zusammenhang vorherrschenden Meinung in der Literatur, dann wäre für die Gesamtheit des Computerspiels die Anwendung der InfoRL zu bevorzugen.[374] Die InfoRL wäre danach rechtlich passender, um die Verbreitung von Computerspielen zu erfassen und den Konflikt aufzulösen.

In der Entscheidung des EuGH im Fall Nintendo heißt es thematisch einleitend: „Nichts in der RL 2001/29 deutet darauf hin, dass die Teile eines Werkes einer anderen Regelung unterliegen als das Gesamtwerk".[375] Dementsprechend ist also die InfoRL anwendbar, sobald ein Teil des Werkkomplexes auch der InfoRL unterliegt. Anders als in Nintendo geht es hier aber um die Frage, ob neben der allgemeinen Regelung der InfoRL zur Verbreitung auch die speziellere Vorschrift für Computerprogramme aus der ComputerRL auf das gesamte Computerspiel anwendbar sein kann.

Dieser Rückschluss wird jedoch nicht generell vorgenommen, sondern die Aussage des EuGH wird zum Anlass genommen allein die InfoRL auf Computerspiele anzuwenden und die ComputerRL nicht weiter zu beachten.[376] Die

371 Siehe oben Teil 1:B.II.
372 *Bullinger/Czychowski*, GRUR 2011, 19, 21.
373 ders., GRUR 2011, 19, 22.
374 Siehe Fn. 363.
375 EuGH - C-355/12 = GRUR 2014, 255, Rn. 22 - Nintendo/PC Box.
376 *Metelski*, Multimediawerke, Rn. 132; *Jänich*, K&R 2020, 781, 782.

alleinige Anwendung der InfoRL kann aber bei der Beurteilung von Computerspielen nicht Ziel des EuGH gewesen sein, denn dann unterläge auch das Steuerungsprogramm bloß dem Schutz der InfoRL. Das ist schon vor dem Hintergrund der spezialgesetzlichen ComputerRL unpassend. Der Lösung von Kollisionsfällen bedarf es schließlich nicht, wenn nur eine Richtlinie anzuwenden ist.

Dadurch, dass der EuGH von der spezialgesetzlichen ComputerRL die Anwendbarkeit der InfoRL nicht ausgeschlossen hat, sondern vielmehr in Gesamtbetrachtung auch die InfoRL für Computerspiele anwenden will, kommt es erst zur parallelen Anwendbarkeit beider Richtlinien. Deshalb besteht keine starre Zuweisung zu den Regeln der InfoRL und es muss im Einzelnen untersucht werden, ob hier das Verbreitungsrecht aus der ComputerRL oder der InfoRL zu bevorzugen ist.

(2). Relevanz des Computerprogrammteils für das Werk insgesamt

Der EuGH stellt in seinem Urteil zu E-Books fest, dass der Computerprogrammteil bei E-Books als multimediales Werk lediglich akzessorischer Natur ist.[377] Das ist im Spannungsverhältnis der InfoRL und ComputerRL ein Anknüpfungspunkt für die Trennung der jeweils verwendeten Verbreitungsbegriffe und wäre damit ein Kriterium zur Auflösung des Normkonflikts.

Wenn nämlich das Computerprogramm auch bei Computerspielen eine untergeordnete Rolle spielte, so wie es der EuGH für E-Books annimmt, dann spricht das gegen die Anwendung des Verbreitungsrechts der ComputerRL.

Erst wenn das Computerprogramm an der schöpferischen Eigenart des Gesamtwerks teilhat, kann die Anwendung der ComputerRL in Betracht gezogen werden.[378]

(a). Schnelllebigkeit von Computerprogrammen und Computerspielen

Der Generalanwalt hatte im Tom-Kabinet-Verfahren zudem vorgebracht, dass die Schnelllebigkeit von Computerprogrammen dafür Sorge, dass der Vertrieb von Computerprogrammen nur zeitlich begrenzt lohnenswert sei, denn Computerprogramme veralteten schnell und könnten deshalb auf dem Gebrauchtmarkt ebenso schnell uninteressant werden, während Werke, die primär der InfoRL zuzuordnen sind, ihren Wert auch weiterhin behielten.[379] Wenn der

---

377 Siehe oben Teil 2:B.III.2.b; EuGH - C-263/18 = GRUR 2020, 179, Rn. 59 - Tom Kabinet.

378 Siehe oben Teil 2:B.III.2.d.

379 Generalanwalt Szpunar, Schlussantrag vom 10.09.2019 - C-263/18 = BeckRS, 20448, 20448, Rn. 62.

Computerprogrammteil an der schöpferischen Eigenart des Gesamtwerks teilhat, dann müsste sich auch die Schnelllebigkeit des Computerprogramms auf die Verwertung des Computerspiels auswirken. Erkennbar wird das bei Computerspielen dann, wenn etwa die Installation aufgrund veralteter Steuerungssoftware nicht mehr möglich ist oder es zu Kompatibilitätsproblemen bei der Inbetriebnahme kommt. Auch die begrenzte, effektive Verwertungszeit für Computerspiele[380] ist ein wirtschaftliches Indiz für die mit Computerprogrammen zu vergleichende Schnelllebigkeit. Denn wenn ein Computerspiel sich hauptsächlich in den ersten Monaten nach seinem Erscheinen amortisieren lässt, dann liegt darin die Parallele zu Computerprogrammen, die nach kurzer Zeit veraltet sein können.

Anders als bei einem Buch oder E-Book, sorgt alternde Technik für schwindendes Interesse an dem konkreten Computerspiel unabhängig von dessen Inhalt. Das wird dadurch belegt, dass eine Vielzahl von früher beliebten Computerspielen in den letzten Jahren etwa als „Remake" oder „Remaster" erschienen sind.[381] Dabei handelt es sich nicht bloß um Updates. Die so neu aufbereiteten Spiele werden als Neuerscheinungen verkauft. Während der Inhalt des Computerspiels also altersunabhängig interessant sein kann, sorgt das Alter des Computerprogrammteils für abnehmendes Interesse.

Durch die enge Verbindung von Programm und audiovisuellen Bestandteilen, die letztendlich die schöpferische Eigenart des Werks Computerspiel ausmacht, ist das Programm ein zumindest gleichwertiger Bestandteil neben den audiovisuellen Bestandteilen.

(b). Vergleichbarkeit des Vertriebs von Computerspielen mit Computerprogrammen

Die Vergleichbarkeit zwischen körperlichem und digitalem Vertrieb war bereits eines der Kernargumente des EuGH und BGH für die Akzeptanz der digitalen Verbreitungsmöglichkeit im Rahmen von Computerprogrammen. Die

---

380 Siehe oben Teil 1:B.VII.

381 Beispiele (Aufzählung von Original mit Erscheinungsjahr und neu veröffentlichter „verbesseter" Version mit Erscheinungsjahr): Baldur's Gate (1998) als „Enhanced Edition" (2012); Age of Empires II (1999) als Age of Empires II HD (2013); Tony Hawk's Pro Skater (1999) als HD-Edition (2012); Nier (2010) als NieR Replicant ver.1.22474487139 (2021). Eine Aufzählung weiterer Titel (Stand 2015) findet sich unter *Mittler*, Die wichtigsten Remakes und Remastered-Spiele - Jetzt auch in scharf, https://www.gamestar.de/artikel/die-wichtigsten-remakes-und-remastered-spiele-jetzt-auch-in-scharf,3083429.html#top, zuletzt geprüft am 26.05.2021.

Veräußerung einer digitalen Kopie sei mit der körperlichen Weitergabe eines Vervielfältigungsstücks wirtschaftlich vergleichbar:[382] Die Online-Übertragung entspreche funktionell der Aushändigung eines physischen Datenträgers.[383] Deshalb müssten digitaler und analoger Vertrieb in vergleichbarer Weise behandelt werden.[384]

Computerspiele sind wie Computerprogramme zunächst nur digital verfügbar. Schon deshalb kann der analoge Vertrieb nur über die nachträgliche Verkörperung des Werks in einen Datenträger geschehen, denn das primär digitale Werk muss für den Vertrieb im analogen Umfeld greifbar gemacht werden. Das bedeutet ebenso, dass der digitale Vertrieb jedenfalls wirtschaftlich mit dem analogen vergleichbar sein muss, denn der digitale Vertrieb ist letztendlich dem primär digital vorliegenden Computerspiel wirtschaftlich am nächsten.

Für den Nutzer macht es keinen Unterschied, ob er das Computerspiel durch den Download der Dateien auf seinem Computer installieren kann oder ob der Downloadvorgang durch die Kopie der entsprechenden Daten von einem Speichermedium ersetzt wird. Funktional geschieht bei beiden Vorgängen das gleiche.

Bei einem solchen Sachverhalt gibt der EuGH schließlich zu verstehen, dass die Gleichbehandlung von digitalem und analogem Vertrieb erforderlich sei.[385] Deshalb sind digitaler und analoger Vertrieb von Computerspielen miteinander funktional vergleichbar. Damit liegt der Fall des Verkaufs von Produktschlüsseln für Computerspiele näher am Computerprogrammvertrieb und ist nicht mit dem Verkauf von E-Books vergleichbar.

(3). Anwendung des Verbreitungsrechts aus der ComputerRL

Nach den bisher genannten Bezugspunkten spricht deshalb mehr dafür, das Verbreitungsrecht der ComputerRL auf Computerspiele anzuwenden. Schließlich ist der Vertrieb von Computerspielen dem von Computerprogrammen sehr ähnlich. Auch nach den vom EuGH herangezogenen Gesichtspunkten besteht

382 EuGH - C-128/11 = GRUR 2012, 904, Rn. 61 - UsedSoft; BGH v. 19.03.2015 - I ZR 4/14 = GRUR 2015, 1108, Rn. 34, 39 - Green-IT.

383 EuGH - C-128/11 = GRUR 2012, 904, Rn. 61 - UsedSoft; So auch der Generalanwalt im Verfahren Tom Kabinet Generalanwalt Szpunar, Schlussantrag vom 10.09.2019 - C-263/18 = BeckRS, 20448, 20448, Rn. 58.

384 EuGH - C-263/18 = GRUR 2020, 179, Rn. 57 - Tom Kabinet.

385 EuGH - C-263/18 = GRUR 2020, 179, Rn. 57 - Tom Kabinet.

wirtschaftliche Vergleichbarkeit, weil digitaler und analoger Computerspielvertrieb funktionell gleich sind.[386]

cc. Vor- und Nachteile der parallelen Anwendbarkeit

Ebenso wie bei der Schwerpunkttheorie findet auch die parallele Anwendbarkeit eine Lösung bei Abgrenzungsfragen auf Kosten der Rechtssicherheit. Wenn zunächst eine Abgrenzung durchgeführt werden muss und keine konkrete, allgemeingültige Zuordnung stattfindet, dann ist im Einzelfall nicht immer klar, welche Richtlinie anzuwenden ist. Gerade in Grenzfällen kann eine Zuweisung womöglich nicht sicher erfolgen.[387]

Der offensichtliche Vorteil der parallelen Anwendbarkeit ist, dass nicht ausschließlich zwischen den Richtlinien ausgewählt werden muss, sodass die Besonderheiten aller in der Werkverbindung enthaltenen Teile über die jeweils einschlägigen Spezialnormen berücksichtigt werden kann. Sie wird deshalb der komplexen Werkverbindung zwischen Programm und audiovisuellen Inhalten eines Computerspiels gerecht.

Das führt jedoch zu einem anderen Problem: Nun müssen Normkonflikte zwischen InfoRL und ComputerRL aufgelöst werden, wenn Regelungen nicht miteinander verträglich sind. Ein solcher Konflikt besteht gerade beim Recht der Verbreitung.

Hier zeigt sich, wie ähnlich sich die Schwerpunkttheorie und die parallele Anwendbarkeit in ihrer Herangehensweise sind. Der Untersuchungsmechanismus ist in beiden Fällen derselbe. Der Unterschied liegt nur darin, dass die Schwerpunkttheorie eine allgemeine Zuweisung zu einem Normenbereich vorsieht, während bei der parallelen Anwendbarkeit für jeden Konflikt im Einzelnen eine Zuweisung zu einem Normregime erfolgen soll.

Anders als bei der Schwerpunkttheorie bestünde die Möglichkeit die Regeln für technische Schutzmaßnahmen aus der InfoRL anzuwenden, so wie es etwa in Nintendo durch den EuGH geschehen ist, ohne dass Computerspiele nun insgesamt ausschließlich der InfoRL unterlägen.

Deshalb steht das Ergebnis, bei der Verbreitung die Regeln der ComputerRL zu bevorzugen, nicht im Widerspruch zur Anwendung der Regeln für technische Schutzmaßnahmen der InfoRL.

---

386 Siehe oben Teil 2:B.III.3.c.bb(2).
387 *Brüggemann*, CR 2015, 697, 700.

dd. Ergebnis der parallelen Anwendbarkeit: Anwendung der Regeln der ComputerRL für die Verbreitung von Computerspielen

Wie Computerprogramme sind Computerspiele von ihrer Natur aus digital. Das gilt auch für den Vertrieb, der digital im Wege der Datenübertragung und analog durch die Veräußerung eines Speichermediums erfolgen kann. Wie auch bei Computerprogrammen wird in beiden Fällen dieselbe Informationsstruktur übertragen. Der Unterschied liegt lediglich in der Art der Übertragung. Für Computerspiele kann deshalb nichts anderes gelten, als auch für Computerprogramme.

Da der digitale Vertrieb von Computerspielen mit dem analogen funktionell vergleichbar ist, kommt aus wirtschaftlicher Sicht die Nähe von Computerspielen zur ComputerRL in Frage.

Für das Verbreitungsrecht bedeutet diese Nähe zu Computerprogrammen entsprechend auch, dass die besonderen Regeln der ComputerRL zur digitalen Verbreitung angewendet werden können.

Dieses Ergebnis steht auch mit der bisherigen Rechtsprechung des EuGH in Einklang: Es berücksichtigt die funktionelle Vergleichbarkeit von digitalem und analogem Vertrieb, die der EuGH in UsedSoft[388] und Tom Kabinet[389] herangezogen hat. Es widerspricht auch nicht der besonderen Rechtsprechung zu Videospielen, denn die Anwendung der ComputerRL ist im Rahmen der bisherigen Prüfung der parallelen Anwendbarkeit auf das Verbreitungsrecht beschränkt, sodass die Anwendbarkeit der Regeln zu technischen Schutzmaßnahmen der InfoRL daneben bestehen kann.

d. Gleiches Ergebnis für alle Theorien zur Rechtsanwendung auf Computerspiele

Im Ergebnis ist nach allen drei Ansätzen das Verbreitungsrecht der ComputerRL zu bevorzugen. Die Schwerpunkttheorie und – vor allem – der Ansatz der vorrangigen Anwendbarkeit der ComputerRL beziehen dieses Ergebnis auf alle rechtlichen Fragen zu Computerspielen, während bei Anwendung der Regeln zur parallelen Anwendbarkeit die ComputerRL zunächst nur im Fall des Verbreitungsrechts zu bevorzugen ist.

---

388 EuGH - C-128/11 = GRUR 2012, 904, Rn. 61 - UsedSoft.

389 EuGH - C-263/18 = GRUR 2020, 179, Rn. 58 - Tom Kabinet.

Die letztere ist damit in der Lage, ein hohes Schutzniveau für Urheber und Rechteinhaber im Fall des Verbreitungsrechts zu gewährleisten, ohne zugleich im Widerspruch zur bisherigen Rechtsprechung des EuGH zu stehen.

4. *Ergebnis zur digitalen Verbreitungsmöglichkeit von Computerspielen*

Die Untersuchung hat gezeigt, dass Computerspiele als multimediale Werke der InfoRL und der ComputerRL unterliegen können. Für sie sind im Rahmen der parallelen Anwendbarkeit die Regeln der ComputerRL für das Verbreitungsrecht zu bevorzugen, weil ihr Vertrieb mit Computerprogrammen vergleichbar ist und das Computerprogramm einen wichtigen Beitrag zur schöpferischen Eigenart leistet, sodass die in Tom-Kabinet geschilderte Akzessorietät des Computerprogramms bei E-Books gerade nicht für Computerspiele einschlägig ist.[390]

Die parallele Anwendbarkeit von InfoRL und ComputerRL ist flexibel und deshalb für die Anwendung auf multimediale Werke am besten geeignet, weil keine allgemeine Zuweisung auf einen Normbereich vorgenommen, sondern die besondere Verbindung von Computerprogramm und audiovisuellen Bestandteilen berücksichtigt wird.

Eine konkrete Auseinandersetzung mit der parallelen Anwendbarkeit beider Richtlinien bei Computerspielen ist aktuell durch den EuGH noch nicht vorgenommen worden. Die Ansätze in Tom Kabinet lassen aber erahnen, dass die Regeln für Computerprogramme bei einem multimedialen Werk angewendet werden können, wenn das Computerprogramm von besonderer Bedeutung für das Gesamtwerk ist.[391]

Für die Verbreitung von Computerspielen gilt demnach Art. 4 Abs. 1 lit. c der ComputerRL bzw. § 69c Nr. 3 UrhG.

Weil bereits die Weitergabe eines Produktschlüssels genügt, um eine Verbreitung anzunehmen,[392] gilt auch für Computerspiele, dass bei dem Verkauf von Produktschlüsseln eine Verbreitungshandlung vorgenommen wird.

C. Erschöpfung des Verbreitungsrechts

Der Verkauf von Produktschlüsseln für Computerspiele durch *Keyseller* ist eine Verbreitungshandlung. Ohne Zustimmung des Rechteinhabers liegt aber nur

---

390 Siehe oben Teil 2:B.III.3.c.bb(2).

391 EuGH - C-263/18 = GRUR 2020, 179, Rn. 59 - Tom Kabinet.

392 Siehe oben Teil 2:B.III.1.d.cc(4) und Teil 2:B.III.1.d.cc(5).

dann eine Urheberrechtsverletzung vor, wenn sich das Verbreitungsrecht nicht bereits mit dem ersten Vertrieb des Produktschlüssels durch den Rechteinhaber i.S.d. § 69c Nr. 3 S. 2 UrhG bzw. Art. 4 Abs. 2 ComputerRL erschöpft hat.

Da Rechteinhaber den Erstvertrieb sowohl analog als auch digital vornehmen, kommt es bei einer digitalen Verbreitung auf einige mit dieser Verwertungsmethode einhergehenden Sonderregeln an, die sich hauptsächlich im Rahmen der EuGH-Rechtsprechung[393] herausgebildet haben und die auf die Erschöpfung des Verbreitungsrechts bei digital verbreiteten Computerprogrammen zurückzuführen sind.

I. Die Erschöpfung im Urheberrecht und ihre Voraussetzungen

1. Verhältnis des § 69c Nr. 3 S. 2 zur Erschöpfung aus § 17 Abs. 2 UrhG

Der Erschöpfungsgrundsatz aus § 69c Nr. 3 S. 2 UrhG ist eine Spezialvorschrift des Rechts für Computerprogramme und deshalb mit Blick auf § 17 UrhG die speziellere Norm. Allerdings ist dessen Funktion grundsätzlich mit dem Erschöpfungsgrundsatz aus § 17 Abs. 2 UrhG vergleichbar.[394] Auch die Gesetzesbegründung zeigt, dass § 69c Nr. 3 UrhG „in Übereinstimmung“ mit § 17 UrhG erlassen wurde.[395] Im Allgemeinen sind also zumindest die Voraussetzungen und auch der verfolgte Zweck der Erschöpfung aus § 69c Nr. 3 S. 2 UrhG mit § 17 Abs. 2 UrhG vergleichbar.

2. Zweck der Erschöpfung des Verbreitungsrechts als Schranke des Urheberrechts

Mithilfe des Verbreitungsrechts soll der Urheber entscheiden können, ob und wann er sein Werk der Öffentlichkeit anbieten möchte. Er soll die Chance haben, eine angemessene Vergütung dafür zu erhalten.[396]

Sobald das Werk bzw. das Werkstück jedoch in Verkehr gebracht wurde und der Urheber eine (angemessene) Vergütung für diese werkbezogene Handlung erhalten hat, unterliegt das weitere Schicksal des überlassenen Werkstücks dem freien Warenverkehr und insbesondere den Interessen von Kulturverbrauchern[397]. Aus

---

393 EuGH - C-128/11 = GRUR 2012, 904 - UsedSoft.

394 KG, MMR 1998, 315, 316; Schricker/Loewenheim/*Spindler,* UrhG[6], § 69c Rn. 32.

395 BTDrucks 12/4022, S. 11.

396 Wandtke/Bullinger/*Heerma,* UrhR[5], § 17 Rn. 1; Fromm/Nordemann/*Czychowski,* UrhR[12], § 17 Rn. 1; *Schack,* UrhR[9], Rn. 431.

397 Vgl. BTDrucks IV/270, S. 30; *Schack,* UrhR[9], Rn. 9.

diesem Grund sehen § 17 Abs. 2 und § 69c Nr. 3 S. 2 UrhG die Erschöpfung des Verbreitungsrechts vor: Ist ein Werkexemplar einmal mit Zustimmung des Urhebers im Wege der Veräußerung in Verkehr gebracht worden, ist das Werkstück „verkehrsfähig" geworden und darf auch ohne Zustimmung des Urhebers weiterverbreitet werden.[398] Auch finanziell muss der Urheber bei weiteren Verbreitungshandlungen nicht mehr bedacht werden. Das Urheberrecht schafft damit einen Ausgleich zwischen dem Interesse des Urhebers an einer angemessenen Vergütung, die er durch die ursprüngliche Verbreitung seines Werkes erhalten soll, und dem Interesse der Kulturverbraucher und Kulturhändler, die Werke möglichst ungehindert konsumieren bzw. verwerten möchten.[399]

3. *Voraussetzungen für den Eintritt der Erschöpfungswirkung nach § 69c Nr. 3 S. 2 UrhG*

Damit die Erschöpfungswirkung eintritt, müssen einige Voraussetzungen erfüllt sein: Das Werk muss im Wege der Veräußerung in Verkehr gebracht worden sein. Dies muss innerhalb des Gebiets der Europäischen Union bzw. des Europäischen Wirtschaftsraums geschehen und mit Zustimmung des Urhebers erfolgt sein.

Für das Inverkehrbringen im Wege der Veräußerung i.S.d. § 17 Abs. 2/ § 69c Nr. 3 S. 2 UrhG ist nicht zwangsläufig der Abschluss und die Abwicklung eines Kaufvertrags i.S.d. § 433 BGB nötig, vielmehr genügt die Übereignung bzw. Entäußerung des Eigentums unabhängig von dem zugrundeliegenden Kausalgeschäft.[400] Das ergibt sich auch aus Art. 4 Abs. 2 der InfoRL, der den Erstverkauf oder „eine andere erstmalige Eigentumsübertragung" für den Eintritt der Erschöpfungswirkung vorsieht. Auch Art. 4 Abs. 2 der ComputerRL knüpft den Eintritt der Erschöpfungswirkung fast wortgleich an den „Erstverkauf" der Programmkopie.

Als unionsweit harmonisierte Schranke des Verbreitungsrechts tritt die Erschöpfungswirkung nur ein, wenn das Werk im Gebiet der Europäischen Union bzw. des Europäischen Wirtschaftsraums in Verkehr gebracht wird.

---

398 Wandtke/Bullinger/*Heerma*, UrhR[5], § 17 Rn. 27; *Schack*, UrhR[9], Rn. 429; *Kulpe*, EU Erschöpfungsgrundsatz, S. 29 ff.; vgl. *Zech*, ZGE 2013, 368, 374 f.; *Joos*, Erschöpfung, S. 53 f.

399 *Schack*, MMR 2001, 9, Rn. 9; *Koehler*, Online-Erschöpfung, S. 45 f.; *Joos*, Erschöpfung, S. 77.

400 Schricker/Loewenheim/*Loewenheim*, UrhG[6], § 17 Rn. 41; Wandtke/Bullinger/*Heerma*, UrhR[5], § 17 Rn. 28; Dreier/Schulze/*Schulze*, UrhG[6], § 17 Rn. 25.

Die Zustimmung zur Verbreitungshandlung kann in Form der Einwilligung oder auch der Genehmigung erfolgen.[401] Sie kann durch den Urheber selbst, dessen Rechtsnachfolger i.S.d. § 30 UrhG oder diejenigen, die das Recht zur Verbreitung erworben haben, erteilt werden.[402]

4. *Besondere Voraussetzungen für den Erschöpfungseintritt im digitalen Umfeld i.R.d. ComputerRL*

Die bisher genannten Voraussetzungen führen zum Eintritt der Erschöpfungswirkung, wenn im Rahmen der Erstverbreitung ein körperliches Werkstück in Verkehr gebracht wird. Mit dem UsedSoft-Urteil des EuGH hat sich aber die Möglichkeit der Erschöpfung auch auf die unkörperliche Verbreitung erweitert, wenn zusätzliche Voraussetzungen vorliegen.[403]

Die bisherigen Voraussetzungen bleiben dabei relevant: Der vollständige Erstverkauf, also auch das Inverkehrbringen innerhalb der europäischen Union/ des EWR des Werks bei Erwerb der Nutzungsmöglichkeit auf Dauer, sind Voraussetzung für die Erschöpfung im digitalen Umfeld.[404]

Hinzu tritt bei der Weitergabe unkörperlicher Werkstücke, dass der Verkäufer das ggf. bei ihm verbleibende Werkexemplar oder dessen funktionales Äquivalent[405] unbrauchbar machen muss.[406] Die Aufspaltung einer Einzellizenz, also der Verkauf von Teilen der Nutzungsmöglichkeit bei gleichzeitiger Weiterverwendung durch den Verkäufer, ist nicht zulässig.[407]

Für das digitale Umfeld bedeutet das also, dass sich das Verbreitungsrecht im Rahmen des Verkaufs bei der Erstverbreitung dann erschöpfen kann, wenn der Ersterwerber den vollständigen Kaufpreis bezahlt hat und im Gegenzug eine zeitlich unbegrenzte Nutzungsmöglichkeit des Programms erhält.

---

401 BGH v. 14.05.2009 - I ZR 98/06 = GRUR 2009, 856, Rn. 64 = BGHZ 181, 98 - Trip-Trapp-Stuhl.

402 Schricker/Loewenheim/*Loewenheim,* UrhG[6], § 17 Rn. 48.

403 EuGH - C-128/11 = GRUR 2012, 904, Rn. 66 ff. - UsedSoft; Schricker/Loewenheim/ *Spindler,* UrhG[6], § 69c Rn. 34; Fromm/Nordemann/*Czychowski,* UrhR[12], § 69c Rn. 32; Dreier/Schulze/*Dreier,* UrhG[6], § 69c Rn. 24; Spindler/Schuster/Döpkens/*Wiebe,* E-Medien[3], § 69c Rn, 21 ff.; *Dreier,* MMR 2021, 102, 104.

404 EuGH - C-128/11 = GRUR 2012, 904, Rn. 66 - UsedSoft.

405 Siehe dazu vor allem die Ausführungen unter Teil 2:B.III.1.d.cc.

406 EuGH - C-128/11 = GRUR 2012, 904, Rn. 70 - UsedSoft; so auch *Peifer,* AfP 2013, 89, 91.

407 EuGH - C-128/11 = GRUR 2012, 904, Rn. 69 - UsedSoft.

Die Einbeziehung des Vervielfältigungsrechts zieht insofern eine Parallele zur analogen Verbreitung. Denn auch dort dürfen Weiterveräußernde keine Kopie anfertigen, die nach dem Weiterverkauf in ihrem Vermögen zurückbleibt. Unabhängig davon, ob die zu veräußernde Kopie also auf einem Datenträger gespeichert ist oder nur digital vorhanden ist, darf nach Abschluss des Weiterverkaufs keine nutzbare Kopie des Werkstücks mehr beim Veräußerer verbleiben.

II. Erschöpfung des Verbreitungsrechts durch den Vertrieb von Produktschlüsseln nach § 69c Nr. 3 S. 2 UrhG

Das Geschäftsmodell der *Keyseller* beruht auf dem Weiterverkauf von Produktschlüsseln für Computerspiele. Die bisherige Bearbeitung hat gezeigt, dass auch dieser Weiterverkauf schon eine taugliche Verbreitungshandlung sein kann. Diese von *Keysellern* durchgeführte, urheberrechtlich relevante Verwertungshandlung ist ohne Zustimmung des Rechteinhabers nur dann zulässig, wenn sich das Verbreitungsrecht am Computerspiel bereits mit dem erstmaligen Vertrieb des Computerspiels erschöpft hat und deshalb keine Zustimmung des Rechteinhabers mehr eingeholt werden muss.

Hier kommt es maßgeblich auf die Herkunft der durch *Keyseller* weiterverkauften Produktschlüssel an. Das gilt insbesondere für den Vertrieb, der nicht die Veräußerung eines körperlichen Werkstücks beinhaltet, weshalb der Eintritt der Erschöpfung dort an besondere Voraussetzungen geknüpft ist.[408] Deshalb soll im Folgenden eine einzelne Überprüfung der verschiedenen von *Keysellern* regelmäßig verwendeten Bezugsquellen von Produktschlüsseln neben den für alle Vertriebsarten relevanten Besonderheiten erfolgen. Dazu gehören insbesondere der Erwerb von Produktschlüsseln im Einzelhandel im inner- und außereuropäischen Ausland, wobei zwischen dem Erwerb von Produktschlüsseln mit und ohne Datenträger zu differenzieren ist. Dazu kommen „kostenlos“ erlangte Produktschlüssel sowie die auf anderem Weg erlangten Produktschlüssel.[409]

1. Ausschluss der Erschöpfung bei „Online-Diensten“

Vielfach wird der Diskussion um die Erschöpfungsmöglichkeit bei digitaler Veräußerung der Erwägungsgrund 29 der InfoRL entgegengehalten, der eine

---

408 Siehe oben Teil 2:C.I.4.

409 Näheres zur Herkunft der Produktschlüssel oben Teil 1:C.I.

Erschöpfung des Verbreitungsrechts jedenfalls für „Online-Dienste“ nicht zulassen soll.[410]

a. Plattformen als Online-Dienst

Besonders die Plattformen der Rechteinhaber, die Nutzer für die Aktivierung und Zuordnung der Spiele verwenden müssen, seien solche Online-Dienste, deren Nutzungsumfang nur durch den Produktschlüssel auf weitere Personen erweitert werde.[411]

Das könnte allenfalls relevant sein, wenn der Produktschlüssel selbst nicht Anknüpfungspunkt für die erschöpfungsfähige Verbreitungshandlung wäre. Die bisherige Bearbeitung hat jedoch gezeigt, dass sich das Verbreitungsrecht, zumindest bei Computerprogrammen, auf die Nutzungsermöglichung beziehen lässt.[412] Es kommt deshalb gerade auf die Veräußerung des Produktschlüssels für den Eintritt der Erschöpfung und nicht auf den womöglich als Online-Dienst zu qualifizierenden Plattformbetrieb an. Die Unterscheidung liegt hier schließlich in der Bereitstellung einer Dienstleistung, die nicht der Erschöpfung unterliegen soll und dem Vertrieb von Waren. Sowohl beim Vertrieb von Software als auch bei der Verbreitung von Computerspielen findet letztendlich die Übertragung der Nutzungsmöglichkeit i.S.e. Rechtskaufs statt.[413]

Wenn die Abwicklung des Kaufgeschäfts auch in wirtschaftlicher Sicht vergleichbar mit dem körperlichen Vertrieb ist,[414] dann kann nicht der Umstand, dass der Vertrieb im digitalen Umfeld erfolgt, dafür sorgen, dass von einer Dienstleistung gesprochen wird, wenn im Gegensatz dazu der gleichwertige, körperliche Vertrieb als Warenvertrieb gelten soll.

Der 29. Erwägungsgrund passt deshalb vielmehr auf die Dienstleistung, die etwa Anbieter von Streaming-Plattformen für Film oder Musik erbringen. Denn dort ist ersichtlich, dass es schon aufgrund des mietähnlichen Vertriebsgeschäfts nicht zum Eintritt der Erschöpfungswirkung kommen soll. Da Kopien eines so

---

410 OLG Hamburg, MMR 2015, 740, Rn. 22; *Hilty*, GRUR 2018, 865, 867; *Apel*, ZUM 2015, 640, 642; *Hauck*, NJW 2014, 3616, 3618; *Hilgert*, CR 2014, 354, 357; *Bäcker/Höfinger*, ZUM 2013, 623, 637; *Krügel/Biehler/Apel*, MMR 2013, 760, 763; *Hansen/Libor*, AfP 2012, 447, 450; *Marly*, EuZW 2012, 654, 657; *Stieper*, ZUM 2012, 668, 670.

411 *Hilgert*, CR 2014, 354, 357.

412 Siehe insbesondere oben Teil 2:B.III.1.d.cc(7).

413 *Sosnitza*, K&R 2006, 206, 208.

414 Siehe dazu Teil 2:B.III.2.c.aa.

zugänglich gemachten Werks regelmäßig nicht dauerhaft überlassen werden, ist in diesen Fällen vielmehr eine Form der öffentlichen Wiedergabe betroffen.

Die digitale Verbreitung von Computerspielen und Software ist jedenfalls nicht als „Online-Dienst" i.S.d. 29. Erwägungsgrundes zu verstehen.[415]

b. Keine Relevanz für das Verbreitungsrecht aus § 69c Nr. 3 UrhG

Die Problematik um die Zuordnung einzelner Vertriebsmodelle zum Bereich der „Online-Dienste" betrifft die Verbreitung von Computerspielen außerdem nicht direkt. Die bisherige Bearbeitung hat ergeben, dass es hierbei auf das Verbreitungsrecht im Rahmen der ComputerRL ankommt.[416] Relevant könnte diese Beschränkung der Erschöpfungsfähigkeit nur werden, wenn die Lizenzierung nur ein Mietverhältnis begründen würde.[417] Aber selbst dann kommt es nicht maßgeblich auf den 29. Erwägungsgrund der InfoRL an.

2. Auswirkung eines abgeschlossenen Wartungsvertrags auf den Erschöpfungseintritt

Im UsedSoft-Prozess führte Oracle an, dass der mit Ersterwerbern abgeschlossene Wartungsvertrag den Eintritt der Erschöpfung ausschließen solle, denn im Rahmen dieser Verträge werde die ursprünglich verkaufte Programmkopie repariert, aktualisiert und damit auch verändert. Nach Ansicht von Oracle werde bei einem Weiterverkauf nicht mehr die ursprünglich heruntergeladene Kopie, sondern eine neue und damit andere Programmkopie weitergegeben.[418] Das gleiche geschieht bei den gängigen Online-Plattformen, auf denen Nutzer Produktschlüssel aktivieren. Auch hier wird das Computerspiel regelmäßig mit Updates versorgt.[419]

Dieser Umstand wirkt sich im Ergebnis nach der Ansicht des EuGH aber nicht auf die Erschöpfung aus, denn die Änderungen, die im Rahmen des Wartungsvertrags am Programm durchgeführt werden, seien Teil des ursprünglich heruntergeladenen Computerprogramms und dieses könnte auch genutzt

---

415 i.E. zustimmend *Oswald,* Erschöpfung durch Online-Vertrieb, S. 58; *Redeker*, CR 2014, 73, 76; *Peifer*, AfP 2013, 89, 91; *Hartmann*, GRUR Int. 2012, 980, 982 f.; *Wiebe*, GRUR Int. 2009, 114; *Sosnitza*, K&R 2006, 206, 208; zurückhaltender noch *Kulpe,* EU Erschöpfungsgrundsatz, S. 100 f.

416 Siehe oben Teil 2:B.III.4; vgl. *Metelski,* Multimediawerke, Rn. 192.

417 *Schneider*, WRP 2021, 293, Rn. 47 ff.

418 EuGH - C-128/11 = GRUR 2012, 904, Rn. 64 - UsedSoft.

419 Siehe oben Teil 1:B.IV.2.

werden, wenn der Wartungsvertrag nicht verlängert werde.[420] Das gleiche kann deshalb nur für Computerspiele gelten. Die Tatsache, dass Fehler behoben werden, sorgt allein noch nicht dafür, dass ein „anderes“ Computerspiel entsteht. Vielmehr wird die ursprünglich angedachte Funktionalität durch das Update gewährleistet.[421]

3. *Kein Eintritt der Erschöpfungswirkung bei Vermietung des Computerspiels*

Zum Eintritt der Erschöpfungswirkung kommt es nicht, wenn das Computerspiel vermietet und nicht i.S.d. § 69c Nr. 3 UrhG bzw. Art. 4 Abs. 2 ComputerRL „veräußert“ wird.[422] Zunächst muss also überprüft werden, ob bei der Einlösung des Produktschlüssels ein Mietverhältnis entsteht und deshalb auch der verkaufte Produktschlüssel nicht zur Werkübertragung, sondern zur Mietermöglichung vertrieben werden könnte.

a. *Verbleib einzelner Elemente des Spiels auf dem Server des Anbieters*

Dafür könnte sprechen, dass regelmäßig nicht alle zum Betrieb des Computerspiels erforderlichen Daten an den Nutzer übertragen werden, sondern mitunter zum Betrieb des Spiels erforderliche Dateien auf dem Server des Rechteinhabers verbleiben, sodass ohne Verbindung zum Server keine Inbetriebnahme möglich ist. Bei der konkreten Nutzung bedeutet das also, dass bei jeder Inbetriebnahme des Computerspiels zunächst eine Verbindung zum Server des Rechteinhabers hergestellt werden muss, damit zum Spielen erforderliche Elemente verfügbar sind. Auch ein ggf. mit dem ursprünglichen Vertrieb mitveräußerter Datenträger enthält i.d.R. nur ein Backup, dass nicht ohne zusätzliche Online-Aktivierung und die beschriebene Serververbindung genutzt werden kann.

Das könnte gegen das Vorliegen eines Verkaufsgeschäfts sprechen, das der EuGH in UsedSoft als Voraussetzung für die Verbreitungshandlung vorausgesetzt hatte.[423] Ohne passende Verbreitungshandlung wäre jedenfalls auch die Erschöpfung des Verbreitungsrechts nicht möglich. In Frage käme dann ein

---

420 EuGH - C-128/11 = GRUR 2012, 904, Rn. 67 - UsedSoft.

421 *Peifer*, AfP 2013, 89, 91 hält sogar für möglich, dass auf vertraglicher Ebene von einem mangelhaften Produkt ausgegangen werden könnte, wenn erforderliche Updates nicht aufgespielt werden.; ebenso *Hoeren/Försterling*, MMR 2012, 642, 645.

422 Schricker/Loewenheim/*Spindler*, UrhG[6], § 69c Rn. 35; Wandtke/Bullinger/*Grützmacher*, UrhR[5], § 69c Rn. 33; Dreier/Schulze/*Dreier*, UrhG[6], § 69c Rn. 24.

423 Siehe oben Teil 2:B.III.1.d.cc(2).

Mietverhältnis, das dem Nutzer die vom Rechteinhaber abhängige Nutzungsmöglichkeit des Computerspiels gewährt.

Das vollständige Inverkehrbringen ist schließlich für den Eintritt der Erschöpfungswirkung grundsätzlich erforderlich.[424] So sah es jedenfalls das OLG Hamburg in seiner Entscheidung im Jahr 2008,[425] also noch vor dem UsedSoft-Urteil des EuGH. Im Rechtstreit hatte die Verbraucherzentrale Bundesverband e.V. gegen die Valve Corp., also die Betreiberin der Steam-Plattform, geklagt. Ein im Einzelhandel vertriebener Datenträger eines Computerspiels sei nach der Produktaktivierung auf der Online-Plattform nicht mehr nutzbar und deshalb sei die Möglichkeit der Weiterverbreitung eingeschränkt, weil das Nutzerkonto nicht mitverkauft werden dürfe. Denn nach der Produktaktivierung auf Steam könne der Datenträger zwar für das Aufspielen des dort enthaltenen Backups noch verwendet werden, aber das könne nur geschehen, wenn ein Benutzeraccount existiert, auf dem das Spiel aktiviert wurde. Ein potenzieller Käufer könnte also mit dem Datenträger allein das Spiel nicht in Betrieb nehmen.

Auch das KG lehnte in einem Hinweisbeschluss das Vorliegen eines Erstverkaufs ab und schloss so die Erschöpfungsmöglichkeit für auf diese Weise vertriebene Computerspiele aus. Die Käufer erlangten einerseits keine eigentümerähnliche Stellung, sodass nicht die Möglichkeit bestehe, das Spiel ohne Mitwirkung des Plattformbetreibers nutzen zu können.[426] Andererseits verkauften Rechteinhaber keine eigenständigen „Programmkopien“, sondern vielmehr ein Paket von Dienstleistungen.[427]

Grundsätzlich liegt der Unterschied zwischen Vermietung und Veräußerung in der endgültigen Aufgabe der Herrschaft über das Werk.[428] Fraglich ist also, ob die Herrschaft über das Computerspiel aufgegeben werden kann, wenn noch Teile des Werks auf den Servern des Rechteinhabers verbleiben.[429] Von einer vollständigen Aufgabe der Verfügungsgewalt kann jedenfalls nicht die Rede sein. Dieser Umstand könnte also dazu führen, dass im Ergebnis keine Erschöpfung am Verbreitungsrecht des Computerspiels eintreten kann, weil es sich bei dem

---

424 Schricker/Loewenheim/*Spindler*, UrhG[6], § 69c Rn. 35.

425 OLG Hamburg, BeckRS 2010, 18231, siehe Nr. 4 b).

426 KG, GRUR-RS 2016, 3668, Rn. 8.

427 KG, GRUR-RS 2016, 3668, Rn. 9.

428 BGH v. 19.03.2015 - I ZR 4/14 = GRUR 2015, 1108, Rn. 37 - Green-IT; Schricker/Loewenheim/*Spindler*, UrhG[6], § 69c Rn. 34b; Wandtke/Bullinger/*Grützmacher*, UrhR[5], § 69c Rn. 33; Dreier/Schulze, Urheberrechtsgesetz, § 69c Rn. 22.

429 Insoweit kritisch KG, GRUR-RS 2016, 3668, Rn. 8.

Vertrieb lediglich um die Ausgabe von Mietlizenzen handelt, die stets noch die Mitwirkung des Rechteinhabers erfordern.

aa. Zurückbehalten einzelner Werkelemente als technische Schutzmaßnahme

Zweck dieser Vorgehensweise ist nicht (nur) die Verhinderung oder Erschwerung des Eintritts der Erschöpfungswirkung, sondern die Bekämpfung von Piraterie. Wenn nur Nutzer das Spiel in Betrieb nehmen können, die sowohl über einen aktiven Benutzeraccount verfügen als auch den Aktivierungsvorgang für das konkrete Spiel durchlaufen haben, dann werden prinzipiell all diejenigen von der Verwendung des Spiels abgehalten, die Raubkopien verwenden wollen. Ob Maßnahmen zur Sicherung geeignet sind, hat der EuGH in seiner Nintendo-Entscheidung diskutiert.[430] Hier kommt es zunächst nicht darauf an, ob der Einsatz solcher technischen Schutzmaßnahmen zu rechtfertigen ist, sondern auf die Folge dessen Einsatzes bei Eintritt der Erschöpfungswirkung. Nur wenn der Eintritt der Erschöpfungswirkung durch die technische Schutzmaßnahme verhindert wird, muss näher überprüft werden, ob diese den Anforderungen an die durch den EuGH vorgegebene Verhältnismäßigkeit genügt.[431]

Die Absicherung gegen Piraterie schließt grundsätzlich nicht aus, dass die Plattform gleichzeitig Computerspiele über ein Mietmodell vertreibt. Es kommt vielmehr darauf an, wie der Vertrieb ausgestaltet ist.

Primär ging es dem OLG schließlich um die Frage, ob die entsprechende Klausel des Nutzungsvertrags, die eine Kontoveräußerung verbietet, gegen den Erschöpfungsgrundsatz verstoßen könnte, weil sie praktisch eine Weiterveräußerung verbiete.

bb. Keine Beschränkung des Warenverkehrs bei freier Vertriebsmöglichkeit des Datenträgers

Mit dieser Frage beschäftigte sich nach dem OLG auch der BGH,[432] der das Problem hinsichtlich der Accountverbindung auflöste. Ein Veräußerungsverbot bestehe zumindest hinsichtlich des Datenträgers nicht, weshalb auch die Wirkung des Erschöpfungsgrundsatzes in diesem Zusammenhang nicht beeinträchtigt sei. Die Tatsache, dass den betroffenen Datenträger mangels Nutzbarkeit

---

430 EuGH - C-355/12 = GRUR 2014, 255 - Nintendo/PC Box.

431 Zur Verhältnismäßigkeit technischer Schutzmaßnahmen EuGH - C-355/12 = GRUR 2014, 255, Rn. 30 ff. - Nintendo/PC Box.

432 BGH v. 11.02.2010 - I ZR 178/08 = GRUR 2010, 822 - Half-Life 2.

wohl niemand erwerben wolle, sei nicht relevant, weil dadurch nicht die Möglichkeit der Weiterverbreitung eingeschränkt werde. Der Rechteinhaber könne vielmehr selbst bestimmen, in welcher Form und mit welchen Funktionen er sein Werk im Rahmen des Verbreitungsrechts veräußerte.[433] Der Erschöpfungsgrundsatz solle den freien Warenverkehr ermöglichen, indem das einmal veräußerte Werkstück verkehrsfähig gemacht werde.[434]

cc. Nutzbarkeit des Werks als Erfordernis für den Eintritt der Erschöpfungswirkung

Nicht nachvollziehbar sind die Äußerungen des BGH, dass ohne erfolgte Aktivierung des Spiels lediglich der Online-Modus nicht verfügbar sei.[435] Das gegenständliche Spiel „Half-Life 2", das dem Urteil auch seinen Namen gegeben hat, machte bereits zu seiner Veröffentlichung im Jahr 2004 Schlagzeilen, weil die Inbetriebnahme nur nach der vorherigen Aktivierung möglich war. Spieler, die damals über noch keine (ausreichend schnelle) Internetverbindung verfügten, waren von der Inbetriebnahme des Spiels ausgeschlossen.[436] Spieler konnten ohne Produktaktivierung weder von den Online-Features Gebrauch machen noch waren sie überhaupt in der Lage zu spielen.

Bisher hat sich an dieser Vorgehensweise nicht viel geändert: So erlaubt neben Steam etwa auch die Online-Plattform Origin von Electronic Arts keine Spieleinstallation, wenn nicht vorher der passende Produktschlüssel eingelöst wurde. Das bedeutet also, dass der Erwerber des Datenträgers nicht einmal in der Lage ist, die Installation vorzunehmen.

(1). Nutzungsmöglichkeit oder bloß Veräußerungsfähigkeit zur Wahrung des Erschöpfungsgrundsatzes

Auch wenn der Erschöpfungsgrundsatz nach Ansicht des BGH nur für die Gewährleistung des freien Warenverkehrs verantwortlich ist und es deshalb auf die Nutzbarkeit des Werkstücks in diesem Zusammenhang nicht ankomme, bleibt dennoch die Frage bestehen, wieso ein nicht verwendbares Werkstück

---

433 BGH v. 11.02.2010 - I ZR 178/08 = GRUR 2010, 822, Rn. 20 - Half-Life 2.

434 BGH v. 11.02.2010 - I ZR 178/08 = GRUR 2010, 822, Rn. 21 - Half-Life 2.

435 BGH v. 11.02.2010 - I ZR 178/08 = GRUR 2010, 822, Rn. 22 - Half-Life 2.

436 *Kogel*, 10 Jahre Steam - Die Geschichte des Dampfs, gamestar.de, https://www.gamestar.de/artikel/10-jahre-steam-die-geschichte-des-dampfs,3028364.html, zuletzt geprüft am 26.05.2021; *Klaß*, Half-Life 2 - Missglückter Start dank Steam, golem.de, https://www.golem.de/0411/34746.html, zuletzt geprüft am 26.05.2021.

überhaupt für die Weiterverbreitung passend sein kann. Der Datenträger kann zwar ohne Beschränkung weiterveräußert werden, aber nutzbar ist er für den Zweit- oder Mehrerwerber ohne verwendbaren Produktschlüssel nicht.

Sinn und Zweck der Erschöpfung von Rechten an einzelnen Werkstücken ist schließlich, dass der Urheber nach der zugestimmten Erstverbreitung nicht mehr den weiteren Verbreitungsweg des Werkstücks beeinflussen können soll. Die Erschöpfung soll das Spannungsverhältnis zwischen dem Vergütungsinteresse der Werkschaffenden und dem Nutzungsinteresse der Kulturverbraucher auflösen.[437] Wenn aber zur für den Werkgenuss erforderlichen Inbetriebnahme noch weitere Schritte nötig sind, die auch von der Zustimmung des Rechteinhabers abhängig sind, dann kann von Verkehrsfähigkeit nicht mehr die Rede sein.[438] Der Rechteinhaber könnte so effektiv den Eintritt der Erschöpfungswirkung für den in Verkehr gebrachten Werkteil umgehen, indem er die Werknutzbarkeit verhindert. Das konkret veräußerte Werkstück, hier also ein Datenträger, könnte zwar einschränkungsfrei weiterveräußert werden, aber für die tatsächliche Nutzung müsste ein Käufer, der lediglich den Datenträger erworben hat, dennoch die Nutzungsmöglichkeit vom Rechteinhaber erwerben. Das läuft dem eigentlichen Zweck der Erschöpfung des Verbreitungsrechts zuwider.

(2). Keine Beschränkung des Erschöpfungseintritts auf die Verkehrsfähigkeit des Datenträgers

Auch der EuGH verfolgt dabei einen kritischeren Ansatz, wenn er technische Schutzmaßnehmen bei Computerspielen – dazu gehört auch die Produktaktivierung – unter einen Verhältnismäßigkeitsvorbehalt stellt.[439] Das bloße Abstellen auf die Weiterveräußerungsmöglichkeit allein genügt deshalb nicht.[440]

Hier zeigt sich bereits, dass im Rahmen moderner Vertriebssysteme das Augenmerk nicht mehr bloß auf den Datenträger gelegt werden kann. Es kommt vielmehr auf die Gesamtbetrachtung dessen an, was Rechteinhaber veräußern. Dazu gehört deshalb nicht bloß der Datenträger, sondern auch die Ermöglichung der Nutzbarkeit durch einen Produktschlüssel.

---

437 BTDrucks 12/4022, S. 30; *Schack*, MMR 2001, 9, Rn. 9.

438 Ähnlich *Sucker*, digitaler Werkgenuss, S. 161 f.; kritisch *Schneider*, WRP 2021, 293, Rn. 8.

439 EuGH - C-355/12 = GRUR 2014, 255, Rn. 30 - Nintendo/PC Box.

440 So auch Schricker/Loewenheim/*Spindler*, UrhG^{6}, § 69c Rn. 34j; *Dreier*, MMR 2021, 102, 106.

Für *Keyseller* bedeutet das also, dass nur dann von einem erschöpfungsfähigen Verbreitungsgeschäft ausgegangen werden kann, wenn im Rahmen des Erstvertriebs durch den Rechteinhaber die vollständige Nutzungsmöglichkeit entäußert wird. Auf die bloße Weitergabe eines Datenbestands auf einem Datenträger kann es nicht ankommen, wenn die Nutzungsermöglichung durch den Produktschlüssel maßgeblich für den erfolgreichen Vertrieb verantwortlich ist.

(3). Keine bloße Fixierung des Verbreitungsrechts auf das konkrete Werkstück bei digitalen Werken

Die Fixierung der Betrachtung auf die Veräußerungsfähigkeit des Werkstücks passt zu rein analogen Werkstücken, die für sich allein verwendbar sind. Sobald die Verwendbarkeit des Werks nicht mehr von der beim Kauf erworbenen Kopie abhängt, passt eine einseitige Fokussierung nur auf das weiterübertragbare Werkstück (oder einen Produktschlüssel als Substrat) nicht mehr. Aus diesem Grund hat der EuGH in seiner UsedSoft-Entscheidung auch den abgeschlossenen Nutzungsvertrag und den Download der Software als einheitlichen Vorgang i.S.d. Verkaufsgeschäfts betrachtet.[441] Wenn der Download einer nicht nutzbaren Software für sich gesehen sinnlos ist, dann ist es auch der Erwerb eines Datenträgers, der nicht ohne Aktivierung verwendet werden kann.

Wenn aber die Veräußerung des Produktschlüssels in Verbindung mit einem Datenträger zur vollständigen Veräußerung des Computerspiels führt, dann kann für den kombinierten Verkauf auch die Erschöpfung des Verbreitungsrechts eintreten.

(4). Parallele zur OEM-Entscheidung des BGH

Die Tatsache, dass Rechteinhaber den weiteren Vertrieb eines Werkstücks, nach dem mit ihrer Zustimmung erfolgten Inverkehrbringen, nicht mehr beeinflussen können, war bereits Gegenstand einer Entscheidung des BGH zum Vertrieb von OEM-Versionen.[442] Dort ging es um Software, die im Erstvertrieb durch den Rechteinhaber zusammen mit Computerhardware in Verkehr gebracht wurde. Der klagende Rechteinhaber wollte verhindern, dass die Software auch ohne die zugehörige Hardware weiter vertrieben wird. Der BGH ging jedoch davon aus, dass die Erschöpfung am Verbreitungsrecht des Computerprogramms bereits

441 EuGH - C-128/11 = GRUR 2012, 904, Rn. 44 - UsedSoft.

442 BGH v. 06.07.2000 - I ZR 244/97 = GRUR 2001, 153 - OEM-Version.

mit dem Vertrieb an den Zwischenhändler eingetreten war und der Rechteinhaber deshalb den weiteren Vertrieb nicht beeinflussen könne.[443]

Aus der bisherigen Untersuchung hat sich bereits ergeben, dass die Nutzungsermöglichung des Computerspiels durch den Vertrieb von Produktschlüsseln zu einer Verbreitungshandlung führt.[444] Das bedeutet für den Erstverkauf des Werks durch den Rechteinhaber, dass es nicht nur auf die Veräußerung des Datenträgers, sondern vielmehr maßgeblich auf die durch den Produktschlüssel verkörperte Nutzungsmöglichkeit des Werks ankommt, wenn überprüft werden soll, ob ein Computerspiel vollständig in Verkehr gebracht worden ist. Da der Produktschlüssel dem Käufer die vollständige Nutzung des Computerspiels ermöglicht, kann auch davon ausgegangen werden, dass insoweit das Computerspiel in Verkehr gebracht wurde.

(5). Zurückbehalten einzelner Elemente als Absicherung der Unbrauchbarmachung

Beschränkte man die Erschöpfung auf konkret nutzbare Werkstücke, wäre die effektive Wirkung des Erschöpfungsgrundsatzes erheblich gemindert, weil Rechteinhaber lediglich Teile des Werks zurückbehalten müssten, um den Eintritt der Erschöpfung zu verhindern.[445] Gerade im digitalen Umfeld wäre damit der Erschöpfungsgrundsatz praktisch ausgesetzt. Das mag die Position der Gegner einer digitalen Erschöpfungsmöglichkeit, die sich im Rahmen der InfoRL schon auf den 29. Erwägungsgrund stützen,[446] stärken, ist aber mit der hier erörterten Möglichkeit der digitalen Verbreitung[447] nicht kompatibel. Auch der Vertrieb eines Datenträgers, der zwar wesentliche Elemente des Werks enthält, die aber nicht ohne Serververbindung nutzbar sind, führte sonst zur Verhinderung des Erschöpfungseintritts.

Rechteinhaber haben zwar ein Interesse daran, die in Verkehr gebrachten Werkstücke weiterhin zu kontrollieren und die Weiterverbreitung zu beschränken. Aber auch im digitalen Umfeld erhalten Rechteinhaber eine Vergütung, was im analogen Bereich zur Erschöpfung des Verbreitungsrechts führt.[448]

---

443 BGH v. 06.07.2000 - I ZR 244/97 = GRUR 2001, 153 - OEM-Version.

444 Zum Produktschlüsselvertrieb i.R.d. Verbreitung i.S.d. ComputerRL siehe Teil 2:B. III.1.d.cc(4); für den Transfer auf Computerspiele siehe Teil 2:B.III.4.

445 EuGH - C-128/11 = GRUR 2012, 904, Rn. 63 - UsedSoft; *Hoeren/Jakopp*, MMR 2014, 646, 649.

446 Siehe oben Teil 2:C.II.1.

447 Siehe oben Teil 2:B.III.4.

448 Wandtke/Bullinger/*Grützmacher*, UrhR[5], § 69c Rn. 33.

(a). Erforderliche Unbrauchbarmachung zurückbleibender Werkstücke

Der Widerstand gegen die Anwendung digitaler Erschöpfungsregeln rührt auch daher, dass ohne besondere technische Schutzmaßnahmen die einmal in Verkehr gebrachten Werkstücke beliebig und aufwandslos vervielfältigt werden könnten.[449] Es wird deshalb befürchtet, dass durch die einfache Vervielfältigungsmöglichkeit mehrere Nutzer in der Lage sein könnten ein Werk zu verwenden, indem sie mehrere Werkstücke herstellten, obwohl der Rechteinhaber nur für die Veräußerung eines Werkstücks vergütet worden sei. Es gehe darum dem Rechteinhaber die Erzielung einer angemessenen Vergütung zu ermöglichen.[450] Problematisch ist deshalb vielmehr, ob sichergestellt werden kann, dass eventuell zurückbleibende Werkstücke unbrauchbar gemacht werden.[451] Wenn das sichergestellt ist, dann spielt es keine Rolle, ob die Anfertigung von Vervielfältigungsstücken grundsätzlich einfach ist oder nicht.

(b). Überprüfung der Unbrauchbarmachung zurückbleibender Werkstücke im Produktschlüsselvertrieb

Im Fall von *Keysellern* ist aufgrund der einmaligen Verwendbarkeit von Produktschlüsseln einerseits[452] und der erforderlichen Authentifizierung[453] zur Freigabe der zurückbehaltenen Spieldateien andererseits sichergestellt, dass die mit dem Produktschlüssel verbundene Nutzungsmöglichkeit nur einmalig verwendet werden kann. Wenn nämlich nur ein Nutzer den Schlüssel aktivieren kann und danach nur derselbe Nutzer nach der Authentifizierung durch sein Benutzerkonto die zurückbehaltenen Daten erhält, dann ist sichergestellt, dass nur ein Nutzer das vertriebene Spiel verwendet.

Aus diesem Grund kann der Einsatz solcher technischen Schutzmaßnahmen allein nicht zum Ausschluss der Erschöpfungswirkung führen, weil dadurch gerade sichergestellt werden kann, dass die relevante Handlung eine Verbreitung und keine öffentliche Zugänglichmachung ist. Auch der EuGH hat in UsedSoft die Verwendung von wirksamen Schutzmaßnahmen gefordert, damit

---

449 Auch deshalb die Möglichkeit der digitalen Erschöpfung ablehnend *Apel*, ZUM 2015, 640, 647.

450 *Dreier*, MMR 2021, 102, 105.

451 EuGH - C-128/11 = GRUR 2012, 904, Rn. 70 - UsedSoft; BGH v. 19.03.2015 - I ZR 4/14 = GRUR 2015, 1108, Rn. 51 - Green-IT; *Peifer*, AfP 2013, 89, 91; *Hoeren/Försterling*, MMR 2012, 642, 645.

452 So auch *Dreier*, MMR 2021, 102, 105.

453 Siehe oben Teil 1:B.III.

sichergestellt werden kann, dass immer nur ein Nutzer die konkrete Nutzungsmöglichkeit, also die Verfügungsbefugnis über das Werkstück, erhält.[454]

Die Zurückbehaltung von einzelnen Spielelementen auf dem Server des Rechteinhabers ist deshalb nur Teil des technischen Schutzmechanismus, der kontrollieren soll, ob der Spieler auch zur Nutzung berechtigt ist.

dd. Herrschaftsaufgabe durch Inverkehrbringen des Produktschlüssels

Der relevante Zeitpunkt, an den für den Eintritt der Erschöpfungswirkung angeknüpft werden muss, ist das Inverkehrbringen des Werkstücks bzw. das Inverkehrbringen des Produktschlüssels als Verbreitungshandlung. Es kommt darauf an, ob es sich dabei um eine dauerhafte Überlassung handelt.[455]

Genau hier liegt ein Problem, wenn Teile eines Spiels nur über die Server des Rechteinhabers zur Verfügung gestellt werden: Die Kombination aus Produktschlüssel und Datenträger oder auch nur der Produktschlüssel allein wird derart in Verkehr gebracht, dass der Rechteinhaber seine eigene Zugriffsposition aufgibt. Denn, sobald die Kombination in den Verkauf gelangt, hat der Rechteinhaber keine Möglichkeit mehr, Einfluss auf die veräußerten Teile zu nehmen. Da die Kombination aber letztendlich unvollständig ist, kann mit Blick auf das Gesamtwerk womöglich nicht von einer vollständigen Herrschaftsaufgabe gesprochen werden. Für die Nutzung des Computerspiels ist schließlich das Tätigwerden des Rechteinhabers erforderlich, wenn das Spiel zur Inbetriebnahme die Verbindung zu dessen Server erfordert.

Das Problem beschränkt sich nicht nur auf Computerspiele. Auch bei Computerprogrammen gibt es im Rahmen von „Software as a Service“ (SaaS) eine Konstellation, bei der zwar ein Teil des Werks, z.B. mittels eines Datenträgers veräußert wird, dieser Teil aber ohne Verbindung zu den Servern des Rechteinhabers nicht lauffähig ist. In diesem Zusammenhang wird die Beschränkung der Erschöpfungswirkung auf den im Rahmen der Veräußerung vertriebenen Teil erwogen.[456] Das würde bedeuten, dass in Bezug auf das veräußerte Vervielfältigungsstück, also den veräußerten Teil, Erschöpfung des Verbreitungsrechts eintreten könnte.

---

454 EuGH - C-128/11 = GRUR 2012, 904, Rn. 79 - UsedSoft.

455 Schricker/Loewenheim/*Spindler,* UrhG[6], § 69c Rn. 34b; Möhring/Nicolini/*Kaboth/Spies,* UrhR[4], § 69c Rn. 16; Bräutigam/Rücker/*Specht,* E-Commerce, 6. Teil G. Rn. 64; *Marly,* Softwarerecht[6], Rn. 181, 183.

456 Dreier/Schulze, Urheberrechtsgesetz, § 69c Rn. 24.

Der Urheberrechtsschutz gilt grundsätzlich auch für Teile eines Werks, sofern der Werkteil die erforderliche Schöpfungshöhe erreicht.[457] Das bedeutet, dass auch ein Teil eines Werkes dem Schutz im Rahmen des Verbreitungsrechts unterliegt und dass bezüglich des verbreiteten Werkteils auch die Erschöpfungswirkung eintreten kann.

Da es um die Frage der zulässigen Weiterverbreitung des Produktschlüssels geht, käme es hinsichtlich der eingetretenen Erschöpfungswirkung nur auf den Werkteil an, der durch Rechteinhaber vertrieben wird.

(1). Urheberrechtsschutz des Backups auf einem mitveräußerten Datenträger

Sofern ein Datenträger veräußert wird, kann jedenfalls davon gesprochen werden, dass ein – auch in unvollständiger Form – schutzfähiger Teil des Werks veräußert wird. Das Backup soll die Größe des nach der Produktaktivierung erforderlichen Downloads reduzieren. Deshalb enthält es einen Großteil des Computerspiels, sodass nur wenige Elemente zur Inbetriebnahme oder ggf. zur Aktualisierung heruntergeladen werden müssen. Die erforderliche Schöpfungshöhe zur Erlangung des Urheberrechtsschutzes sollte infolge erreicht werden können, weil essenzielle Spielelemente darin enthalten sind.

(2). Urheberrechtsschutz des „Werkteils" bei Veräußerung eines Produktschlüssels allein

Wird lediglich ein Produktschlüssel veräußert, ist der Fall nicht so einfach zu beurteilen. Schließlich wird der Gehalt des Verbreitungsrechts bei Inverkehrbringen eines Keys bereits auf die Übertragung der Nutzungsmöglichkeit reduziert, sodass i.E. kein konkreter Teil des Werks übertragen werden muss.[458] Sinnvollerweise muss sich also die Betrachtung an dieser Stelle auf den Umfang der Nutzungsmöglichkeit richten. Denn wenn die Einräumung der Nutzungsmöglichkeit durch Übertragung eines Produktschlüssels für ein Computerspiel eine Verbreitungshandlung sein kann, dann muss sich hier die Frage stellen, ob es darauf ankommt, dass mit der Übertragung der Nutzungsmöglichkeit auch die vollständige Inbetriebnahme oder lediglich die erfolgreiche Aktivierung und die Möglichkeit des Downloads eines Vervielfältigungsstücks ermöglicht wird.

---

457 *Schack,* UrhR^9, Rn. 198.

458 Siehe oben Teil 2:B.III.4.

Hier besteht eine Parallele zur Veräußerung des Datenträgers, die auch der EuGH in UsedSoft gezogen hat:[459] Wenn die Ermöglichung des Downloads der Veräußerung eines Datenträgers gleichstehen soll, dann wäre auch an dieser Stelle davon auszugehen, dass die Veräußerung des Produktschlüssels allein als erforderliche Herrschaftsaufgabe gesehen werden kann. Schließlich ermöglicht die Verwendung des Produktschlüssels den Download des Computerspiels in einem Umfang, der auch durch das auf dem Datenträger gespeicherte Backup bereitgestellt wird. Insoweit sind die beiden Vertriebsmöglichkeiten vergleichbar. Der Unterschied liegt lediglich darin, dass mit Erwerb des Datenträgers die erforderlichen Dateien des Backups direkt in die Nutzungssphäre des Käufers gelangen, während bei Erwerb des Produktschlüssels zunächst der Download durchgeführt werden muss. In beiden Varianten ist die Produktaktivierung erforderlich.

Deshalb ist es nur folgerichtig, wenn man konsequenterweise auch die Veräußerung des Produktschlüssels schon als erschöpfungsfähige Verbreitungshandlung begreift, obwohl es dabei lediglich um die Möglichkeit des Downloads der Spieldateien geht. Die Fokussierung des Verbreitungsrechts auf die Übertragung der Nutzungsmöglichkeit im Rahmen der digitalen Verbreitung erfordert auch die Annahme einer erschöpfungsfähigen Verbreitungshandlung, wenn lediglich die Möglichkeit des Downloads zur Verfügung gestellt wird.

Dieser Ansatz stimmt auch mit der Vorgehensweise des EuGH in UsedSoft überein. Dort hatte das Gericht auf die Ermöglichung der Nutzungsmöglichkeit abgestellt und nicht zuletzt deshalb Download und Abschluss des Lizenzvertrags gemeinsam betrachtet.[460] Auch die Veräußerung eines Datenträgers mit dem Abschluss des Lizenzvertrags will der EuGH als einheitlichen Vorgang betrachten.[461]

Die Zuweisung der Downloadmöglichkeit hängt nicht von der weiteren Einwirkung des Rechteinhabers ab, sondern wird dem Nutzer nach Aktivierung des Produktschlüssels automatisiert zugewiesen.[462] Das bedeutet wiederum, dass Rechteinhaber mit der Veräußerung des Produktschlüssels zugleich die Verfügungsgewalt über die Nutzungsmöglichkeit aus der Hand geben. Das

459 EuGH - C-128/11 = GRUR 2012, 904, Rn. 61 - UsedSoft.
460 EuGH - C-128/11 = GRUR 2012, 904, Rn. 44 - UsedSoft.
461 EuGH - C-128/11 = GRUR 2012, 904, Rn. 47 - UsedSoft.
462 Siehe oben Teil 1:B.II.

Durchlaufen des Aktivierungsprozesses ist lediglich technische Schutzmaßnahme zur Verhinderung von Piraterie.[463]

b. Keine Gestaltung des Nutzungsvertrags als Mietverhältnis

Ein Aspekt, der für die Begründung eines Mietverhältnisses anstelle eines Verkaufs sprechen könnte, ist der für die Verwendung des Benutzerkontos zu akzeptierende Nutzungsvertrag. Denn auch wenn die Zurückhaltung von Werkbestandteilen auf den Servern des Rechteinhabers grundsätzlich keine Auswirkungen auf die Möglichkeit zum Erschöpfungseintritt bei dem vertriebenen Produktschlüssel (und ggf. dem zugehörigen Datenträger) hat, kommt es schließlich auf die Nutzungsermöglichung an.[464]

Wenn nun aber die Nutzung des Produktschlüssels nicht auf den Erwerb des Computerspiels i.S.d. Verkaufs, sondern vielmehr auf die Mietermöglichung gerichtet ist, dann kann auch die Verbreitung des Produktschlüssels nur auf die Mietnutzung gerichtet sein.

aa. Die Klauseln zur Lizenzeinräumung der einzelnen Plattformbetreiber

Um eine genauere Auseinandersetzung mit den abzuschließenden Nutzungsverträgen der einzelnen Online-Plattformen zu ermöglichen, erfolgt hier eine Auflistung der für die Lizenzeinräumung bestimmten Klauseln der größten Plattformanbieter.

(1). Electronic Arts: „Origin“

Für die „Origin“-Plattform von Electronic Arts heißt es in der einschlägigen „Nutzungsvereinbarung“: „Vorbehaltlich der Einhaltung der Bestimmungen dieser Vereinbarung, gewährt EA Ihnen eine persönliche, zeitlich beschränkte, nicht übertragbare, widerrufliche und nicht exklusive Lizenz zur Nutzung der EA-Services, auf die Sie Zugriff haben, für Ihre nicht gewerbliche Nutzung. […]“[465]

---

463 a.A. *Jänich*, K&R 2020, 781, 784 der den Vertrieb von Produktschlüsseln nicht mit dem Verbreitungsrecht verknüpft, siehe dazu schon oben Teil 2:B.III.3.c.bb(1).

464 Siehe oben Teil 2:C.II.3.a.dd(2).

465 Electronic Arts, Electronic Arts Nutzervereinbarung, https://tos.ea.com/legalapp/WEBTERMS/US/de/PC/, zuletzt geprüft am 23.05.2021.

(2). Epic Games: „Epic Games Store“

Für den von Epic Games betrieben „Epic Games Store“ heißt es in der „Endnutzer-Lizenzvereinbarung Epic Games Store“: „Epic erteilt Ihnen eine persönliche, nicht ausschließliche, nicht übertragbare, nicht unterlizenzierbare, beschränkte Lizenz zur Nutzung der Software und Dienste für Ihre persönlichen, nichtkommerziellen Zwecke (die „Lizenz“). [...]“[466]

(3). Ubisoft: „Ubisoft Store“

In dem von Ubisoft betriebenen Ubisoft Store enthält der „Endbenutzer-Lizenzvertrag“ die folgende Bestimmung: „1.1 UBISOFT (oder seinen Lizenzgebern) räumt Ihnen hiermit eine nicht-ausschließliche, nicht-übertragbare, nicht-unterlizenzierbare, nicht gewerbliche und persönliche Lizenz zur Installierung und/oder Nutzung des Produkt (ganz oder teilweise) und jedes anderen Produkts ein (die „Lizenz“), bis entweder Sie oder UBISOFT diesen EULA kündigen. [...] IHNEN WIRD EINE LIZENZ FÜR DIESES PRODUKT ERTEILT, ES WIRD NICHT AN SIE VERKAUFT.“[467]

(4). Valve Corp.: „Steam“

Für die von der Valve Corp. betriebenen Steam-Plattform bestimmt der „Steam-Nutzungsvertrag“: „Valve räumt Ihnen hiermit eine nicht-ausschließliche Lizenz und ein Recht zur Nutzung der vertragsgegenständlichen Inhalte und Leistungen für Ihren persönlichen, ausschließlich privaten Gebrauch [...] ein und Sie nehmen diese Lizenz hiermit an. [...] Die vertragsgegenständlichen Inhalte und Leistungen sind Gegenstand einer Lizenzeinräumung, d.h. sie werden nicht veräußert. Die Ihnen eingeräumte Lizenz begründet keinerlei Eigentumsrechte an und in Bezug auf die vertragsgegenständlichen Inhalte und Leistungen.“[468]

bb. Untersuchung der verwendeten Lizenzklauseln

Ein Blick auf die verschiedenen Nutzungsverträge der einzelnen Plattformen der Rechteinhaber zeigt, dass alle ähnlich formuliert und darauf gerichtet sind, dem Nutzer nur die erforderlichen Lizenzrechte einzuräumen, sodass stets von der

---

466 Epic Games, Endnutzer-Lizenzvereinbarung Epic Games Store, https://www.epicgames.com/store/de/eula, zuletzt geprüft am 30.03.2021.

467 Ubisoft, Endbenutzer-Lizenzvertrag, https://legal.ubi.com/eula/de-DE, zuletzt geprüft am 30.03.2021.

468 Valve Corp., Steam-Nutzungsvertrag/Steam Abonnementvereinbarung, https://store.steampowered.com/subscriber_agreement/?l=german, zuletzt geprüft am 30.03.2021.

Einräumung einer „nicht ausschließlichen“, „nicht übertragbaren“, „nicht unterlizenzierbaren“, „nicht gewerblichen“ und „persönlichen“ Lizenz die Rede ist.

(1). Dauer der Nutzungsermöglichung

Über die Dauer der Nutzung treffen die einzelnen Klauseln keine Aussage. Spiele, die über eine der Plattformen erworben werden oder die durch die Produktschlüsselaktivierung einem Benutzeraccount hinzugefügt werden, bleiben grundsätzlich dauerhaft verknüpft. Im „Steam-Nutzungsvertrag“ heißt es beispielsweise: „Sie sind berechtigt, die Nutzung eines Abonnements jederzeit einzustellen, oder Sie können Valve nach Ihrer Wahl darum bitten, Ihren Zugang zu einem Abonnement zu beenden.“[469] Für die Dauerhaftigkeit spricht also, dass der Zugang zu einem Spiel nur durch aktives Einschreiten des Nutzers entfernt werden kann.

(2). Nutzung ist an Benutzeraccount gekoppelt

Deshalb ist die Nutzungsmöglichkeit vom Bestehen des Benutzeraccounts und nicht von zeitlichen Vergütungsintervallen abhängig. So heißt es bei Electronic Arts: „Diese Vereinbarung bleibt in Kraft, bis sie durch Sie oder durch EA gekündigt wird. [...]“;[470] bei Epic Games: „[...] Sie können diese Vereinbarung auch kündigen, indem Sie alle Kopien der Software löschen. Bei einer Kündigung endet die Lizenz automatisch, Sie können die durch die Lizenz eingeräumten Rechte nicht mehr ausüben und müssen alle in Ihrem Besitz befindlichen Kopien der Software vernichten.“;[471] bei Ubisoft: „[...] Sie und UBISOFT (oder seinen Lizenzgebern) können diesen EULA jederzeit und gleich aus welchem Grund kündigen. [...]“[472] und bei Valve: „Die Laufzeit der vorliegenden Vereinbarung (nachfolgend die „Laufzeit“) beginnt an dem Tag, an dem Sie erstmalig Ihre Zustimmung zur Geltung der vorliegenden Vertragsbedingungen erklären,

---

469 Valve Corp., Steam-Nutzungsvertrag/Steam Abonnementvereinbarung, https://store.steampowered.com/subscriber_agreement/?l=german, zuletzt geprüft am 30.03.2021 unter 9. B.

470 Electronic Arts, Electronic Arts Nutzervereinbarung, https://tos.ea.com/legalapp/WEBTERMS/US/de/PC/, zuletzt geprüft am 23.05.2021 unter Punkt 8.

471 Epic Games, Endnutzer-Lizenzvereinbarung Epic Games Store, https://www.epicgames.com/store/de/eula, zuletzt geprüft am 30.03.2021 unter Punkt 9.

472 Ubisoft, Endbenutzer-Lizenzvertrag, https://legal.ubi.com/eula/de-DE, zuletzt geprüft am 30.03.2021 unter Punkt 8.

und die Vereinbarung bleibt so lange wirksam, bis sie gemäß den Bestimmungen der vorliegenden Vereinbarung gekündigt oder anderweitig beendet wird."[473]

Aus all diesen Klauseln geht hervor, dass die Lizenzierung, also die Nutzungsermöglichung, dauerhaft erfolgt, wenn es nicht zu einer Kündigung kommt. Die Tatsache, dass eine Kündigung in Betracht kommt, könnte dafürsprechen, dass die Vereinbarung auf ein Mietverhältnis mit unbestimmter Dauer gerichtet ist. Der BGH hat allerdings entschieden, dass es für den Eintritt der Erschöpfungswirkung genügen kann, wenn für die gesamte Laufzeit die Nutzung ermöglicht werde und deshalb „Rechte an dem Programm damit dauerhaft und endgültig"[474] abgetreten werden. Auch in der vorher erfolgten OEM-Entscheidung gibt der BGH zu verstehen, dass eine Veräußerung eines Werkstücks durch den Rechteinhaber innerhalb der Lizenzzeit zur Erschöpfung des Verbreitungsrechts führen kann.[475]

(3). Dauerhafte Einräumung der Nutzungsmöglichkeit

Die damit verbundene grundsätzlich dauerhafte Lizenzeinräumung genügt zur Annahme der Veräußerung, sodass hier nicht von der Vereinbarung eines Mietverhältnisses ausgegangen werden kann.[476]

Sowohl in der Klausel von Ubisoft[477] als auch in der Klausel der Valve Corp.[478] findet sich zusätzlich der ausdrückliche Verweis darauf, dass kein „Verkauf" des „Produkts" bzw. „Vertragsinhalts" stattfinde. Da, wie bereits untersucht, aber jedenfalls die dauerhafte Nutzung des Computerspiels ermöglicht wird und es deshalb nach der oben durch die Rechtsprechung des EuGH geprägten Definition für den Verkauf[479] zu einer erschöpfungsfähigen Verbreitung kommt, können die verwendeten Formulierungen nur als Hinweis auf die beschränkte

473 Valve Corp., Steam-Nutzungsvertrag/Steam Abonnementvereinbarung, https://store.steampowered.com/subscriber_agreement/?l=german, zuletzt geprüft am 30.03.2021 unter 9. A.

474 BGH v. 19.03.2015 - I ZR 4/14 = GRUR 2015, 1108, Rn. 37 - Green-IT.

475 BGH v. 06.07.2000 - I ZR 244/97 = GRUR 2001, 153, 154 - OEM-Version; so auch Kilian/Heussen/*Czychowski/Siesmayer*, ComputerR[35], 20.4 Rn. 132.

476 EuGH - C-128/11 = GRUR 2012, 904, Rn. 45 - UsedSoft; BGH v. 19.03.2015 - I ZR 4/14 = GRUR 2015, 1108, Rn. 37 - Green-IT; Schricker/Loewenheim/*Spindler*, UrhG[6], § 69c Rn. 34b; Möhring/Nicolini/*Kaboth/Spies*, UrhR[4], § 69c Rn. 22 ff.

477 Siehe oben Teil 2:C.II.3.b.aa(3).

478 Siehe oben Teil 2:C.II.3.b.aa(4).

479 Siehe oben Teil 2:B.III.1.d.cc(2).

Rechtseinräumung, also die oben beschriebene nicht ausschließliche Nutzungslizenz, verstanden werden.

Wenn nämlich inhaltlich die dauerhafte Überlassung des Computerspiels bezweckt wird, kommt es nicht darauf an, ob das Vertragsverhältnis als Verkauf oder als Lizenzvertrag ausgestaltet ist. Das hat schließlich schon der EuGH in UsedSoft zu verstehen gegeben, als er angemerkt hat, dass die bloße Benennung des Vertrags für die Betrachtung nicht ausschlaggebend ist, damit die Erschöpfungswirkung nicht durch die äußere Gestaltung des Vertragsverhältnisses umgangen werden kann.[480]

(4). Gestaltung der Lizenzvereinbarung zur Begründung der Miete

Nur in wenigen Benutzervereinbarungen ist von einer „zeitlich beschränkten" Lizenz die Rede. In den hier verglichenen Vereinbarungen ist das lediglich bei der von Electronic Arts verwendeten Klausel der Fall.[481] Eine genauere Angabe über den Umfang der zeitlichen Beschränkung findet sich auch im weiteren Verlauf des Lizenzvertrags nicht. Lediglich der Hinweis auf die Möglichkeit der Kündigung des Benutzerkontos, die den Eintritt der Erschöpfungswirkung nicht verhindert,[482] könnte die „zeitliche" Beschränkung der Lizenzierung erklären. Auf die Auslegung und Überprüfung einzelner Klauseln kommt es bei der Einordnung des Vertrags aber nicht an. Wichtig ist, dass vor der Prüfung einzelner Klauseln der Vertragstypus ermittelt wird, also hier die Einordnung in Miete oder Kauf erfolgen muss, denn auch bei abweichenden Klauseln gilt grundsätzlich der Gesamteindruck des abzuschließenden Nutzungsvertrags.[483]

(a). Fehlende Konkretisierung der zeitlichen Beschränkung

In dem oben genannten Beispiel ist problematisch, dass die übrigen Lizenzvereinbarungen keine weitere Konkretisierung dieser zeitlichen Beschränkung enthalten. Hier kann zwar die mögliche „Kündigung" durch den Nutzer als ausschlaggebender Anknüpfungspunkt für die zeitliche Beschränkung gesehen werden, aber die Beschränkung könnte auch darauf hinweisen, dass die Plattform nicht unbeschränkt in die Zukunft betrieben werden könnte und deshalb

---

480 EuGH - C-128/11 = GRUR 2012, 904, Rn. 49 - UsedSoft.

481 Siehe oben Teil 2:C.II.3.b.aa(1).

482 Siehe oben Teil 2:C.II.3.b.bb(2).

483 BGH v. 04.03.1997 - X ZR 141/95 = NJW 1997, 2043, 2045 - Software-Funktionsprüfung; *Schneider*, WRP 2021, 293, Rn. 15.

möglicherweise mit Beendigung des Plattformbetriebs auch die Lizenzen erlöschen könnten.

(b). Verständlichkeit der Klausel i.S.d. § 307 Abs. 1 S. 2 BGB

Wenn also diese zeitliche Beschränkung derart aufgefasst werden soll, dass der Plattformbetreiber sich vorbehält, zu jedem Zeitpunkt die Lizenz zu widerrufen, dann stellt sich die Frage, ob eine solche Klausel, die typischerweise zur Regelung einer Vielzahl von Verträgen gedacht ist und darum als AGB i.S.d. § 305 Abs. 1 BGB einzuordnen ist, den Nutzer i.S.d. § 307 Abs. 1 S. 2 BGB unangemessen benachteiligt, weil sie nicht „klar und verständlich" ist.[484] Der Vertragspartner soll schließlich möglichst klar seine Rechte feststellen können.[485] Da die Lizenzverträge mit Nutzern der Computerspiele geschlossen werden, ist davon auszugehen, dass es sich dabei hauptsächlich um Verbraucher handelt. Deshalb müssen die Klauseln derart formuliert sein, dass ein „normal informierter, angemessen aufmerksamer und verständiger Durchschnittsverbraucher"[486] die Wirkung der verwendeten Klausel erfassen kann.[487]

Für den Nutzer bleibt insgesamt unverständlich, welche Bedeutung und welcher Umfang der zeitlichen Begrenzung zukommt.[488] Schließlich soll einerseits die dauerhafte Ermöglichung der Nutzung des Computerspiels erfolgen, andererseits aber eine nicht konkret aus dem Vertragsverhältnis bestimmbare zeitliche Beschränkung existieren.

Für den Verbraucher wird im Rahmen des Computerspielerwerbs auch bei Kauf auf den verschiedenen Plattformen stets von „Kauf" gesprochen. Bei Steam wird dem Kunden die Möglichkeit angezeigt ein Spiel entweder für sich oder für jemand anderen zu „kaufen". Die Schaltflächen sind mit „Für mich selbst kaufen" oder „Als Geschenk kaufen" betitelt. Auch bei Electronic Arts heißt es „Jetzt kaufen – [Kaufpreis in Euro]" oder „Als Geschenk kaufen". Das hier womöglich nur ein Mietverhältnis entstehen soll, kann ein durchschnittlicher Verbraucher, der zuvor ein Computerspiel „gekauft" hat, sicherlich nicht erkennen.

---

484 Säcker/Rixecker/Oetker/Limperg/*Wurmnest*, MükoBGB, Bd. 2^8, § 307 Rn. 56.

485 BGH v. 05.11.2003 - VIII ZR 10/03 = NJW 2004, 1598, 1600; Säcker/Rixecker/Oetker/Limperg/*Wurmnest*, MükoBGB, Bd. 2^8, § 307 Rn. 61.

486 EuGH - C-26/13 = EuZW 2014, 506, Rn. 74.

487 EuGH - C-26/13 = EuZW 2014, 506, Rn. 73; Säcker/Rixecker/Oetker/Limperg/*Wurmnest*, MükoBGB, Bd. 2^8, § 307 Rn. 64.

488 Vgl. Säcker/Rixecker/Oetker/Limperg/*Wurmnest*, MükoBGB, Bd. 2^8, § 307 Rn. 61.

Die Anwendungsmöglichkeit des Kaufrechts auf solche Fälle wurde bereits erörtert.[489] Besonders nach Umsetzung der Richtlinie über vertragsrechtliche Aspekte der Bereitstellung digitaler Inhalte[490] ergibt sich aus § 453 BGB n.F, dass auf einen „Verbrauchervertrag über den Kauf digitaler Inhalte“[491] das Kaufrecht anwendbar ist.

Aus diesem Grund kann die beispielhaft herangezogene Lizenzvereinbarung jedenfalls nicht zur Vereinbarung eines Mietverhältnisses führen.

cc. *Abonnementvereinbarungen als Beispiel für tatsächliche Miete: „Game Abos“*

Als direkter Kontrast treten die unterschiedlichen Abonnementmöglichkeiten für Computerspiele auf: Bei verschiedenen Anbietern kann für einen monatlichen Betrag der Zugang zu einer Spielebibliothek erworben werden, deren Inhalt durch den Plattformbetreiber bestimmt wird und dessen Zugriffsmöglichkeit mit Kündigung des Abonnements endet.[492]

Hier sind die Voraussetzungen der Miete mit Blick auf den kompletten Vertragsinhalt eindeutiger erfüllt. Durch die monatliche Zahlung erhält der Nutzer Zugriff auf den jeweiligen Spielekatalog. Dieser Zugriff ist auf die Abonnementzeit begrenzt und wird wieder entzogen, sobald das Abo gekündigt wurde. Auch während des Erwerbs des Abonnements wird nicht von „Kauf“ gesprochen. Vielmehr solle der Nutzer „beitreten“[493] oder „Mitglied werden“[494] Damit wird die Nutzung auf Zeit ermöglicht und keine dauerhafte Überlassung der Computerspiele angestrebt, sodass gerade keine erschöpfungsfähige Verbreitungshandlung in Betracht kommt.

dd. *Aktivierungsvoraussetzung des Produktschlüssels führt nicht zur Miete*

Die Produktaktivierung mittels Produktschlüssel zeigt im Kontrast zu tatsächlichen Mietmodellen, dass eine dauerhafte Nutzungsermöglichung gewollt ist.

---

489 Siehe oben Teil 2:B.III.1.d.cc(3)(a).

490 RL 2019/770.

491 BTDrucks 19/27653, S. 19.

492 Zurzeit sind die bekanntesten Anbieter solcher Spiele-Abos Microsoft mit dem „Xbox Game Pass“, Electronic Arts mit „EA Play“ und Ubisoft mit „Ubisoft+“.

493 Microsoft, Xbox Game Pass für PC, https://www.xbox.com/de-DE/xbox-game-pass/pc-games, zuletzt geprüft am 24.05.2021.

494 Electronic Arts, EA-Play für PC, https://www.origin.com/deu/de-de/store/ea-play, zuletzt geprüft am 24.05.2021.

Rein technisch wäre es sicherlich möglich, einen Produktschlüssel für die Aktivierung eines gemieteten Zugangs zu verwenden. Die Gestaltung des tatsächlichen Vertriebs, bei dem i.R.d. Spieleerwerbs stets von „Kauf“[495] gesprochen wird, spricht bereits dagegen. Da ein Computerspiel ohne zeitliche Beschränkung durch Eingabe des Produktschlüssels für den zugehörigen Benutzer aktiviert wird, kommt es nicht zum Abschluss eines Mietverhältnisses.

Bei den Mietmodellen kommt es gerade darauf an, dass gegen ein regelmäßig zu entrichtendes Entgelt Zugang zu einer Auswahl an Computerspielen ermöglicht wird. Die Nutzungsmöglichkeit der einzelnen Computerspiele erlischt, sobald das Abonnement ausläuft.

Dadurch, dass aber mit Aktivierung des Produktschlüssels ein Computerspiel dauerhaft mit dem Account des Aktivierenden verknüpft wird, kommt es zur dauerhaften Nutzungseinräumung. Auch die für die Produktaktivierung verwendeten Lizenzverträge[496] spiegeln genau das wider: Sie sind so gestaltet, dass der Nutzer dauerhaft auf das Computerspiel zugreifen kann.

c. *Keine Vermietung des Computerspiels durch Zurückbehaltung einzelner Bestandteile oder lizenzvertragliche Vereinbarung*

Das bedeutet, dass der Möglichkeit der Erschöpfung des Verbreitungsrechts bei Inverkehrbringen des Produktschlüssels jedenfalls nicht das verwendete Vertriebsmodell entgegensteht.

Selbst wenn je nach technischer Gestaltung der Plattform des Rechteinhabers einzelne Elemente des Spiels als technische Schutzmaßnahme vor Piraterie auf dessen Servern zurückbleiben, führt das nicht dazu, dass sich der im Wege des Vertriebs in Verkehr gebrachte Werkteil nicht erschöpfen kann.[497]

Auch die Gestaltung des zu akzeptierenden Nutzungsvertrags führt für die untersuchte Vertriebsart nicht zur Vereinbarung eines Mietverhältnisses, weil die Verknüpfung der Spielelizenz mit dem Benutzeraccount auf die dauerhafte Ermöglichung der Nutzung gerichtet ist und gerade keine zeitliche Beschränkung erfolgen soll.[498]

Deshalb gilt, dass der Erwerber des Computerspiels im Erstvertrieb durch den Rechteinhaber bereits die unbeschränkte Nutzungsmöglichkeit für das Computerspiel erhält. Sofern also ein Produktschlüssel veräußert wird, kann

495 Konkreter oben Teil 2:C.II.3.b.bb(4)(b).
496 Siehe oben Teil 2:C.II.3.b.aa.
497 Siehe oben Teil 2:C.II.3.a.
498 Siehe oben Teil 2:C.II.3.b

davon ausgegangen werden, dass im Rahmen der zusätzlichen Erschöpfungsvoraussetzungen für den digitalen Vertrieb eine dauerhafte Nutzungsmöglichkeit eingeräumt wird.

4. *Erschöpfung des Verbreitungsrechts bei Inverkehrbringen des Produktschlüssels mit Datenträger*

Die erste Fallgruppe für die Überprüfung des Eintritts der Erschöpfungswirkung bildet der Vertrieb des Kombinationspakets aus Produktschlüssel und Datenträger, der etwa im Einzelhandel vertrieben wird. Damit sich das Verbreitungsrecht überhaupt erschöpfen kann, muss das betroffene Werkexemplar zunächst durch Veräußerung und mit Zustimmung des Rechteinhabers in Verkehr gebracht worden sein.

a. *Inverkehrbringen durch Verkauf von Produktschlüssel und Datenträger mit Zustimmung des Rechteinhabers innerhalb der EU/des EWR*

Relevant für den Eintritt der Erschöpfungswirkung ist der Zeitpunkt, in dem der Rechteinhaber die Kontrolle über das zu vertreibende Werkexemplar aufgibt und im Gegenzug die vereinbarte Vergütung erhält.[499]

Grundsätzlich wäre das hier durch den vom Rechteinhaber veranlassten Vertrieb der Fall. Die erste Vertriebshandlung ist die Veräußerung der entsprechenden Produkte an einen Händler oder ggf. auch der direkte Verkauf an den Endnutzer. Der bei dem Verkauf des Computerspiels geschlossene Kaufvertrag ist letztendlich Rechtsgrund für die erfolgende Eigentumsübertragung des Werkstücks an den Käufer und damit die maßgebliche Veräußerungshandlung. Hierin liegt eine Erstverbreitung.[500] Dieser Erstvertrieb geschieht auch mit Zustimmung des Rechteinhabers, der das Computerspiel verkaufen will. Da der Rechteinhaber in diesem Zusammenhang außerdem eine Vergütung erhält, sind die Voraussetzungen der Erschöpfung des Verbreitungsrechts gegeben, sofern

---

499 BGH v. 24.05.2007 - I ZR 42/04 = GRUR 2007, 691, Rn. 27 - Staatsgeschenk; BGH v. 06.03.1986 - I ZR 208/83 = GRUR 1986, 736, 737 - Schallplattenvermietung; Schricker/Loewenheim/*Spindler*, UrhG[6], § 69c Rn. 25; Wandtke/Bullinger/*Grützmacher*, UrhR[5], § 69c Rn. 27.

500 Schricker/Loewenheim/*Spindler*, UrhG[6], § 69c Rn. 35; Wandtke/Bullinger/*Grützmacher*, UrhR[5], § 69c Rn. 33; Fromm/Nordemann/*Czychowski*, UrhR[12], § 69c Rn. 26; Dreier/Schulze/*Dreier*, UrhG[6], § 69c Rn. 20; *Dreier*, MMR 2021, 102, 103 f.; a.A. *Jänich*, K&R 2020, 781, 784.

der Erstverkauf innerhalb der europäischen Union bzw. des EWR erfolgt. Von der vollständigen Bezahlung durch den Erstkäufer ist in dieser Konstellation auszugehen.

Wenn Rechteinhaber Plattformen zur Herstellung von Produktschlüsseln verwenden, dann können sie über diese auch festlegen, für welche Region die Schlüssel gedacht sind. Für die einzelne Nachverfolgung kann sogar bei einzelnen Schlüsseln überprüft werden, für welche Region sie gedacht waren und in welcher sie tatsächlich verwendet wurden.

Aufgrund dieser Tatsache können sich Rechteinhaber nicht darauf berufen, dass die Herkunft vertriebener Produktschlüssel nicht nachweisbar sei und nicht angebracht werden könne, dass sie aus der EU bzw. dem EWR stammen.[501] Andernfalls könnte die regionale Beschränkung des Vertriebs nicht ermöglicht werden.[502]

b. Lizenzaufspaltung durch Trennung von Datenträger und Produktschlüssel

Möglicherweise kommt es aber zu einer nicht zulässigen Lizenzaufspaltung[503], wenn ein Computerspiel ursprünglich als Kombinationsprodukt aus Datenträger und Produktschlüssel vertrieben wurde, aber im Weiterverkauf nur der Produktschlüssel weitergegeben wird.

Ein getrennter Vertrieb von Datenträger und Produktschlüssel war bereits vom LG Berlin als eine unzulässige Lizenzaufspaltung gesehen worden. Dort hatte ein *Keyseller* Computerspiele im Handel, bestehend aus Produktschlüssel und Datenträger, erworben, aber nur die Produktschlüssel weiterveräußert. Die Möglichkeit der Erschöpfung solle nur an die Kombination geknüpft sein, die durch den Rechteinhaber auch in Verkehr gebracht werde, urteilte das Landgericht.[504]

Richtigerweise soll verhindert werden, dass es zu einer Lizenzaufspaltung kommt. Das wäre der Fall, wenn durch den Weiterverkauf des Produktschlüssels das Werk nicht mehr in Kombination bei dem Ersterwerber, sondern durch die getrennte Veräußerung zusätzlich bei dem zweiten Erwerber existierte. Dann

501 So aber grundsätzlich *Merk/Schneider*, MMR-Beil. 2019, 12, 14.

502 Siehe etwa die regionale Einteilung auf Steam: Steamworks-Dokumentation: Berichte und Zahlungen, Valve Corp., https://partner.steamgames.com/doc/finance/payments_salesreporting#3, zuletzt geprüft am 26.05.2021.

503 Siehe oben Teil 2:C.I.4.

504 LG Berlin, MMR 2014, 838.

hätten sich die verwendbaren Lizenzen schließlich verdoppelt. Eine Aufspaltung von Lizenzen hatte auch der EuGH in UsedSoft bereits für nicht zulässig erklärt[505] und deshalb die Unbrauchbarmachung der Kopie des Weiterveräußerers vorausgesetzt.[506]

Wenn also bei der Weiterveräußerung des Produktschlüssels noch eine brauchbare Kopie des Computerspiels, hier in Form des Datenträgers, zurückbliebe, dann läge eine unzulässige Lizenzaufspaltung vor. Im Ergebnis könnte es nicht zur wirksamen Erschöpfung des Verbreitungsrechts kommen.

Bei der Lösung dieses Problems kommt es maßgeblich auf die Verwendbarkeit des Datenträgers an: Wenn das Computerspiel derart auf dem Datenträger gespeichert ist, dass es auch ohne Produktschlüssel spielbar ist, dann liegt in der Weiterveräußerung des Produktschlüssels eine unzulässige Lizenzaufspaltung. In diesem Fall hätte der *Keyseller* zunächst eine einheitliche Version des Computerspiels erworben, die für die Nutzung bei einem Erwerber gedacht war, diese aber wiederum durch isolierte Veräußerung des Produktschlüssels in zwei Lizenzen geteilt.

Dadurch, dass die Verwendungsmöglichkeit des Computerspiels an die Aktivierung des Produktschlüssels auf dem Server des Rechteinhabers gebunden ist, bleibt bei der Veräußerung des Keys lediglich ein unbrauchbares Backup zurück. Die in UsedSoft vom EuGH geforderte Unbrauchbarmachung der zurückbleibenden Kopie geschieht also aufgrund der erforderlichen Aktivierung von selbst.

Das Backup auf dem Datenträger ist mit Blick auf die UsedSoft-Entscheidung des EuGH also vielmehr vergleichbar mit dem kostenlosen Download der Software, der ohne passende Lizenz „sinnlos" ist.[507] Der EuGH schlägt in UsedSoft sogar selbst vor, dass die Unbrauchbarmachung von Vervielfältigungsstücken mithilfe von Produktschlüsseln überwacht werden könnte.[508]

Durch den Weiterverkauf des Produktschlüssels kommt es also auch dann nicht zu einer unzulässigen Lizenzaufspaltung, wenn ein Datenträger zurückbleibt.

---

505 EuGH - C-128/11 = GRUR 2012, 904, Rn. 69 - UsedSoft.

506 EuGH - C-128/11 = GRUR 2012, 904, Rn. 70 - UsedSoft; zustimmend Wandtke/Bullinger/*Grützmacher*, UrhR^5, § 69c Rn. 59.

507 EuGH - C-128/11 = GRUR 2012, 904, Rn. 44 - UsedSoft.

508 EuGH - C-128/11 = GRUR 2012, 904, Rn. 79 - UsedSoft; zustimmend *Peifer*, AfP 2013, 89, 92.

c. *Veräußerung nur in der vorgesehenen Kombination*

Das Landgericht legte ein zusätzliches Argument vor, welches neben der Gefahr der Lizenzaufspaltung besonderer Beachtung bedarf: Der Käufer erwerbe im Rahmen des Erstvertriebs die vom Rechteinhaber bestimmte Kombination aus Datenträger und Produktschlüssel. Deshalb könne der Weiterverkäufer auch nur diese konkrete Kombination weitervertreiben, weil er sonst ein anderes Produkt veräußerte, wozu ihm aber die Zustimmung des Rechteinhabers fehle.[509]

Verallgemeinert könnte das bedeuten, dass ein mit dieser konkreten Kombination in Verkehr gebrachtes Computerspiel sich nur in Bezug auf die Werkkombination in seinem Verbreitungsrecht erschöpft. Das passt allerdings nicht zu den bisher erörterten Besonderheiten des Vertriebs von Produktschlüsseln und Datenträgern. Schließlich hätte auch der BGH in Half-Life 2 dann zu dem Ergebnis kommen müssen, dass der Vertrieb des Datenträgers allein nicht ohne Zustimmung des Rechteinhabers möglich sein kann.[510]

Es kommt darauf an, dass der Rechteinhaber die Herrschaft über das veräußerte Werk abgibt.[511] Dafür kann er eine angemessene Vergütung verlangen.

Hier ist ein Zusammenhang mit der OEM-Entscheidung[512] des BGH erkennbar: Rechteinhaber von Software, die in Kombination mit bestimmter Hardware veräußert wurde, können nicht bestimmen, dass diese Software nur zusammen mit der im Erstverkauf vertriebenen Hardware weiterveräußert werden soll, weil sich das Verbreitungsrecht am Computerprogramm mit dem Erstvertrieb erschöpft.[513] Deshalb kann der Rechteinhaber auch im hier dargestellten Sachverhalt nicht die Weiterveräußerung beschränken, wenn der einzige Einwand gegen den Erschöpfungseintritt die Beibehaltung der Kombination aus Produktschlüssel und Datenträger sein soll.

d. *Zwischenergebnis für den Weiterverkauf von Produktschlüsseln und Datenträger*

Sobald die Kombination aus Produktschlüssel und Datenträger mit Zustimmung des Rechteinhabers vertrieben wird, erschöpft sich das Verbreitungsrecht an der vertriebenen Kombination.

---

509 LG Berlin, MMR 2014, 838; ebenso *Hilgert*, CR 2014, 354, 357.
510 Siehe insbesondere Teil 2:C.II.3.a.bb und Teil 2:C.II.3.a.cc.
511 Siehe dazu Teil 2:C.II.3.a.dd.
512 BGH v. 06.07.2000 - I ZR 244/97 = GRUR 2001, 153 - OEM-Version.
513 BGH v. 06.07.2000 - I ZR 244/97 = GRUR 2001, 153, 154 - OEM-Version.

Das bedeutet aber nicht, dass nur diese festgelegte Kombination weiterveräußert werden darf. Der Datenträger enthält lediglich ein allein nicht lauffähiges Backup und ist deshalb ohne die vorher durch den Produktschlüssel durchgeführte Produktaktivierung nutzlos. Aus diesem Grund kommt es auch nicht zu einer unzulässigen Aufspaltung der Lizenz, wenn nur der Produktschlüssel durch einen *Keyseller* weiterveräußert wird.

Durch die Produktaktivierung wird das zurückbleibende Werkexemplar unbrauchbar gemacht, sodass die besonderen Kriterien des EuGH aus der UsedSoft-Entscheidung bei der digitalen Weiterveräußerung des Produktschlüssels eingehalten werden.

5. *Eintritt der Erschöpfungswirkung durch den (digitalen) Vertrieb von Produktschlüsseln*

Wird ein Computerspiel digital, aber nicht direkt über die Plattform des Rechteinhabers vertrieben, kommen Produktschlüssel zum Einsatz.[514] Das geschieht vielfach bei dem Vertrieb durch *lizenzierte Händler*, die ihre Produktschlüssel direkt von den Rechteinhabern beziehen und über eigene Verkaufsplattformen vertreiben.[515] Entwickler oder Publisher ohne eigene Vertriebsplattform nutzen häufig etablierte Plattformen wie Steam, um ihre Spiele an eine große Zahl von potenziellen Käufern zu vertreiben. Solche Plattformen bieten ebenfalls die Möglichkeit, Produktschlüssel zu generieren, damit das Spiel über die Homepage des Entwicklers vertrieben werden kann.[516] Im analogen Verkauf kommt es immer wieder vor, dass Spiele nur durch Produktschlüssel vertrieben werden und kein Datenträger mehr mitveräußert wird.[517]

Damit sich das Verbreitungsrecht an den so vertriebenen Computerspielen erschöpfen kann, muss auch hier das Spiel innerhalb der EU bzw. des EWR mit Zustimmung des Rechteinhabers in Verkehr gebracht werden.

---

514 Siehe oben Teil 1:B.IV.3.

515 Darunter zählen international etwa Amazon oder Humble Bundle Inc. oder national beispielsweise Games Rocket von United Games Entertainment GmbH oder Gameliebe von rpg-services GmbH.

516 Abschnitt der Steamworks-Dokumentation über Steam-Produktschlüssel, Valve Corp., https://partner.steamgames.com/doc/features/keys, zuletzt geprüft am 26.05.2021.

517 Siehe oben Teil 1:B.V.

a. Inverkehrbringen mit Zustimmung des Rechteinhabers und Erstverkauf des Werks innerhalb der EU bzw. des EWR

In dieser Variante ergeben sich an der Zustimmung des Rechteinhabers keine Zweifel, wenn die Produktschlüssel mit Veräußerungsabsicht in Verkehr gebracht werden.[518] In der Bearbeitung hat sich bereits gezeigt, dass der Vertrieb des Produktschlüssels allein schon eine taugliche Verbreitungshandlung sein kann.[519] Der Käufer erhält gegen Bezahlung die Nutzungsmöglichkeit für das Computerspiel, sodass die Voraussetzungen des Verkaufsbegriffs des EuGH erfüllt sind.[520] Deshalb ergeben sich bei dem Vertrieb des bloßen Produktschlüssels, also ohne Datenträger, keine Unterschiede. Zu einer unzulässigen Lizenzaufspaltung kann es schon deshalb nicht kommen, weil nur der Produktschlüssel zur Verfügung steht und dieser sich mit der Aktivierung verbraucht. Insofern ergeben sich bei diesem Vertriebsmodell sogar weniger Probleme als bei der kombinierten Veräußerung von Datenträger und Produktschlüssel.

b. Besondere Voraussetzungen aus der UsedSoft-Entscheidung

Die zusätzlichen Voraussetzungen, die der EuGH im UsedSoft-Verfahren für den Eintritt der Erschöpfungswirkung aufgestellt hat, müssen erfüllt sein.[521] Das Computerspiel muss also vollständig bezahlt, die Nutzung muss dauerhaft ermöglicht und möglicherweise zurückbleibende Vervielfältigungsstücke müssen unbrauchbar gemacht worden sein. Auch hier stellen sich im Vergleich zum Vertrieb eines Computerspiels mit Datenträger weniger Probleme. Denn die Frage, ob ein beim Verkäufer zurückbleibender Datenträger unbrauchbar gemacht werden muss, stellt sich gar nicht erst.

Von der vollständigen Bezahlung ist in dieser Fallgruppe auszugehen, hier kommt es nur darauf an, dass der durch den Rechteinhaber im Erstverkauf vertriebene Produktschlüssel weiterveräußert wird.

Selbst wenn der Weiterverkäufer eine Kopie des Produktschlüssels bei sich hielte, wäre sichergestellt, dass der Aktivierungsprozess nur einmalig erfolgen kann. Sobald der Kunde den Produktschlüssel einlöst, werden alle möglicherweise noch existierenden Kopien des Schlüssels automatisch unbrauchbar, sodass ganz unproblematisch die zusätzlichen Voraussetzungen der digitalen Erschöpfung i.S.d. UsedSoft-Entscheidung erfüllt werden.

518 Vgl. oben Teil 2:C.II.4.a.
519 Siehe oben Teil 2:B.III.1.d.cc(4).
520 Siehe oben Teil 2:B.III.1.d.cc(2).
521 Siehe oben Teil 2:C.I.4.

c. *Vorteile des rein digitalen Vertriebs für die Rechteverwaltung*

Damit zeigt sich, dass die Veräußerung von Produktschlüsseln allein über das bei Computerspielen etablierte digitale Vertriebssystem der einmaligen Produktaktivierung die erhöhten Anforderungen an die digitale Erschöpfung problemlos erfüllen kann, sobald man die Verbreitungshandlung im digitalen Umfeld für anwendbar erachtet.[522]

Das von Rechteinhabern geschaffene Vertriebssystem ist in der Lage sicherzustellen, dass es auch im digitalen Umfeld nicht zu unerwünschten und unzulässigen Lizenzaufspaltungen kommt. In puncto Urheberrechtsschutz ist das Vertriebsmodell der Computerspiele damit sogar dem Computerprogrammvertrieb häufig einen Schritt voraus. Das liegt nicht zuletzt daran, dass Computerspiele auf den Erwerb durch Einzelpersonen ausgerichtet sind. Da hier nicht etwa Unternehmen mit einer Vielzahl von Lizenzen versorgt werden müssen, stellen sich Probleme, die sich aus der Mehrfachaktivierung von Software ergeben können und die letztendlich zum UsedSoft-Verfahren geführt haben, gar nicht erst.

Daraus ergibt sich, dass der Eintritt der Erschöpfungswirkung im digitalen Umfeld für Computerspiele nicht zu umgehen ist, weil hier die Risiken der unzulässigen Lizenzaufspaltung, öffentlichen Zugänglichmachung oder Vervielfältigung durch das Vertriebssystem unterbunden werden können.

Mit Vertrieb des Produktschlüssels erschöpft sich deshalb das Recht an dessen Verbreitung, sodass die Weiterveräußerung durch *Keyseller* auch ohne Zustimmung des Rechteinhabers erfolgen kann.

6. *Eintritt der Erschöpfungswirkung durch kostenlose Weitergabe eines Produktschlüssels*

Neue Problemfelder bei der Überprüfung der Erschöpfungsvoraussetzungen ergeben sich, wenn Produktschlüssel außerhalb der üblichen Vertriebskanäle in Verkehr gelangen. Dazu gehören insbesondere Produktschlüssel, die zu Werbezwecken etwa an Influencer oder aus anderen Gründen kostenlos weitergegeben werden.

Hinter der kostenlosen Weitergabe von Produktschlüsseln an Influencer steckt ein Ansatz des modernen Marketings: Content-Creator erhalten den Zugriff auf das Computerspiel, damit sie im Gegenzug das Spiel auf ihren Kanälen spielen und es damit bei ihren Zuschauern bewerben. Probleme ergeben sich

522 Siehe oben Teil 2:B.III.4.

dann, wenn die so vergebenen Produktschlüssel gar nicht für den angedachten Zweck verwendet, sondern stattdessen weiterverkauft werden.[523]

Die kostenlose Weitergabe von Produktschlüsseln erfolgt außerdem häufig i.R.v. Gewinnspielaktionen oder als Beigabe zum Kauf neuer Hardware. Sollte in letzterer Fallgruppe eine Vergütung des Hardwareverkäufers erfolgen, stellt sich die Frage nach der kostenlosen Abgabe ohnehin nicht.

a. Inverkehrbringen durch Weitergabe des Produktschlüssels mit Zustimmung des Rechteinhabers innerhalb der EU bzw. des EWR

Wie in den anderen Fällen, muss hier das Computerspiel mit Zustimmung des Rechteinhabers innerhalb der EU bzw. des EWR in Verkehr gebracht werden.

Unproblematisch ist, dass es nur auf Produktschlüssel ankommt, die innerhalb der EU bzw. des EWR in Verkehr gebracht werden und dass diese Weitergabe unzweifelhaft mit Zustimmung des Rechteinhabers erfolgt. Denn auch hier wird der Produktschlüssel ganz bewusst und gewollt abgegeben.

Bisher lag für die Einordnung des Inverkehrbringens stets ein konkretes Kaufgeschäft i.S.d. des Verkaufsbegriffs[524] des EuGH vor, um zur Annahme eines erschöpfungsfähigen Inverkehrbringens zu kommen. Schließlich haben in den bisher dargestellten Fällen *Keyseller* stets die für den Weiterverkauf bestimmten Produktschlüssel zunächst selbst käuflich erworben.

Die aktuelle Fallkonstellation ist insoweit eine andere, denn hier kommt es gerade nicht zu einem Kaufgeschäft – der Produktschlüssel wird kostenlos weitergegeben.

b. Möglichkeit des Erschöpfungseintritts bei kostenloser Weitergabe

Erwägenswert ist deshalb, ob womöglich ein kostenlos abgegebener Produktschlüssel nicht erschöpfungsfähig verbreitet wird, weil es nicht zu einer Bezahlung kommt. In den bisher einschlägigen Vergleichsfällen, die vor dem EuGH oder BGH verhandelt wurden, war das schließlich stets Voraussetzung.[525] Sinn und Zweck ist es, das einmal verbreitete Werkstück verkehrsfähig zu machen, sodass der Rechteinhaber nicht weiter darauf Zugriff haben soll. Denn dafür wurde dem Rechteinhaber eine Vergütung gewährt.[526]

---

523 Siehe oben Teil 1:C.I.2.

524 Siehe oben Teil 2:B.III.1.d.cc(2).

525 Siehe zu UsedSoft oben Teil 2:B.III.1.d.cc(1) und zu Green-IT oben Teil 2:B. III.1.d.cc(4); zusammenfassend EuGH - C-128/11 = GRUR 2012, 904, Rn. 72 - UsedSoft; ebenso BGH v. 19.03.2015 - I ZR 4/14 = GRUR 2015, 1108, Rn. 34 - Green-IT.

526 Siehe oben Teil 2:C.I.2.

Nach Ansicht des BGH soll jedoch bereits die Möglichkeit des Rechteinhabers genügen eine angemessene Vergütung zu erhalten.[527] Es käme also nicht darauf an, dass beispielsweise der Erfolg der bezweckten Werbewirkung eintritt.

Auf die konkrete Verwendung durch den Erwerber des Produktschlüssels kommt es nicht an, falls man die Übergabe bereits als ausreichende Möglichkeit des Rechteinhabers erachtet, eine Vergütung zu erhalten. Dazu kommt, dass vielseits in Rechtsprechung und Literatur die Erschöpfungsmöglichkeit auch abseits von Kaufgeschäften angenommen wird.[528] Um Fälle der digitalen Verbreitung handelt es sich dabei allerdings nicht.

Es kommt also lediglich darauf an, dass der Rechteinhaber die Möglichkeit hatte eine angemessene Vergütung durch die Verbreitung eines Werkstücks zu erzielen. Wenn Rechteinhaber sich dazu entschließen auf die Vergütung für ein Werkstück zu verzichten, indem sie es kostenlos anbieten, schließt das den Eintritt der Erschöpfung nicht aus, denn der Produktschlüssel hätte schließlich über den normalen Vertriebsweg verkauft werden können.

Auch durch die kostenlose Abgabe von Produktschlüsseln bringt der Rechteinhaber das Computerspiel in Verkehr, sodass vom Eintritt der Erschöpfungswirkung auszugehen ist, wenn dies im Unionsgebiet geschieht.

7. Eintritt der Erschöpfungswirkung bei auf anderem Weg erlangten Produktschlüsseln

Zuletzt muss noch die Fallgruppe näher betrachtet werden, die Grund für das schlechte Image der *Keyseller* ist.[529] Wenn Produktschlüssel gestohlen, durch Kreditkarten- oder Identitätsbetrug erlangt werden, dann ist problematisch, ob eine Weiterveräußerung dieser Produktschlüssel ohne Zustimmung des Rechteinhabers erfolgen kann.

---

527 BGH v. 19.03.2015 - I ZR 4/14 = GRUR 2015, 1108, Rn. 37 - Green-IT; BGH v. 11.12.2014 - I ZR 8/13 = GRUR 2015, 772, Rn. 39 - UsedSoft III; Schricker/Loewenheim/*Spindler,* UrhG^6, § 69c Rn. 34a.

528 BGH v. 03.03.2005 - I ZR 133/02 = GRUR 2005, 505, 506 - Atlanta; BGH v. 23.02.1995 - I ZR 68/93 = GRUR 1995, 673, 676 - Mauer-Bilder; Schricker/Loewenheim/*Spindler,* UrhG^6, § 69c Rn. 35; insoweit Wandtke/Bullinger/*Grützmacher,* UrhR^5, § 69c Rn. 33; Fromm/Nordemann/*Czychowski,* UrhR^{12}, § 69c Rn. 26; *Schack,* UrhR^9, Rn. 431.

529 Siehe oben Teil 1:C.I.3.

a. *Kein Inverkehrbringen bei Diebstahl des Produktschlüssels vor geplantem Erstverkauf*

Zu einem Erstverkauf bzw. zu einer erschöpfungsfähigen Erstverbreitung kommt es nicht, wenn Produktschlüssel noch vor der Auslieferung an Zwischenhändler oder Endnutzer gestohlen werden. Es kommt vor, dass während des Inverkehrbringens, also der Belieferung von Zwischenhändlern, Computerspiele (Produktschlüssel oder Kombinationsprodukte) entwendet werden.[530]

Wenn die Handlung des Inverkehrbringens noch nicht abgeschlossen ist, ist jedenfalls zu diesem Zeitpunkt noch keine Erschöpfung eingetreten.

Da grundsätzlich die Durchfuhr von Werkstücken, wie einem Schallplattenimport, durch einen Mitgliedsstaat noch nicht für den Eintritt der Erschöpfungswirkung ausreicht,[531] könnte das auch für die Lieferung bis zum Zwischenhändler oder Endverbraucher gelten. Hier geht es aber nicht um die bloße Durchfuhr durch einen Mitgliedsstaat mit einem Ziel außerhalb des europäischen Wirtschaftsraums, sondern um die konkrete Belieferung innerhalb der EU bzw. des EWR. In diesem Zusammenhang gibt schließlich der Rechteinhaber bereits seine Herrschaftsposition mit der Übergabe an das Speditionsunternehmen auf.[532]

Eine solche willentliche Entäußerung der Herrschaft über das Computerspiel wird gestört, wenn unerwünscht Werkexemplare entwendet werden. Schließlich soll die Nutzungsmöglichkeit des Computerspiels keinesfalls an den Dieb übertragen werden. Selbst wenn sich das Verbreitungsrecht des Rechteinhabers mit Übergabe der Computerspiele an das Transportunternehmen erschöpfte,[533] bedeutete dies lediglich, dass nun etwa der Zwischenhändler als rechtmäßiger Erwerber ohne vorherige Zustimmung des ursprünglichen Rechteinhabers weitere Verbreitungshandlungen vornehmen darf. Werden jedoch gestohlene Produktschlüssel weiterveräußert, fehlt es dem Dieb schon an der für die digitale Verbreitung erforderlichen Nutzungsberechtigung[534] des Computerspiels.

---

530 Die Relevanz dieser Sachverhalte hat sich aus dem direkten Kontakt mit einer Vertriebsperson eines deutschen Publishers während der Recherchephase dieser Arbeit ergeben. Siebe ebenso Teil 1:C.I.3.a.

531 BGH v. 27.02.1981 - I ZR 186/78 = GRUR Int. 1981, 562, 565 - Schallplattenimport; Schricker/Loewenheim/*Spindler*, UrhG[6], § 69c Rn. 35.

532 OLG Hamburg, GRUR 1972, 375, 376 - Polydor II; Fromm/Nordemann/*Dustmann*, UrhR[12], § 17 Rn. 18.

533 Siehe Fn. 532.

534 Siehe dazu Teil 2:B.III.1.d.cc(3).

Rechteinhaber hatten hier schließlich nicht die Möglichkeit, eine angemessene Vergütung für ihr Computerspiel zu erzielen.[535]

b. Erzielen einer Vergütung bei i.R.d. Kreditkartenmissbrauchs veräußerter Produktschlüssel

Wenn Produktschlüssel mit gestohlenen Kreditkarten[536] beschafft werden, kommt es zu einem ähnlichen Problem: Zunächst findet ein Kaufgeschäft statt, welches zur Erschöpfung des Verbreitungsrechts führen könnte, weil es zur Bezahlung und Auslieferung von Produktschlüsseln kommt, die im digitalen Vertrieb ausgegeben werden.[537]

aa. Keine Verpflichtung des Karteninhabers

Bei der Verwendung einer gestohlenen Kreditkarte zum Kauf von Produktschlüsseln ist davon auszugehen, dass der eigentliche Karteninhaber mit dem Kaufgeschäft nicht einverstanden ist und es dementsprechend an der Autorisierung nach § 675j Abs. 1 S. 1 BGB fehlt. Es ist erforderlich, nachprüfbar festzustellen, dass der Karteninhaber einem Zahlungsvorgang zugestimmt hat.[538]

Dadurch, dass der Verkäufer des Produktschlüssels keine Vereinbarung mit dem tatsächlichen Karteninhaber schließt, entsteht kein Zahlungsanspruch gegen den Inhaber, denn ohne dessen Zustimmung kann ein Dritter ihn nicht verpflichten.[539]

bb. Kein Entfallen der Vergütung bei wirksamen Schuldversprechen durch Zahlungsdienstleistende

Grundsätzlich haftet der Zahlungsdienstleister nach § 675u S. 1 BGB für nicht autorisierte Zahlungen.[540] Wenn der Händler, hier also der Rechteinhaber, trotz fehlender Autorisierung des Karteninhabers dennoch den veranschlagten Kaufpreis erhält, dann hätte er eine Vergütung für die Verbreitung seines Werks erzielt, sodass die Voraussetzung des Erschöpfungseintritts erfüllt ist.

---

535 Vgl. *Hentsch*, MMR-Beil. 2019, 3, 4.

536 Siehe oben Teil 1:C.I.3.b.

537 Siehe oben Teil 2:C.II.5.

538 Säcker/Rixecker/Oetker/Limperg/*Jungmann*, MüKoBGB, Bd. 6[8], § 675j Rn. 41.

539 *Schur/Schur*, JA 2017, 739, 743; es entsteht auch keine Verpflichtung ggü. dem Kartenunternehmen Fuchs/*Körber*, FS Immenga, 627, 629.

540 Säcker/Rixecker/Oetker/Limperg/*Zetzsche*, MüKoBGB, Bd. 6[8], § 675u Rn. 3.

Das Problem des mit „fremden“ Geld bezahlten Produktschlüssels läge dann im Verhältnis des Zahlungsdienstleistenden zum Karteninhaber und dem Dritten. Der Zahlungsdienstleister ist im Rahmen des nach § 675f BGB bestehenden Zahlungsdienstvertrags in Form eines abstrakten Schuldversprechens zur Zahlung des angewiesenen Betrags verpflichtet.[541]

Wenn der Rechteinhaber den für den Produktschlüssel gezahlten Betrag nicht zurückzahlen muss, dann entfällt auch in diesem Zusammenhang nicht der für die Verbreitung des Schlüssels erzielte Verkaufserlös.

cc. Rückbuchungsklauseln als Grund für das Entfallen der Vergütung

Wenn Zahlungsdienstleistende erfolgreich Rückforderungsansprüche an den Rechteinhaber stellen können, dann entfiele jedoch der für den Produktschlüssel erzielte Verkaufserlös, sodass für die erfolgte Verbreitungshandlung keine Vergütung erzielt werden konnte. Der Händler käme in diesem Zusammenhang für den Missbrauch der Kreditkarte durch die Rückbuchung des Kaufpreises auf.[542]

(1). Keine verschuldensunabhängige Haftung des Händlers

Nach der Rechtsprechung des BGH verstoßen Klauseln, die verschuldensunabhängig die Rückbuchung des gezahlten Betrags im Falle von Kartenmissbrauch innerhalb des Akquisitionsverhältnisses, also dem Vertragsverhältnis zwischen Händler und (ggf. vom Zahlungsdienstleister des Karteninhabers verschiedenen) Zahlungsdienstleistenden,[543] fordern gegen § 307 Abs. 1 S. 1 BGB.[544] Grundsätzlich habe nämlich das Kartenunternehmen als Betreiber des Kartensystems das Risiko der missbräuchlichen Kartenverwendung zu tragen.[545]

Diese Entscheidung wird mit dem Argument kritisiert, dass Händler für Kontroll- und Sorgfaltspflichten verantwortlich sein sollten.[546]

---

541 BGH v. 16.04.2002 - XI ZR 375/00 = NJW 2002, 2234, 2236; Säcker/Rixecker/Oetker/Limperg/*Casper*, MüKoBGB, Bd. 6[8], § 675f Rn. 121; Fuchs/*Körber*, FS Immenga, 627, 630 f.

542 *Casper/Pfeifle*, WM 2009, 2343, 2349.

543 Säcker/Rixecker/Oetker/Limperg/*Casper*, MüKoBGB, Bd. 6[8], § 675f Rn. 120.

544 BGH v. 16.04.2002 - XI ZR 375/00 = NJW 2002, 2234, 2237 Siehe dazu oben Teil 1:C. III.3.

545 BGH v. 16.04.2002 - XI ZR 375/00 = NJW 2002, 2234, 2237; BGH v. 23.04.1991 - XI ZR 128/90 = NJW 1991, 1886, 1888.

546 *Bitter*, ZIP 2002, 1219; *Langenbucher*, BRK 2002, 119, 122; *Meder*, ZIP 2002, 2112, 2115; vgl. auch Darstellung bei Fuchs/*Körber*, FS Immenga, 627, 631 f.

(2). Zulässigkeit von Rückbuchungsklauseln durch alternative Absicherungsmethoden

Rückbuchungsklauseln werden jedoch inzwischen für zulässig gehalten, wenn Händler zwischen einem teureren und vermeintlich besser abgesicherten Zahlungsverfahren und einer günstigeren Variante entscheiden können.[547] Erstere umfasst etwa die Umleitung zur Identifikation und TAN-Eingabe auf die Seite des Zahlungsdienstleistenden bei Durchführung des Zahlungsverfahrens.[548] Letztere bietet diese Art der Absicherung nicht, sodass dem Händler dementsprechend das Risiko des Kartenmissbrauchs auferlegt werden soll und er mit den Rückbuchungen belastet wird.[549] Eine solche Vorgehensweise, bei der Händler über die Verteilung des Missbrauchsrisikos entscheiden können, wird als mit der Rechtsprechung des BGH vereinbar und damit entsprechende Klauseln nicht als nach § 307 Abs. 1 S. 1 BGB unzulässig gesehen.[550]

(3). Zwischenergebnis zu Rückzahlungsansprüchen gegen den Rechteinhaber bei Kreditkartenmissbrauch

Die Vereinbarung des Rechteinhabers mit Zahlungsdienstleistenden kann vorsehen, dass die Risikoverteilung für den Missbrauch maßgeblich den Händler benachteiligt, der im Gegenzug innerhalb des Akquisitionsverhältnisses geringere Gebühren zu entrichten hat. In diesem Fall entgeht dem Rechteinhaber die Möglichkeit eine Vergütung für den veräußerten Produktschlüssel zu erzielen,[551] wenn es zu einer Rückbuchung des erhaltenen Erlöses für die Veräußerung eines Produktschlüssels und ggf. der Belastung mit zusätzlichen Gebühren[552] kommt.

Im Ergebnis kann kein Eintritt der Erschöpfungswirkung erfolgen. Die durch Kreditkartenbetrug erlangten Produktschlüssel, für die nicht i.R.d. abstrakten Zahlungsversprechens der Zahlungsdienstleistenden eine Bezahlung erfolgt,

547 Säcker/Rixecker/Oetker/Limperg/*Casper,* MüKoBGB, Bd. 6[8], § 375f Rn. 125; Gsell/Krüger/Lorenz/Mayer/Henssler/*Köndgen,* BeckOGK, § 675c Rn. 93; Fuchs/*Körber,* FS Immenga, 627, 651 ff.; *Casper/Pfeifle*, WM 2009, 2343, 2349.

548 *Casper/Pfeifle*, WM 2009, 2343, 2349.

549 Säcker/Rixecker/Oetker/Limperg/*Casper,* MüKoBGB, Bd. 6[8], § 675f Rn. 125; *Casper/Pfeifle*, WM 2009, 2343, 2349.

550 Säcker/Rixecker/Oetker/Limperg/*Casper,* MüKoBGB, Bd. 6[8], § 675f Rn. 125; *Casper/Pfeifle*, WM 2009, 2343, 2349; *Körber*, WM 2004, 563, 570; *Langenbucher*, BRK 2002, 119, 122.

551 *Hentsch*, MMR-Beil. 2019, 3, 4; *Merk/Schneider*, MMR-Beil. 2019, 12, 14.

552 *Schur/Schur*, JA 2017, 739, 742 f.; Sachverhalte aus der Praxis oben Teil 1:C.I.3.b.

dürfen nicht ohne Zustimmung des Rechteinhabers weiterverbreitet werden. Von dem Vorliegen einer solchen Zustimmung ist jedenfalls nicht auszugehen. Daher tritt auch keine Erschöpfungswirkung ein.

c. *Absicherungsmöglichkeiten für Rechteinhaber bei gestohlenen oder durch Kreditkartenbetrug erlangten Produktschlüsseln*

Rechteinhaber haben ein Interesse daran gestohlene oder i.R.d. Kreditkartenbetrugs unbezahlt veräußerte Produktschlüssel zu erkennen, um deren Aktivierung verhindern zu können. Wenn solche Produktschlüssel nicht aktiviert werden können, ist die Zugriffsermöglichung „versperrt" und der Rechteinhaber erleidet keinen wirtschaftlichen Verlust durch die nicht vergütete Verbreitung des Computerspiels.

aa. *Nachverfolgung der betroffenen Produktschlüssel*

Schilderungen aus der Praxis zeigen, dass es zwar durchaus möglich ist einzelne Produktschlüssel oder zumindest eingrenzbare Chargen, nachzuverfolgen, allerdings gehe damit ein nicht zu vernachlässigender Verwaltungsaufwand einher, der von kleineren *Publishern* nach eigenen Angaben nicht zu erledigen sei.[553]

Große Online-Plattformen, wie Steam, ermöglichen zwar die Sperrung von Produktschlüsseln,[554] dafür müssen Rechteinhaber aber selbst nachhalten welche ihrer Keys von Diebstahl oder Kreditkartenbetrug betroffen sind.

bb. *Sperren von gestohlenen Produktschlüsseln*

Deshalb ist es Rechteinhabern möglich eine entsprechende Datenbank zu erstellen, um etwa die verschiedenen Chargen ihrer generierten Produktschlüssel nachzuverfolgen. Werden Produktschlüssel vor dem angedachten Vertrieb gestohlen, hängt die rechtzeitige Sperrung maßgeblich vom Zeitpunkt des Bekanntwerdens des Diebstahls und der eigenen Organisation des Rechteinhabers ab.

Im Fall des Kreditkartenmissbrauchs gilt dasselbe. Je detaillierter der Rechteinhaber den von ihm nachvollziehbaren Vertriebsweg eines Produktschlüssels nachhält, desto zielgenauer kann die Sperrung einzelner Schlüssel erfolgen.

---

553 *Gnade*, IndieGameStand has had $30,759.42 in fraudulent credit card charges and transactions, IndieGameStand Blog, https://web.archive.org/web/20160316011333/http://blog.indiegamestand.com/featured-articles/steam-key-reselling-killing-little-guys/, zuletzt geprüft am 26.05.2021.

554 Abschnitt der Steamworks-Dokumentation über Steam-Produktschlüssel, Valve Corp., https://partner.steamgames.com/doc/features/keys, zuletzt geprüft am 26.05.2021.

Erfolgt der Weiterverkauf des Produktschlüssels durch den Missbrauchstäter zügig, kann es dazu kommen, dass der Produktschlüssel bereits aktiviert wurde. Im Falle der Rückbuchungsforderung an den Rechteinhaber besteht – und das gilt auch für aktivierte Schlüssel, die zuvor gestohlen wurden – die Möglichkeit diese Produktschlüssel zu sperren, sodass ein bereits einem Nutzer zugewiesenes Computerspiel wieder aus dessen Bibliothek entfernt werden kann.[555]

Der Rechteinhaber hat also die Möglichkeit sich gegen die Verwendung von Produktschlüsseln zu wehren, die nicht der Erschöpfung unterliegen. Dass Rechteinhaber auf diese Weise vorgehen können, zeigen Beispiele aus der Praxis, bei denen entsprechende Chargen von, nach Aussage der Rechteinhaber „illegalen", Produktschlüsseln gesperrt werden.[556]

d. Eintritt der Erschöpfungswirkung bei durch Identitätstäuschung erlangten Produktschlüsseln

Produktschlüssel können auch durch Identitätstäuschungen erlangt werden, z.B. wenn Rechteinhaber Produktschlüssel an *Keyseller* vergeben, die sich als Influencer ausgeben.[557] Diese Fallgruppe basiert auf der bereits erörterten Weitergabe von Produktschlüsseln an Influencer[558] – unterscheidet sich aber darin, dass in Wirklichkeit der Produktschlüssel an eine Person weitergegeben wird, die sich lediglich als Influencer ausgibt und stets plant, den kostenlos erhaltenen Produktschlüssel zu verkaufen.

Hier liegt ein Inverkehrbringen des Produktschlüssels vor, denn der Rechteinhaber überlässt dem *Keyseller* die Nutzungsmöglichkeit am Computerspiel mit der Übermittlung des Schlüssels. Das geschieht zunächst freiwillig und mit Zustimmung des Rechteinhabers, der die Übertragung selbst veranlasst.

Diese Zustimmung ist jedoch eine Willenserklärung.[559] Sie ist schließlich darauf gerichtet, die Veräußerung der urheberrechtlichen Nutzungsrechte herbeizuführen, sodass jedenfalls eine Anfechtung wegen arglistiger Täuschung nach § 123 Abs. 1 Var. 1 BGB in Frage kommt. Hier wird ein Irrtum bei einem

---

555 Abschnitt der Steamworks-Dokumentation über Steam-Produktschlüssel, Valve Corp., https://partner.steamgames.com/doc/features/keys, zuletzt geprüft am 26.05.2021.

556 *Cosimano*, Ubisoft kills copies of Far Cry 4 sold through third parties (Update), destructoid, https://www.destructoid.com/ubisoft-kills-copies-of-far-cry-4-sold-through-third-parties-286686.phtml, zuletzt geprüft am 26.05.2021.

557 Siehe oben Teil 1:C.I.3.c.

558 Siehe oben Teil 2:C.II.6.

559 Schricker/Loewenheim/*Spindler,* UrhG[6], § 69c Rn. 37; Wandtke/Bullinger/*Grützmacher,* UrhR[5], § 69c Rn. 42.

Rechteinhaber hervorgerufen, der zu einem Fehler bei der Willensbildung auf Seiten des Rechteinhabers führt. Dieser hätte keinen Produktschlüssel herausgegeben, wenn die Umstände des Sachverhalts bekannt gewesen wären. Insoweit liegt eine Beeinträchtigung der freien Willensbildung vor.[560] Da der Rechteinhaber mit dem vermeintlichen Influencer niemals eine Vereinbarung über die Übergabe des Produktschlüssels zu Werbezwecken getroffen hätte, liegt ein Mangel im Verpflichtungsgeschäft vor. Die Veräußerung der Nutzungsmöglichkeit des Computerspiels auf Verfügungsebene wäre ebenfalls nicht geschehen, wenn der Rechteinhaber von der Täuschung gewusst hätte. Derselbe Mangel erstreckt sich, gerade in Fällen der arglisten Täuschung,[561] auch auf das Verfügungsgeschäft, sodass von einem Doppelmangel auszugehen ist.

Nach erfolgter Anfechtung des Rechteinhabers kann davon ausgegangen werden, dass die Zustimmung zum Inverkehrbringen des Produktschlüssels ex tunc nach § 142 Abs. 1 BGB entfällt. Ohne wirksame Zustimmung sind die Voraussetzungen des Erschöpfungseintritts nicht erfüllt, sodass keine Weiterverbreitung ohne Zustimmung des Rechteinhabers erfolgen darf.

8. *Kein Ausschluss der Erschöpfung durch territoriale Rechteverteilung*

Rechteinhaber versuchen, den Vertrieb ihrer Computerspiele territorial zu begrenzen, um regional angepasste Verkaufspreise festlegen zu können.[562] Die Plattform Steam nimmt beispielsweise eine Unterscheidung der europäischen Region bei der Finanzauflistung nach West und Ost vor, wobei zu beiden Kategorien Staaten der Europäischen Union gehören,[563] und ermöglicht den regional beschränkten Vertrieb[564] bzw. gibt ihn sogar vor[565].

---

560 Siehe dazu nur Säcker/Rixecker/Oetker/Limperg/*Armbrüster*, MüKoBGB, Bd. 1[8], § 123 Rn. 1 m.w.N.

561 Säcker/Rixecker/Oetker/Limperg/*Armbrüster*, MüKoBGB, Bd. 1[8], § 123 Rn. 25; *Faust*, BGB AT[7], § 20 Rn. 10; Jauernig/*Mansel*, BGB[18], § 123 Rn. 18.

562 Siehe oben Teil 1:C.III.

563 Steamworks-Dokumentation: Berichte und Zahlungen, Valve Corp., https://partner.steamgames.com/doc/finance/payments_salesreporting#3, zuletzt geprüft am 26.05.2021

564 Vgl. Steamworks-Dokumentation: Steam-Markenrichtlinien, Valve Corp., https://partner.steamgames.com/doc/marketing/branding#5, zuletzt geprüft am 26.05.2021.

565 Steamworks-Dokumentation: Pakete, Valve Corp., https://partner.steamgames.com/doc/store/application/packages#6, zuletzt geprüft am 26.05.2021 - Restriktionen bei Geschenken bedeutet, dass in bestimmten Regionen erworbene Spiele nicht an andere weitergegeben werden dürfen.

Dazu können Produktschlüssel bei ihrer Erstellung dahingehend durch den Aktivierungsserver kategorisiert werden, dass sie nur in bestimmten Regionen aktiviert werden können. Wenn solche Beschränkungen Wirkung entfalten, dann verweigert der Aktivierungsserver die Spielezuweisung durch den angegebenen Produktschlüssel und verweist auf die falsche Region. Sofern dies innerhalb der europäischen Union geschieht, könnte ein solches Vorgehen effektiv die Wirkung der Erschöpfung verhindern. Wenn sich das Verbreitungsrecht erschöpft hat, dann soll der ursprüngliche Rechteinhaber den weiteren Vertrieb nicht mehr kontrollieren können.[566]

a. Keine Beschränkung bei Fußballübertragungsrechten: EuGH - Murphy

Auch im Bereich der Fußballübertragungsrechte ist seitens der Rechteinhaber versucht worden, die Übertragungsrechte an einzelne Regionen der europäischen Union zu binden. In dem Rechtsstreit FAPL/Murphy hatte der EuGH u.A. zu entscheiden, ob die Beschränkung der Sendeübertragung auf bestimmte Regionen der EU zum Schutz der Rechte des geistigen Eigentums möglich ist.[567]

Eine britische Kneipenbetreiberin hatte sich, neben anderen, für die Übertragung von Fußballspielen eine Dekodiervorrichtung von einem Händler erworben, die den Empfang der günstigeren griechischen Ausstrahlung ermöglichte. Die verkauften Dekoderkarten wurden zwar mit Zustimmung des Dienstanbieters angefertigt, durften aber nach dessen Bestimmungen nicht außerhalb des griechischen Staatsgebiets verwendet werden. Die FAPL[568], die britische Fußballübertragungsrechte verwaltet, vergibt die Übertragungsrechte nach regionalem Nachfragewert und ging dagegen vor.

aa. Marktabschottung durch territoriale Beschränkungen zur Gewinnmaximierung

Der EuGH stellte fest, dass die territoriale Beschränkung der Nutzungsmöglichkeit zu rechtfertigen sei, sofern „[...] zwingende Gründe des Allgemeininteresses in Form des Schutzes von Rechten des geistigen Eigentums [...]“ vorlägen.[569] Zu diesen Gründen gehöre auch die Möglichkeit, mit den geschützten Werken eine

566 Schricker/Loewenheim/*Spindler,* UrhG[6], § 69c Rn. 31; Wandtke/Bullinger/*Grützmacher,* UrhR[5], §69c Rn. 46; *Schack,* UrhR[9], Rn. 433; siehe oben Teil 2:C.I.2.

567 EuGH - C-403, 429/08 = GRUR 2012, 156 - FAPL/Karen Murphy.

568 Football Association Premier League Ltd.

569 EuGH - C-403, 429/08 = GRUR 2012, 156, Rn. 94 - FAPL/Karen Murphy.

Vergütung durch die Vergabe von Lizenzen zu erzielen.[570] Insoweit ist die Fallkonstellation also mit dem *Keyselling* vergleichbar. Auch im Bereich der Computerspiele wollen Rechteinhaber den Vertrieb regional begrenzen, um so ihre Gewinne zu maximieren.

Die Möglichkeit, eine Vergütung für die Vergabe von Lizenzen zu erwirtschaften, sei aber nicht gleichzusetzen mit der Erwirtschaftung maximaler Gewinne, weil – wie auch durch den zehnten Erwägungsgrund der InfoRL angelegt – nur eine angemessene Vergütung zu gewährleisten sei.[571] Die Vergütung müsse also in einem vernünftigen Zusammenhang mit dem wirtschaftlichen Wert der erbrachten Leistung stehen.[572] Es solle nämlich nicht zu einer durch künstliche Preisgestaltung hervorgerufenen Marktabschottung kommen. Besonderes Augenmerk legte der EuGH in diesem Zusammenhang auf die Aufschlagszahlungen für die Vergabe der Lizenzen in die verschiedenen Regionen.[573]

bb. Übertragung der Besonderheiten aus der Murphy-Entscheidung auf den Computerspielvertrieb

Auch wenn es bei dem regional beschränkten Vertrieb von Computerspielen nur um die regionale Preisgestaltung und nicht um Aufschlagszahlungen zur Rechtevergabe in einzelnen Regionen geht, lässt sich aus dem Verfahren für den Sachverhalt der *Keyseller* entnehmen, dass regionale Vertriebsbeschränkungen allenfalls dazu verwendet werden können, um das Erzielen einer angemessenen Vergütung zu ermöglichen. Nicht umfasst ist folglich die regionale Beschränkung des Vertriebs zur Gewinnmaximierung.

Konkret ließe sich vor diesem Hintergrund die territoriale Beschränkung des Verkaufs also nur rechtfertigen, wenn die Preise in einzelnen Regionen der EU bzw. des EWR so niedrig wären, dass sie unterhalb der angemessenen Vergütung lägen. Das ist aber mit Blick auf den europäischen Markt nicht ersichtlich, denn auch wenn sich Preise durchaus regional unterscheiden, so liegen diese Unterschiede nicht in einem Ausmaß, die mit Blick auf die FAPL/Murphy-Entscheidung eine Beschränkung des Verkaufs rechtfertigen könnten. Es geht schließlich um Preisunterschiede von i.d.R. 10 bis 20 € bei einem durchschnittlichen Preis von 60-80 € in Deutschland.[574]

---

570 EuGH - C-403, 429/08 = GRUR 2012, 156, Rn. 107 - FAPL/Karen Murphy.
571 EuGH - C-403, 429/08 = GRUR 2012, 156, Rn. 108 - FAPL/Karen Murphy.
572 EuGH - C-403, 429/08 = GRUR 2012, 156, Rn. 109 - FAPL/Karen Murphy.
573 EuGH - C-403, 429/08 = GRUR 2012, 156, Rn. 115 - FAPL/Karen Murphy.
574 Siehe oben Teil 1:B.VII.

Die territoriale Aufspaltung erfasst also gerade nicht mehr den durch den urheberrechtlich gewährleisteten Kernbereich, der die Erzielung einer angemessenen Vergütung erfasst, sondern dient lediglich der Gewinnmaximierung.

b. Keine Parallele zur Refinanzierung von Investitionen durch Kinoaufführung: EuGH – Coditel I

Im Urteil zum Fußballübertragungsrecht wurde bei dem Versuch, die territorialen Beschränkungen zu rechtfertigen, zudem auf eine ältere Entscheidung zur Fernsehübertragung eines Films verwiesen.[575] In „Coditel I" ging es um die Ausstrahlung eines nur in Deutschland lizenzierten Films durch einen belgischen Fernsehsender im Rahmen einer Sendeweiterleitung des deutschen Programms im belgischen Fernsehen. Für die Ausstrahlung zahlte der belgische Fernsehsender weder eine Vergütung an den Rechteinhaber noch hatte er dessen Erlaubnis. Der EuGH stellte fest, dass der Rechteinhaber sich jede Ausstrahlung vergüten lassen könne und dahingehend territoriale Beschränkungen möglich seien.[576] Insofern konnte die Ausstrahlung des Films im belgischen Fernsehen untersagt werden, weil dort aufgrund der Weiterleitung des deutschen Fernsehsignals keine Vergütung gezahlt wurde.[577]

Die territoriale Begrenzung der Ausstrahlung ließ sich also nur deshalb durchsetzen, weil in Belgien keine Lizenz zur Ausstrahlung vorlag. Aus diesem Grund war der Einwand der FAPL im Fall FAPL/Murphy für den EuGH unzureichend.[578]

Rechteinhabern von Computerspielen verhilft die Entscheidung Coditel I nicht zur Rechtfertigung territorialer Veräußerungsbeschränkungen. Während es in Coditel I um die Kontrolle der Erstverwertung geht, liegt das Problem bei der territorialen Beschränkung von Produktschlüsseln stets in der Zweitverwertung. Rechteinhaber können sich nicht darauf berufen, dass der Produktschlüssel nur für die Region des Erstvertriebs bestimmt sei, wenn der Vertrieb des Computerspiels europaweit stattfindet. Der Sachverhalt ist deshalb mit Coditel I nicht vergleichbar.

---

575 EuGH - C-62/79 = GRUR Int. 1980, 602 - Coditel I.

576 EuGH - C-62/79 = GRUR Int. 1980, 602, Rn. 15 f. - Coditel I.

577 EuGH - C-62/79 = GRUR Int. 1980, 602, Rn. 17 f. - Coditel I.

578 EuGH - C-403, 429/08 = GRUR 2012, 156, Rn. 118 - FAPL/Karen Murphy.

c. Kartellrechtliche Probleme bei der territorialen Rechteverteilung

Es ist fraglich, ob solche Vertriebsmodelle gegen das Wettbewerbsrecht verstoßen können. Hier besteht ein Spannungsverhältnis zwischen den urheberrechtlich gewährleisteten ausschließlichen Verwertungsrechten[579] des Rechteinhabers und dem kartellrechtlichen Schutz des Wettbewerbs[580] gegen Monopole.[581]

Um dieses Spannungsverhältnis aufzulösen, soll Art. 101 AEUV insoweit teleologisch reduziert werden, als dass möglicherweise wettbewerbsbeschränkende Vereinbarungen, die den unantastbaren Kernbereich des Urheberrechts betreffen, nicht zu einem Verstoß gegen Art. 101 Abs. 1 AEUV führen sollen.[582] Über Art. 101 AEUV werden auch wettbewerbsrelevante Handlungen erfasst, die den Binnenmarkt und damit auch das Verbot von Einfuhrbeschränkungen i.S.d. Art. 34 AEUV betreffen.[583] Hier ist jedoch grundsätzlich die Ausnahme des Art. 36 AEUV einschlägig, die u.a. die mit der Wahrnehmung von Urheberrechten verbundene Vertriebsbeschränkungen ermöglicht.[584]

Wenn auf urheberrechtlicher Seite aber bereits Erschöpfung am Verbreitungsrecht eingetreten ist, dann können Rechteinhaber sich nicht mehr auf Art. 36 AEUV berufen,[585] sodass ein Verstoß gegen Art. 101 Abs. 1 AEUV nicht mehr ausgeschlossen ist. Deshalb könnten territoriale Vertriebsbeschränkungen kartellrechtswidrig sein.

aa. Verfahren der europäischen Kommission gegen Rechteinhaber

Die Anwendung von territorialen Vertriebsbeschränkungen hatte die Europäische Kommission dazu bewogen, am 02.02.2017 ein Verfahren gegen die Valve

---

579 Wandtke/Bullinger/*Heerma,* UrhR^{5}, § 15 Rn. 1; Fromm/Nordemann/*Dustmann,* UrhR^{12}, § 15 Rn. 1.

580 Bechtold/Bosch/Brinker/*Bechtold/Bosch/Brinker,* EU-KartellR^{3}, AEUV Art. 101 Rn. 1.

581 Büchner/Briner/*Körber,* DGRI 2009, 177; *Fengmann*, ZUM 2021, 220, 223.

582 EuGH - C-403, 429/08 = GRUR 2012, 156, Rn. 140 - FAPL/Karen Murphy; zur Reduktion EuGH - C-309/99 = GRUR Int. 2002, 581, Rn. 97; EuGH - 78/70 = GRUR Int. 1971, 450, 454 - Polydor; Loewenheim/Meessen/Riesenkampff/Kersting/Meyer-Lindemann/*Nordemann,* KartellR^{4}, 3. Teil Rn. 15; *Fengmann*, ZUM 2021, 220, 223.

583 Grabitz/Hilf/Nettesheim/*Leible/T. Streinz,* EU-Recht, Bd. $1^{71\ EL}$, AEUV Art. 34 Rn. 19.

584 So bereits EuGH - 55/80 und 57/80 = GRUR Int. 1981, 229, Rn. 9 - Gebührendifferenz II; Grabitz/Hilf/Nettesheim/*Leible/T. Streinz,* EU-Recht, Bd. $1^{71\ EL}$, AEUV Art. 36 Rn. 33.

585 So bereits EuGH - 55/80 und 57/80 = GRUR Int. 1981, 229, Rn. 10 - Gebührendifferenz II; Grabitz/Hilf/Nettesheim/*Leible/T. Streinz,* EU-Recht, Bd. $1^{71\ EL}$, AEUV Art. 36 Rn. 43; *Schuhmacher*, GRUR Int. 2004, 487, 490.

Corp. als Betreiberin der Steam-Plattform und fünf weitere Publisher einzuleiten, das im Januar 2021 zur Verhängung von Geldstrafen gegen die Beteiligten wegen unerlaubten Geoblockings innerhalb der europäischen Union geführt hat, weil die beteiligten Unternehmen gegen Art. 101 AEUV verstoßen haben sollen.[586] Da noch keine Version der Entscheidung existiert, aus der Geschäftsgeheimnisse entfernt wurden, steht die öffentliche Begründung der Kommission noch nicht zur Verfügung.[587]

(1). Der von der Kommission dargestellte Sachverhalt

Fokus des Verfahrens war die Aktivierungsbeschränkung der vertriebenen Produktschlüssel auf verschiedene Regionen innerhalb des EWR. Durch Verhinderung der Aktivierung von Produktschlüsseln außerhalb der festgelegten Regionen sei verhindert worden, „dass die Verbraucherinnen und Verbraucher in Europa die Vorteile des digitalen Binnenmarktes nutzen und sich in der gesamten EU das beste Angebot aussuchen können."[588]

Die im Verfahren betroffenen *Publisher* hätten Valve, der Betreiberin der Steam-Plattform, eine unionsweite nichtausschließliche Lizenz für die Verwertung bestimmter Computerspiele erteilt. Auf Verlangen der *Publisher* hätte Valve sodann regionale Beschränkungen für den innereuropäischen Vertrieb der betroffenen Spiele ermöglicht.

(2). Geoblockingvereinbarungen verstoßen nach Ansicht der Kommission gegen Art. 101 AEUV

Das durchgeführte Kartellverfahren zeigt, dass die Europäische Kommission der Ansicht ist, dass territoriale Beschränkungen im Vertrieb durch Einschränkung

---

586 Kartellrecht: Kommission verhängt gegen Valve und fünf PC-Videospieleverlage Geldbußen von 7.8 Mio. EUR wegen Geoblocking-Praktiken, Europäische Kommission, https://ec.europa.eu/commission/presscorner/detail/de/ip_21_170, zuletzt geprüft am 26.05.2021.

587 Mit letztem Stand vom 20.01.2021 Europäische Kommission, Antitrust/Cartel Cases: 40414 Koch Media - Video Games, https://ec.europa.eu/competition/elojade/isef/case_details.cfm?proc_code=1_40414, zuletzt geprüft am 26.05.2021 (Verfahrensnummern der anderen Beteiligten AT.40413, AT.40420, AT.40422 und AT.40424).

588 Kartellrecht: Kommission verhängt gegen Valve und fünf PC-Videospieleverlage Geldbußen von 7.8 Mio. EUR wegen Geoblocking-Praktiken, Europäische Kommission, https://ec.europa.eu/commission/presscorner/detail/de/ip_21_170, zuletzt geprüft am 26.05.2021.

der Produktaktivierung (Geoblocking) gegen Art. 101 Abs. 1 AEUV verstoßen sollen.

In der Pressemitteilung der Kommission wird ausgeführt, dass die beteiligten *Publisher* „durch ihre bilateralen Vereinbarungen zum Geoblocking bestimmter PC-Videospiele außerhalb bestimmter Gebiete den EWR-Markt abschotteten und damit gegen das EU-Kartellrecht verstießen.“[589]

(a). Verfahrensbeteiligte sind Unternehmen i.S.d. Art. 101 AEUV

Unproblematisch ist jedenfalls, dass die am Verfahren beteiligten *Publisher* unter den Unternehmensbegriff fallen, der eine wirtschaftliche, autonome Tätigkeit voraussetzt und Art. 101 AEUV zugrunde liegt.[590]

(b). Erfordernis der Vereinbarung oder abgestimmter Verhaltensweisen

Ein Verstoß gegen Art. 101 Abs. 1 AEUV kommt für die Kommission aufgrund des durchgeführten Geoblockings i.R.d. Zusammenwirkens verschiedener *Publisher* in Betracht. Ob es sich hierbei um Vereinbarungen zwischen den einzelnen Wettbewerbern[591] oder um abgestimmte Verhaltensweisen, also die koordinierte und praktische Zusammenarbeit,[592] handelt, lässt die Kommission in der Pressemitteilung offen. Sie verweist allerdings auf geschlossene Lizenz- und Vertriebsvereinbarungen, die den grenzüberschreitenden Verkauf bestimmter Computerspiele außerhalb einiger osteuropäischer Länder bezwecken sollten.

(c). Vorliegen einer Wettbewerbsbeschränkung

Damit die oben genannten Verhaltensweisen gegen Art. 101 Abs. 1 AEUV verstoßen, müssen sie zunächst eine Wettbewerbsbeschränkung zur Folge haben. Darunter werden i.S.d. Wortlauts des Art. 101 Abs. 1 AEUV die Verhinderung,

---

589 Kartellrecht: Kommission verhängt gegen Valve und fünf PC-Videospieleverlage Geldbußen von 7.8 Mio. EUR wegen Geoblocking-Praktiken, Europäische Kommission, https://ec.europa.eu/commission/presscorner/detail/de/ip_21_170, zuletzt geprüft am 26.05.2021.

590 Zur Definition Säcker/Bien/Meier-Beck/Montag/*Säcker/Steffens,* MüKo WettbR, Bd. 1^3, AEUV Art. 101 Rn. 4.

591 Säcker/Bien/Meier-Beck/Montag/*Paschke,* MüKo WettbR, Bd. 1^3, AEUV Art. 101 Rn. 87; Hoeren/Sieber/Holznagel/*Beckmann/Müller,* Multimedia-Recht, Teil 10 Rn. 167.

592 Säcker/Bien/Meier-Beck/Montag/*Paschke,* MüKo WettbR, Bd. 1^3, AEUV Art. 101 Rn. 158.

Beeinträchtigung und Verfälschung des Wettbewerbs verstanden.[593] Durch die Vereinbarung bzw. die abgestimmten Verhaltensweisen sei nach Ansicht der Kommission eine Abschottung des EWR-Marktes bezweckt worden. In Frage kommt also die tatsächliche Verhinderung des Wettbewerbs, wenn Computerspiele aus den betroffenen osteuropäischen Ländern im übrigen Gebiet des EWR nicht gehandelt werden können.

bb. Freistellungsfähigkeit territorialer Vertriebsbeschränkungen von Computerspielen

Die Kommission hat zwar in dem beschriebenen Verfahren einen Verstoß gegen Art. 101 Abs. 1 AEUV angenommen, grundsätzlich besteht aber bei wettbewerbsbeschränkenden Vereinbarungen die Möglichkeit der Freistellung, die i.E. dazu führt, dass nicht von einem Verstoß gegen Art. 101 Abs. 1 AEUV ausgegangen wird.[594]

(1). Freistellung nach einer Gruppenfreistellungsverordnung

Grundsätzlich käme die Freistellung des potenziell wettbewerbsbeschränkenden Verhaltens über eine der Gruppenfreistellungsverordnungen i.S.d. Art. 101 Abs. 3 AEUV in Betracht. Da im digitalen Vertrieb von Computerspielen ein Softwareanteil veräußert wird, könnte sich eine Freistellung nach der Gruppenfreistellungsverordnung für Technologietransfer-Vereinbarungen[595] (TT-GVO) ergeben. Mit Blick auf das Verfahren der Kommission[596] könnte man jedoch von vertikalen Vereinbarungen i.S.d. Gruppenfreistellungsverordnung für vertikale Vereinbarungen und abgestimmte Verhaltensweisen[597] (Vertikal-GVO) ausgehen.

Für beide Freistellungsverordnungen gilt, dass die beteiligten Unternehmen die jeweiligen Marktanteilsschwellen in den Art. 3 der jeweiligen Verordnungen nicht überschreiten dürfen. Bei nicht konkurrierenden Unternehmen i.S.d. TT-GVO und bei Unternehmen i.S.d. Vertikal-GVO gilt damit eine Marktanteilsschwelle von 30%. Bei konkurrierenden Unternehmen i.S.d. TT-GVO sogar eine

---

593 Säcker/Bien/Meier-Beck/Montag/*Säcker/Zorn*, MüKo WettbR, Bd. 1^3, AEUV Art. 101 Rn. 199.

594 Säcker/Bien/Meier-Beck/Montag/*Wolf*, MüKo WettbR, Bd. 1^3, AEUV Art. 101 Rn. 965.

595 VO 316/2014.

596 Siehe oben Teil 2:C.II.8.c.aa.

597 VO 330/2010.

Schwelle von 20%. Für die Freistellungsmöglichkeit nach der Vertikal-GVO darf außerdem die Umsatzschwelle nach den Art. 2 Abs. 2, 8 Vertikal-GVO nicht überschritten werden.

(a). Gruppenfreistellung für Technologietransfer-Vereinbarungen (TT-GVO)

Bei der Erwägung, ob eine Freistellung der territorialen Vertriebsbeschränkungen i.R.d. TT-GVO erfolgen kann, ist bereits fraglich, ob diese Gruppe überhaupt einschlägig ist.

(aa). Anwendung auf urheberrechtliche Lizenzvereinbarungen

Wenn *Publisher* ihr Computerspiel über eine Online-Plattform vertreiben wollen, dann müssen sie den Plattformbetreibern die Herstellung von Vervielfältigungsstücken zur Weitergabe an deren Kunden ermöglichen. Könnte der Kunde das Computerspiel nicht von der Online-Plattform herunterladen, wäre der Vertrieb des Computerspiels nicht möglich.[598]

Urheberrechtliche Lizenzvereinbarungen sind nach Art. 2 Abs. 3 TT-GVO nur freistellungsfähig, wenn sie unmittelbar mit der Produktion oder dem Verkauf von „Vertragsprodukten" verbunden sind.[599] Vertragsprodukte sind nach Art. 1 Abs. 1 lit. g TT-GVO Produkte, die unmittelbar auf Grundlage der lizenzierten Technologierechte produziert werden.

(bb). Transfer zur Herstellung bzw. Produktion

Damit man bei der Vertriebsvereinbarung zwischen *Publishern* und Plattformbetreibern eine Freistellung nach der TT-GVO annehmen kann, muss das erforderliche Herstellungs- bzw. Produktionselement vorhanden sein. Für Vereinbarungen, die den Vertrieb von bereits fertigen Datenträgern (mit Produktschlüssel) umfassen, kommt jedenfalls keine Freistellung nach der TT-GVO in Betracht.[600] Im digitalen Vertrieb müsste man davon ausgehen, dass Plattformbetreiber, anhand einer durch den *Publisher* zur Verfügung gestellten „Masterkopie", weitere Vervielfältigungsstücke für Käufer anfertigen, um die TT-GVO anwenden zu können.[601]

---

598 Siehe zum Vertrieb über Online-Plattformen oben Teil 1:B.IV.

599 Immenga/Mestmäcker/*Ellger*, WettbR, Bd. 1^{6}, AEUV Art. 101 Abs. 3 Rn. 490; Duisberg/Picot/*Picot*, Computerspiele, S. 113.

600 Duisberg/Picot/*Picot*, Computerspiele, S. 114.

601 Duisberg/Picot/*Picot*, Computerspiele, S. 114.

Der siebte Erwägungsgrund der TT-GVO gibt allerdings zu verstehen, dass die Verordnung nicht gelten soll „für Vereinbarungen zur reinen Vervielfältigung und zum reinen Vertrieb urheberrechtlich geschützter Softwareprodukte, da derartige Vereinbarungen nicht die Vergabe von Technologielizenzen zu Produktionszwecken zum Gegenstand haben, sondern eher mit Vertriebsvereinbarungen vergleichbar sind." Neben dem Programmteil enthält ein Computerspiel zwar noch audiovisuelle Elemente, allerdings gibt der Erwägungsgrund bereits zu verstehen, dass die Verordnung nur solche Vereinbarungen schützen will, die nicht „Vertriebsvereinbarungen" sind.[602]

(b). Gruppenfreistellung für vertikale Vereinbarungen (Vertikal-GVO)

Für Vereinbarungen auf vertikaler Ebene könnte eine Freistellung nach der Vertikal-GVO in Betracht kommen.

(aa). Vertikaler Vertrieb

Dabei sind „vertikale Vereinbarungen" i.S.d. Art. 1 Abs. 1 lit. c Vertikal-GVO solche Vereinbarungen, die von Unternehmern auf verschiedenen Stufen der Produktions- und Vertriebskette tätig sind, geschlossen werden. Dort findet die Abgrenzung zu „horizontalen" Vertriebsvereinbarungen statt, bei denen sich die Beteiligten auf derselben Vertriebs- oder Produktionsstufe befinden.[603] Wenn *Publisher* ihre Computerspiele lediglich über eine Online-Plattform vertreiben wollen, ohne gleichzeitig selbst den Computerspielvertrieb vorzunehmen, dann sollte es sich dabei um vertikale Vertriebsvereinbarungen handeln.

Ein Beispiel für das horizontale Verhältnis verschiedener Unternehmen wäre der Vertrieb des Computerspiels „Assassin's Creed: Odyssey"[604]: Hier findet der Verkauf sowohl über das Vertriebsysstem des *Publishers* Ubisoft[605] als auch

602 Säcker/Bien/Meier-Beck/Montag/*Nagel,* MüKo WettbR, Bd. 1³, Technologie-GVO Art. 1 Rn. 67.

603 Vgl. Säcker/Bien/Meier-Beck/Montag/*Bernhard,* MüKo WettbR, Bd. 1³, Vertikal-GVO Art. 1 Rn. 15 ff.; Immenga/Mestmäcker/*Ellger,* WettbR, Bd. 1⁶, Vertikal-GVO Art. 2 Rn. 4; Bechtold/Bosch/Brinker/*Bechtold/Bosch/Brinker,* EU-KartellR³, VO 330/2010 Art. 1 Rn. 8.

604 Von Ubisoft-Studios entwickelt und von Ubisoft gepublisht im Jahr 2018.

605 Ubisoft, Assassin's Creed: Odyssey im Ubisoft Store, https://store.ubi.com/de/game?pid=5afda5f788a7e34d25b5012f&dwvar_5afda5f788a7e34d25b5012f_Platform=pcdl&edition=Standard%20Edition&source=detail, zuletzt geprüft am 26.05.2021.

u.a. über Steam[606] oder den Epic Games Store[607] statt. Vertriebsvereinbarungen wären hier also nicht auf vertikaler, sondern horizontaler Ebene zu beurteilen.

(bb). Keine Beschränkung des aktiven oder passiven Verkaufs an Endverbraucher i.S.d. Art. 4 lit. c Vertikal-GVO

Vereinbarungen, die einem Händler den aktiven oder passiven Verkauf an Endverbraucher verbieten, verstoßen gegen die Kernbeschränkung des Art. 4 lit. c Vertikal-GVO und sind deshalb nicht freistellungsfähig,[608] denn Einzelhändler dürfen nicht daran gehindert werden jeden Endnutzer bzw. Endverbraucher zu beliefern. Wenn aber durch Maßnahmen des Geoblockings verhindert werden soll, dass Nutzer aus anderen Regionen, die nicht zur Aktivierungsregion gehören, das Computerspiel aktivieren können, dann kann es zu einer solchen Beschränkung kommen. Auch die Kommission spricht in ihrem Verfahren gegen die verschiedenen *Publisher* von einer Beschränkung des passiven Verkaufs.[609] Die Beschränkung des passiven Verkaufs über das Internet wird teilweise auch der Kernbeschränkung aus Art. 4 lit. b Vertikal-GVO zugeordnet.[610]

Die Freistellungsfähigkeit von territorialen Vertriebsvereinbarungen ist deshalb grundsätzlich nicht nach der Vertikal-GVO möglich.

(2). Freistellung nach Art. 101 Abs. 3 AEUV

Neben der Gruppenfreistellung, kann auch eine Einzelfreistellung erfolgen, wenn deren Voraussetzungen des Art. 101 Abs. 3 AEUV vorliegen.

Bei der Frage nach dem Vorliegen einer Freistellung erscheint jedoch bereits problematisch, dass die territoriale Beschränkung des Verkaufs von Computerspielen die Verbraucher an dem entstehenden Gewinn beteiligt. Voraussetzung wäre schließlich, dass gewonnene Effizienzvorteile an den Verbraucher

---

606 Ubisoft, Assassin's Creed: Odyssey auf Steam, https://store.steampowered.com/app/812140/Assassins_Creed_Odyssey/, zuletzt geprüft am 26.05.2021.

607 Ubisoft, Assassin's Creed: Odyssey im Epic Games Store, https://www.epicgames.com/store/de/p/assassins-creed-odyssey, zuletzt geprüft am 26.05.2021.

608 Bechtold/Bosch/Brinker/*Bechtold/Bosch/Brinker,* EU-KartellR[3], VO 330/2010 Art. 4 Rn. 23.

609 Kartellrecht: Kommission verhängt gegen Valve und fünf PC-Videospieleverlage Geldbußen von 7.8 Mio. EUR wegen Geoblocking-Praktiken, Europäische Kommission, https://ec.europa.eu/commission/presscorner/detail/de/ip_21_170, zuletzt geprüft am 26.05.2021.

610 Säcker/Bien/Meier-Beck/Montag/*Zöttl,* MüKo WettbR, Bd. 1[3], Vertikal-GVO Art. 4 Rn. 119.

weitergegeben werden.[611] Verbraucher sind dabei jeder Teil der Vertriebskette.[612] Angeführt werden könnte, dass die Abschottung von Teilen des osteuropäischen Marktes für günstigere Preise in den abgeschotteten Regionen sorgt. Da aber alle beteiligten Marktakteure, also nicht nur die innerhalb des abgeschotteten Gebiets, zu beachten sind, müssen auch Verbraucher berücksichtigt werden, die durch die territorialen Beschränkungen von dem eingegrenzten Markt ausgeschlossen werden. Da ein Teil der Marktakteure, also Privatkäufer, Zwischenhändler oder auch *Keyseller* von der Preissenkung ausgeschlossen werden, kommt es im Ergebnis zu einer negativen Bilanz der Effizienzabwägung.[613] Auch Marktakteure innerhalb des abgeschotteten Gebiets profitieren nicht von der territorialen Beschränkung, weil sie, trotz möglicherweise günstigerem Einkaufspreis, die Computerspiele nicht oberhalb der regionalen Kaufkraft veräußern können. Vorteilhaft ist diese Beschränkung also nur für Rechteinhaber, die außerhalb des abgeschotteten Bereichs ihre Gewinne maximieren können und nicht mit günstigeren Angeboten innerhalb des günstigeren Marktes konkurrieren müssen.

Auch die Kommission stützt sich darauf, dass „solche Praktiken verhindern, dass die Verbraucherinnen und Verbraucher in Europa die Vorteile des digitalen Binnenmarktes nutzen und sich in der gesamten EU das beste Angebot aussuchen können."[614] Eine Einzelfreistellung kann demnach für solche territorialen Beschränkungen nicht erfolgen.

cc. *Übertragung der Ergebnisse auf die Anwendung der Verordnung gegen ungerechtfertigtes Geoblocking*

Im Verfahren der Kommission geht es um das Zusammenwirken verschiedener *Publisher* mit dem Betreiberunternehmen der Steam-Plattform und dem

611 Säcker/Bien/Meier-Beck/Montag/*Wolf*, MüKo WettbR, Bd. 1^3, AEUV Art. 101 Rn. 1145; Bechtold/Bosch/Brinker/*Bechtold/Bosch/Brinker*, EU-KartellR^3, AEUV Art. 101 Rn. 159 ff.

612 Säcker/Bien/Meier-Beck/Montag/*Wolf*, MüKo WettbR, Bd. 1^3, AEUV Art. 101 Rn. 1139; Bechtold/Bosch/Brinker/*Bechtold/Bosch/Brinker*, EU-KartellR^3, AEUV Art. 101 Rn. 159.

613 Säcker/Bien/Meier-Beck/Montag/*Wolf*, MüKo WettbR, Bd. 1^3, AEUV Art. 101 Rn. 1147.

614 Kartellrecht: Kommission verhängt gegen Valve und fünf PC-Videospieleverlage Geldbußen von 7.8 Mio. EUR wegen Geoblocking-Praktiken, Europäische Kommission, https://ec.europa.eu/commission/presscorner/detail/de/ip_21_170, zuletzt geprüft am 26.05.2021.

dadurch ermöglichten Geoblocking. Deshalb kam es auf die Verordnung über Maßnahmen gegen ungerechtfertigtes Geoblocking (Geoblocking-VO)[615] nicht an, die sich mit einseitigen Zugriffsbeschränkungen befasst.[616]

Für die urheberrechtliche Betrachtung ergibt sich zunächst keine konkrete Relevanz, denn die Geoblocking-VO ordnet schon in Art. 1 Abs. 5 an, dass urheberrechtliche Vorschriften unberührt bleiben. Auch hier ist also erkennbar, dass die Wahrnehmung der Rechte des Urheberrechts grundsätzlich nicht verhindert werden soll.[617] Ebenso kann aber auf die Ergebnisse des Murphy-Verfahrens verwiesen werden.[618] Wenn Rechteinhaber nämlich mittels Geoblocking versuchten nicht bloß eine angemessene Vergütung zu erzielen, sondern die Maximierung des Gewinns zu erreichen, dann wäre das nicht mehr Teil des urheberrechtlich gewährleisteten Verbreitungsrechts. Deshalb wäre der Versuch eines Rechteinhabers, die Aktivierung eines Produktschlüssels außerhalb einer das Unionsgebiet aufteilenden Region zu verhindern, als ungerechtfertigtes Geoblocking einzustufen. Das Ergebnis des Kartellverfahrens der Kommission hat schließlich gezeigt, dass regionale Verkaufsbeschränkungen innerhalb des EWR auch für den Computerspielvertrieb nicht erwünscht sein sollen.

Beachtenswert ist, dass Art. 4 Abs. 5 Geoblocking-VO vorsieht, dass Geoblocking zulässig sein kann, wenn der Anbieter ansonsten Vorschriften des Unionsrechts oder entsprechendes Recht der Mitgliedsstaaten verletzt. Wenn also ein Rechteinhaber nur in einem bestimmten Teil des Unionsgebiets ein Computerspiel verkaufen darf, dann kann ihm nicht nach der Verordnung ungerechtfertigtes Geoblocking vorgeworfen werden.[619] Im Sachverhalt der Kommission stand jedenfalls fest, dass die beteiligten *Publisher* den unionsweiten Vertrieb über Steam ermöglicht haben.[620]

d. Möglichkeit territorialer Rechteverteilung

Die bisherige Untersuchung hat gezeigt, dass territoriale Beschränkungen des Vertriebs einerseits dazu geeignet sind den Eintritt der Erschöpfungswirkung

---

615 EU 2018/302.
616 *Bernhard*, NJW 2019, 472.
617 Siehe dazu oben Teil 2:C.II.8.c.
618 Siehe oben Teil 2:C.II.8.a.aa.
619 So auch für den Filmbereich *Fengmann*, ZUM 2021, 220, 222 f.
620 Kartellrecht: Kommission verhängt gegen Valve und fünf PC-Videospieleverlage Geldbußen von 7.8 Mio. EUR wegen Geoblocking-Praktiken, Europäische Kommission, https://ec.europa.eu/commission/presscorner/detail/de/ip_21_170, zuletzt geprüft am 26.05.2021.

zu behindern und andererseits mit dem kartellrechtlichen Verbot von Wettbewerbsbeschränkungen kollidieren können.[621]

aa. *Erschöpfungswirkung nur im Unionsgebiet*

Außerhalb des EWR bestehen hingegen keine rechtlichen Bedenken bei der regionalen Verkaufsbeschränkung, weil die Erschöpfungswirkung dort nicht eintritt.[622] Ob die Erschöpfungswirkung im internationalen Bereich eintreten kann, ist umstritten.[623] Die Problematik geht zurück auf Art. 6 des Übereinkommens über handelsbezogene Aspekte der Rechte des geistigen Eigentums (TRIPS) zurück, das zum 01.01.1995 in Kraft getreten ist.[624] Ob es eine internationale Erschöpfung geben soll, wird dort nicht aufgeklärt.[625] Teilweise wird deshalb die internationale Erschöpfung für unzulässig[626] oder für favorisiert[627] gehalten. Die einzelnen Staaten sollen i.E. ihre eigenen Regelungen zur Reichweite der Erschöpfung erlassen können.[628] Auf Unionsebene gilt jedenfalls die Vorgabe der unionsweiten Erschöpfung.[629]

Rechteinhaber können deshalb territoriale Beschränkungen anwenden, die eine Aktivierung von Produktschlüsseln, die nicht innerhalb des EWR in Verkehr gebracht wurden, verbieten.

bb. *Keine Umgehung der Erschöpfungswirkung auf dem Unionsgebiet*

Ohne besondere Begründung, die eine Ausnahme der grundsätzlich europaweiten Erschöpfung zulässt, ist eine wirksame territoriale Verbreitungsbeschränkung nicht möglich. Das Kartellverfahren der europäischen Kommission hat zuletzt gezeigt, dass die Prinzipien des freien Binnenmarkts auch in diesem

---

621 Siehe oben Teil 2:C.II.8.c.

622 Schricker/Loewenheim/*Spindler*, UrhG[6], § 69c Rn. 36; Wandtke/Bullinger/*Grützmacher*, UrhR[5], § 69c Rn. 40; Vgl. Dreier/Schulze/*Dreier*, UrhG[6], § 69c Rn. 19; *Schack*, UrhR[9], Rn. 433.

623 Busche/Stoll/Wiebe/*Lüres/Höhne*, TRIPS[2], Art. 6 Rn. 1; Götting/Meyer/Vormbrock/*Götting*, HB Gew.RS[2], § 4 Rn. 32.

624 BGBl. II 1994, 1730.

625 Busche/Stoll/Wiebe/*Lüres/Höhne*, TRIPS[2], Art. 6 Rn. 1.

626 Siehe Darstellung in Busche/Stoll/Wiebe/*Lüres/Höhne*, TRIPS[2], Art. 6 Rn. 9.

627 Busche/Stoll/Wiebe/*Lüres/Höhne*, TRIPS[2], Art. 6 Rn. 10.

628 Busche/Stoll/Wiebe/*Lüres/Höhne*, TRIPS[2], Art. 6 Rn. 11; Götting/Meyer/Vormbrock/*Götting*, HB Gew.RS[2], § 4 Rn. 32.

629 Busche/Stoll/Wiebe/*Lüres/Höhne*, TRIPS[2], Art. 6 Rn. 2; siehe zur Unionsregelung Fn. 622.

Umfeld nicht ungeachtet bleiben dürfen, weil sonst eine Verhinderung des Wettbewerbs drohe, die i.E. gegen Art. 101 Abs. 1 AEUV verstoße.[630] Die Freistellung solcher Vertriebsvereinbarungen erscheint zumindest problematisch, wenn nicht sogar ausgeschlossen.[631]

Einschränkungen ließen sich also höchstens mit Blick auf die Amortisierung des nicht unerheblichen Investments[632] bei der Computerspielentwicklung erwägen: Wenn immer weiter steigende, mit dem technischen Fortschritt aber notwendige, Entwicklungskosten ausgeglichen werden sollen, aber zugleich das Spiel auch in wirtschaftlich schwächeren Regionen erschwinglich sein soll, dann kommt nur der Einsatz einer regionalen Verkaufsbeschränkung in Frage.[633] Bei den aktuell vorherrschenden Verkaufspreisen besteht jedoch keine hinreichend große Differenz der einzelnen Verkaufsregionen, die eine „angemessene" Vergütung des Rechteinhabers verhindern könnte.[634]

Wenn das Verbreitungsrecht am Computerspiel erschöpft ist, kann die Erschöpfungswirkung auch nicht mit Mitteln des Geoblockings verhindert werden.[635] Denn wenn der Rechteinhaber den weiteren Vertrieb seines Werks nach Erschöpfungseintritt nicht mehr kontrollieren soll, dann gilt das auch für den innereuropäischen Vertrieb bereits erschöpfter Werkexemplare.

e. *Keine territorialen Vertriebsbeschränkungen für Computerspiele innerhalb der EU*

Im Ergebnis lassen sich territoriale Vertriebsbeschränkungen bei Computerspielen durch Rechteinhaber innerhalb des europäischen Wirtschaftsraums nicht rechtfertigen.

Bereits mit der Strategie der Kommission zur Schaffung eines digitalen Binnenmarktes hat sich gezeigt, dass Geoblocking innerhalb des EWR schon vom Grundsatz nicht erwünscht ist.[636] Der EuGH sieht zwar die Möglichkeit der territorialen Beschränkung durch den Rechteinhaber zur Erlangung einer angemessenen Vergütung,[637] hat aber spätestens mit der Entscheidung zu

---

630 Siehe dazu den vorherigen Abschnitt Teil 2:C.II.8.c.

631 Siehe oben Teil 2:C.II.8.c.bb.

632 Siehe oben Teil 1:A.

633 Ähnlich auch für die Filmindustrie *Fengmann*, ZUM 2021, 220, 221.

634 Siehe oben Teil 2:C.II.8.b.

635 Siehe oben Teil 2:C.II.8.c.cc.

636 Siehe vor allem Punkt 2.3 Europäische Kommission, COM(2015) 192; *Fengmann*, ZUM 2021, 220, 221; *Rauer/Ettig*, K&R 2016, 79.

637 Siehe oben Teil 2:C.II.8.a.

Fußballübertragungsrechten klar gemacht, dass es dabei nicht zu einer territorialen Marktaufspaltung kommen soll, die einzig auf Maximierung der Vergütung gerichtet ist.[638]

Vor allem das erst im Januar 2021 beendete Verfahren gegen mehrere Rechteinhaber hat gezeigt, dass auch in der Computerspielebranche eine solche Rechtfertigung nicht erfolgen soll.[639]

Das System der Regionalcodes bei Filmen etwa ist in diesem Zusammenhang nicht hilfreich, weil es den EWR stets in einer vollständigen Region erfasst und deshalb gerade nicht eine Unterteilung zwischen den verschiedenen Mitgliedsstaaten vorsieht.

Selbst wenn sich eine territoriale Beschränkung für den Vertrieb von Computerspielen rechtfertigen ließe, entfaltete sich die Wirkung höchstens im Rahmen des Erstverkaufs durch die Rechteinhaber, denn mit der Erschöpfung des Verbreitungsrechts können die weiteren Verkäufe des Computerspiels nichtmehr durch den Rechteinhaber kontrolliert werden.[640]

9. *Vertrieb von Produktschlüsseln durch Zwischenhändler außerhalb des vertraglichen Preisrahmens*

Rechteinhaber vertreiben Computerspiele nicht zwangsläufig selbst an die Endnutzer. Daraus ergibt sich erst das Problemfeld des *Keysellings*. Würden Rechteinhaber ihre Spiele stets über eine eigene Vertriebsplattform verkaufen, dann wären Produktschlüssel nicht erforderlich. Erst durch Hinzuziehen von Zwischenhändlern ergibt sich das Erfordernis, Kunden mittels produktschlüsselgestützter Aktivierung ihrer Käufe zu verifizieren. Die an Zwischenhändler vertriebenen Produktschlüssel werden dabei häufig zu einem günstigeren Preis als dem Direktvertriebspreis des Rechteinhabers verkauft, um den Händlern noch eigene Gewinnmargen zu ermöglichen. Hierbei sind Vorgaben des Rechteinhabers zur Höhe des künftigen Verkaufspreises möglich.[641]

---

638 Siehe oben Teil 2:C.II.8.a.aa.

639 Siehe oben Teil 2:C.II.8.c.aa.

640 Siehe oben Teil 2:C.I.2.

641 *Dreier*, MMR 2021, 102, 103; insbesondere *Lisowski*, How to get every game on STEAM for free, http://www.gamasutra.com/blogs/LeszekLisowski/20141001/226840/How_to_get_every_game_on_STEAM_for_free.php, zuletzt geprüft am 26.05.2021.

a. Keine Vertriebsbeschränkung durch urheberrechtliche Mittel bei Eintritt der Erschöpfungswirkung

Demnach wäre denkbar, dass ein Zwischenhändler – entgegen der mit dem Rechteinhaber getroffenen Vereinbarung – seine Spiele für einen günstigeren Preis veräußert. Falls bereits mit Veräußerung der Spiele an den Zwischenhändler ein erschöpfungsrelevantes Inverkehrbringen vorliegt, könnte Erschöpfung eingetreten sein und der Weiterverkauf, auch außerhalb einer vereinbarten Preisspanne, wäre aus urheberrechtlicher Perspektive möglich. Mit Eintritt der Erschöpfungswirkung hätten Bedingungen für den Weiterverkauf keinen Bestand.[642]

Sollte jedoch in der Veräußerung an den Zwischenhändler noch kein erschöpfungsrelevantes Inverkehrbringen vorliegen, sodass erst mit Vertrieb an den Endnutzer die Erschöpfungswirkung eintreten könnte, dann könnten Zwischenhändler, die ihre Produktschlüssel zu nicht vereinbarten Konditionen weiterverkaufen, das Verbreitungsrecht des Rechteinhabers verletzen. Letzteres könnte nur der Fall sein, wenn Zwischenhändler nicht die mit dem Produktschlüssel verbundene Nutzungsmöglichkeit erhalten, sondern lediglich eine auf den Weitervertrieb beschränkte Verwendungserlaubnis.[643]

Damit könnten Rechteinhaber jedoch den Eintritt der Erschöpfungswirkung herauszögern, obwohl sie bereits durch den Verkauf an den Zwischenhändler eine Vergütung für ihr Werk erhalten haben, denn der Verkaufspreis an den Zwischenhändler wird nicht von der Gewinnmarge des Zwischenhändlers beeinflusst, die er nach eigenem Verantworten an den Kunden weitergeben kann.

Deshalb wird das Werk durch diesen Erstverkauf aus dem Herrschaftsbereich des Rechteinhabers heraus an den Zwischenhändler veräußert. Die Voraussetzungen der Erschöpfung des Verbreitungsrechts sind also bereits an dieser Stelle gegeben. Der Zwischenhändler erhält einen Produktschlüssel, der bereits zum Zeitpunkt des Erstverkaufs durch den Rechteinhaber einlösbar ist. Die Nutzungsmöglichkeit wird mit Abgabe der Verfügungsmöglichkeit an den Zwischenhändler übertragen.[644] Das Verbreitungsrecht erschöpft sich bei erfolgtem Erstvertrieb an den Zwischenhändler.

---

642 BGH v. 11.12.2014 - I ZR 8/13 = GRUR 2015, 772, Rn. 34 - UsedSoft III; BGH v. 06.07.2000 - I ZR 244/97 = GRUR 2001, 153, 154 - OEM-Version.

643 *Dreier*, MMR 2021, 102, 103.

644 Schricker/Loewenheim/*Spindler*, UrhG[6], § 69c Rn. 35; Dreyer/Kotthoff/Meckel/Hentsch/*Kotthoff*, UrhR[4], Rn. 31; Ensthaler/Weidert/*Ensthaler*, Handbuch Urheberrecht[3], Kap. 2 Rn. 101; *Dreier*, MMR 2021, 102, 104.

b. Beschränkung des Wettbewerbs durch Vertriebsbeschränkungen

Hier ist vielmehr problematisch, dass Rechteinhaber durch Vertriebsbeschränkungen versuchen könnten, ein selektives Vertriebssystem zu errichten. Dessen rechtliche Zulässigkeit ist jedoch schon mit Blick auf den offenen europäischen Binnenmarkt fraglich.[645]

Auch kann sich, wie schon im Fall des von *Publishern* durchgeführten Geoblockings,[646] ein Verbot wettbewerbsbeschränkender Vereinbarungen nach Art. 101 Abs. 1 AEUV ergeben, sodass aus kartellrechtlichen Gesichtspunkten eine unzulässige Beschränkung des Wettbewerbs innerhalb des Binnenmarktes vorläge.

aa. Voraussetzung für ein Verbot nach Art. 101 Abs. 1 AEUV

Rechteinhaber und Zwischenhändler werden jedenfalls autonom unternehmerisch tätig. Ziel geschlossener Vereinbarungen ist schließlich der Vertrieb der Produktschlüssel an Endkunden. Von der Unternehmereigenschaft ist demnach auszugehen.[647]

Durch die Vorgabe von Seiten der Rechteinhaber bestimmte Verkaufspreise einzuhalten, kann davon ausgegangen werden, dass eine Vereinbarung i.S.d. Art. 101 Abs. 1 AEUV vorliegt.[648]

Wenn Händler nun den vorbestimmten Verkaufspreis nicht unterschreiten dürfen, wird dadurch auch der Wettbewerb beeinträchtigt, denn hierdurch können Zwischenhändler nicht mehr vollständig selbstständige unternehmerische Entscheidungen treffen.[649] Der Preiswettbewerb zwischen verschiedenen Anbietern für Computerspiele wird auf diese Weise zumindest beschränkt.

bb. Möglichkeit der Einzelfreistellung nach Art. 101 Abs. 3 AEUV

Wie bei territorialen Vertriebsbeschränkungen ist auch an dieser Stelle bereits zweifelhaft, ob Verbraucher an dem durch die Vereinbarung entstehenden

---

645 So *Dreier*, MMR 2021, 102, 103 f.

646 Dazu oben Teil 2:C.II.8.c.aa.

647 Zur Definition Säcker/Bien/Meier-Beck/Montag/*Säcker/Steffens*, MüKo WettbR, Bd. 1^3, AEUV Art. 101 Rn. 4.

648 Säcker/Bien/Meier-Beck/Montag/*Paschke*, MüKo WettbR, Bd. 1^3, AEUV Art. 101 Rn. 87; Hoeren/Sieber/Holznagel/*Beckmann/Müller*, Multimedia-Recht, Teil 10 Rn. 167.

649 Säcker/Bien/Meier-Beck/Montag/*Paschke*, MüKo WettbR, Bd. 1^3, AEUV Art. 101 Rn. 79.

Gewinn beteiligt werden.[650] Die Vereinbarung eines Mindestpreises zielt gerade darauf ab den Gewinn der Rechteinhaber – auf Kosten der Verbraucher – zu maximieren. Eine Einzelfreistellung kann deshalb schon nicht erfolgen.

cc. Möglichkeit der Freistellung nach einer Gruppenfreistellungsverordnung

Da es hier nicht primär um die Übertragung von Technologie-Lizenzen zur Anfertigung[651] von Produkten geht, kommt eine Freistellung i.S.d Art. 101 Abs. 3 AEUV nach der Gruppenfreistellungsverordnung zum Technologietransfer[652] (TT-GVO) nicht Betracht.[653] Hier soll schließlich kein technisches Know-How weitergegeben, sondern ein Produkt weiterveräußert werden.

Soweit Rechteinhaber und nachgelagerte Zwischenhändler von einer solchen Vereinbarung betroffen sind, kommt eine Freistellung für Gruppen von vertikalen Vereinbarungen und abgestimmten Verhaltensweisen[654] (Vertikal-GVO) in Betracht.

Unabhängig von den übrigen Voraussetzungen für eine Freistellung nach Art. 2 Abs. 3 Vertikal-GVO, verbietet bereits Art. 4 lit. a Vertikal-GVO die Festsetzung von Mindestpreisen,[655] sodass in der hier vorliegenden Vereinbarung jedenfalls eine der Kernbeschränkungen betroffen ist. Eine Freistellung kann deshalb nicht erfolgen.

c. Zwischenergebnis zur Zulässigkeit von preisgebundenen Vertriebsvereinbarungen mit Zwischenhändlern

Mit Mitteln des Urheberrechts können Rechteinhaber jedenfalls den unerwünschten Vertrieb von Produktschlüsseln durch Zwischenhändler nicht verhindern. Bei der Veräußerung von Produktschlüsseln an einen Zwischenhändler tritt bereits die Erschöpfung des Verbreitungsrechts ein, wenn der Rechteinhaber in diesem Zusammenhang eine Vergütung erhalten hat.[656]

---

650 Siehe zu den Voraussetzungen oben Teil 2:C.II.8.c.bb(1).

651 Siehe dazu Erwägungsgrund 7 der TT-GVO.

652 EU 316/2014.

653 Vgl. dazu oben Teil 2:C.II.8.c.bb(1)(a).

654 EU 330/2010.

655 Säcker/Bien/Meier-Beck/Montag/*Zöttl*, MüKo WettbR, Bd. 1^3, Vertikal-GVO Art. 4 Rn. 23.

656 Siehe oben Teil 2:C.II.9.a.

Auch auf kartellrechtlicher Ebene bestehen erhebliche Zweifel, dass preisgebundene Vertriebsvereinbarungen, die einen Mindestpreis bei dem Weiterverkauf des Produktschlüssels durch den Zwischenhändler vorsehen, zulässig sind.[657] Die Einzelfreistellung kann schon allein deshalb nicht erfolgen, weil die Vereinbarung von Mindestpreisen nur den Gewinn des Rechteinhabers maximieren soll und Vorteile deshalb nicht an den Verbraucher weitergegeben werden.[658] Die Möglichkeit der Freistellung i.R.d. Vertikal-GVO scheitert schon an der Kernbeschränkung des Art. 4 lit. a Vertikal-GVO, die Mindestpreise ausschließt.[659]

III. Fazit zum Eintritt der Erschöpfungswirkung bei Verkauf bzw. Weitergabe von Produktschlüsseln durch den Rechteinhaber

Die Bearbeitung hat gezeigt, dass die rechtmäßige Veräußerung von Produktschlüsseln, sofern dies mit Zustimmung des Rechteinhabers auf dem Gebiet der EU bzw. des EWR erfolgt, zur Erschöpfung des Verbreitungsrechts führt.

Die Zurückbehaltung einzelner Werkelemente auf den Servern des Rechteinhabers führt ebenso wie die Gestaltung des Lizenzvertrags nicht zum Entstehen eines Mietverhältnisses, das den Eintritt der Erschöpfungswirkung ausschließen könnte. Der Rechteinhaber gibt mit der Veräußerung des Produktschlüssels i.E. seine Herrschaft über das Computerspiel auf. Der Einsatz der Produktaktivierung durch den Produktschlüssel ist vielmehr eine technische Schutzmaßnahme, die den Eintritt der einzelnen Voraussetzungen der Erschöpfung bestätigt und ungewünschte Mehrfachnutzung verhindert.[660]

Das gilt für den Verkauf von Produktschlüsseln zusammen mit einem Backup des Computerspiels auf einem Datenträger. Dort wird durch die digitale Produktaktivierung sichergestellt, dass noch bestehende Vervielfältigungen des Computerspiels unbrauchbar gemacht werden, weil der Datenträger nach der Verwendung des sich bei der Aktivierung verbrauchenden Produktschlüssels nicht zur eigenständigen Nutzung des Spiels verwendbar ist.[661]

Deshalb ergeben sich die wenigsten Probleme für den Eintritt der Erschöpfungswirkung, wenn der Produktschlüssel allein veräußert wird. Hier kann im

657 Siehe oben Teil 2:C.II.9.b.
658 Siehe oben Teil 2:C.II.9.b.bb.
659 Siehe oben Teil 2:C.II.9.b.cc.
660 Siehe oben Teil 2:C.II.2.
661 Siehe oben Teil 2:C.II.4.

Rahmen der Produktaktivierung sichergestellt werden, dass nur ein einziger Nutzer die Möglichkeit erhält das Computerspiel in Betrieb zu nehmen.[662]

Da für das wirksame Inverkehrbringen nicht zwangsläufig ein Verkaufsgeschäft nötig ist, sondern die konkrete Weitergabe der Nutzungsmöglichkeit genügt, erschöpft sich das Verbreitungsrecht ebenso dann, wenn Produktschlüssel kostenlos – etwa an Influencer oder als kostenlose Beigabe – abgegeben werden. Auch hier können Rechteinhaber den weiteren Verkauf dieser Produktschlüssel, zumindest mit urheberrechtlichen Mitteln, nicht untersagen.[663]

Wenn allerdings Produktschlüssel gestohlen[664] oder durch Identitätstäuschung[665] erlangt werden, dann liegt keine erschöpfungsfähige Verbreitungshandlung vor und Rechteinhaber können den Verkauf solcher Produktschlüssel untersagen.[666] Im Fall von Kreditkartenmissbrauch[667] hängt der Eintritt der Erschöpfungswirkung davon ab, ob der Rechteinhaber den nicht durch den Karteninhaber autorisierten Zahlungsvorgang rückabwickeln muss[668] und deshalb i.E. keine Vergütung für sein Werk erzielen konnte.

Auch der Versuch, das Geschäftsmodell der *Keyseller* durch Geoblocking zu beschränken, ist nicht erfolgversprechend. Das hat sich nicht zuletzt aus der durch die Kommission verhängten Strafe wegen ungerechtfertigten Geoblockings gegen einige Rechteinhaber ergeben.[669] Damit setzt sich im Bereich der Computerspiele eine Entwicklung fort, die bereits bei dem Versuch Fußballübertragungsrechte zu beschränken, Einzug gefunden hat.[670]

In der EU wird das Ziel verfolgt einen digitalen Binnenmarkt ohne Verkaufsbeschränkungen zu schaffen.[671] Mit diesem Ziel ist der Versuch regionaler Beschränkung des Einlösens von Produktschlüsseln aber nicht kompatibel. Deshalb bestehen auch kartellrechtliche Bedenken, wenn Vertriebsvereinbarungen den Vertrieb regional beschränken sollen.[672]

---

662 Siehe oben Teil 2:C.II.5.
663 Siehe oben Teil 2:C.II.6.
664 Siehe oben Teil 2:C.II.7.a
665 Siehe oben Teil 2:C.II.7.d
666 Siehe oben Teil 2:C.II.7.
667 Siehe oben Teil 2:C.II.7.b.
668 Siehe oben Teil 2:C.II.7.b.cc
669 Siehe oben Teil 2:C.II.8.c.aa.
670 Siehe oben Teil 2:C.II.8.a.
671 Siehe oben Teil 2:C.II.8.c.
672 Siehe oben Teil 2:C.II.8.c.

Werden Produktschlüssel über einen Zwischenhändler veräußert, bevor sie an den Endnutzer verkauft werden, liegt bereits eine Verbreitungshandlung vor, bei der die Erschöpfungswirkung eintritt. Rechteinhaber können deshalb ihren Zwischenhändlern nicht mit urheberrechtlichen Mitteln verbieten, die Produktschlüssel außerhalb eines vertraglich vereinbarten Preisrahmens zu vertreiben. Rechteinhaber erhalten mit der Veräußerung an den Zwischenhändler eine Vergütung; das Verbreitungsrecht ist bereits an dieser Stelle erschöpft.[673] Auch hier bestehen kartellrechtliche Zweifel an der Möglichkeit Vereinbarungen über den Mindestpreis durchführen zu können.[674]

673 Siehe oben Teil 2:C.II.9.a.
674 Siehe oben Teil 2:C.II.9.b.

Teil 3: Zusammenfassung und Ergebnis

Dieser Teil enthält zunächst eine Zusammenfassung der wesentlichen Ergebnisse der Arbeit und bezieht sodann Stellung zum Ergebnis mit Blick auf die aktuellen Regelungen des Urheberrechts.

A. Ergebnis der Überprüfung der Arbeitshypothese

Die Arbeit hat sich das Ziel gesetzt, mögliche Verletzungen der urheberrechtlichen Verwertungsrechte der Rechteinhaber durch den Verkauf von Produktschlüsseln für Computerspiele über *Keyseller* zu untersuchen.

Computerspiele sind als Mischung aus Computerprogramm und audiovisuellen Elementen unproblematisch auch urheberrechtlich geschützt. Ihr besonderer schöpferischer Charakter ergibt sich aus der komplexen Verbindung verschiedenster Werke dieser Kategorien. Deshalb sind grundsätzlich sowohl die Regeln für Computerprogramme aus den §§ 69a ff. UrhG und die Regelungen des allgemeinen Urheberrechts aus den §§ 15 ff. UrhG für Computerspiele einschlägig.[675]

Im Ergebnis lässt sich festhalten, dass *Keyseller* mit dem Vertrieb von Produktschlüsseln eine Weiterverbreitung vornehmen.[676] Wenn diese Schlüssel im Erstvertrieb entweder aufgrund eines rechtmäßigen Verkaufsgeschäfts oder mit Zustimmung des Rechteinhabers in das Vermögen des *Keysellers* gelangt sind, dann erschöpft sich das Verbreitungsrecht an der durch den Produktschlüssel verkörperten Nutzungsmöglichkeit des Computerspiels. Deshalb können Rechteinhaber den Weiterverkauf von diesen Produktschlüsseln nicht mit Mitteln des Urheberrechts verhindern, wenn sie bereits innerhalb des EWR in Verkehr gebracht wurden.[677]

Ausnahmen ergeben sich dann, wenn der Produktschlüssel auf anderem Weg, also durch Diebstahl, Kreditkartenmissbrauch oder Identitätstäuschung in Verkehr gelangt ist und der Rechteinhaber in diesem Zusammenhang nicht in der Lage war eine Vergütung für das Werkstück zu erzielen. Dort erschöpft sich das Verbreitungsrecht nicht und Rechteinhaber können die Verletzung ihres Verbreitungsrechts geltend machen.[678]

---

675 Siehe oben Teil 2:A.
676 Siehe oben Teil 2:B.III.
677 Siehe oben Teil 2:C.
678 Siehe oben Teil 2:C.II.7.

Da die Erschöpfung nur unionsweit eintritt, kann auch der Verkauf von Produktschlüsseln untersagt werden, die außerhalb des EWR in Verkehr gebracht wurden.[679]

I. Untersuchung der Verwertungsrechte

Wenn es um den Verkauf von Computerspielen im Internet durch *Keyseller* geht, können die Verwertungsrechte des Rechteinhabers verletzt sein, weil ohne Zustimmung die Nutzungsmöglichkeit des Werks veräußert wird.

Dementsprechend muss die Zuordnung des *Keyselling*-Geschäfts zu einer einschlägigen Verwertungshandlung erfolgen.

1. Das Recht der öffentlichen Zugänglichmachung

Die Voraussetzungen für die öffentliche Zugänglichmachung sind nicht erfüllt, denn *Keyseller* halten das Computerspiel nicht zum Abruf bereit und können über dessen Verfügbarkeit nicht entscheiden. Bei der Durchführung des Verkaufsgeschäfts werden keine Spieldaten weitergegeben, sondern lediglich der Produktschlüssel, der dem Erwerber die Möglichkeit eröffnet, das Spiel von der Plattform des Rechteinhabers herunterzuladen. Aufgrund dessen kann der *Keyseller* selbst nicht über das Werk verfügen.[680] Auch das Öffentlichkeitsmerkmal der Zugänglichmachung ist nicht erfüllt, weil der Produktschlüssel nur einmalig verwendet werden kann, sodass sichergestellt ist, dass nur ein Nutzer Zugriff auf das veräußerte Spiel erlangt.[681] Damit unterscheidet sich der Sachverhalt maßgeblich von der Rechtssache „Tom Kabinet", die vor dem EuGH verhandelt wurde.[682] Im Ergebnis kommt es also an dieser Stelle nicht darauf an, ob man das Recht der Öffentlichen Zugänglichmachung für Computerspiele aus § 19a oder § 69c Nr. 4 UrhG herleitet, denn die einschlägigen Voraussetzungen unterscheiden sich in der durchgeführten Prüfung nicht.[683]

2. Das Recht der Vervielfältigung

Im Rahmen des Vervielfältigungsrechts kommt keinesfalls eine täterschaftliche Handlung des *Keysellers* in Betracht, weil dieser selbst keine Vervielfältigung am

679 Siehe oben Teil 2:C.II.8.d.aa.
680 Siehe oben Teil 2:B.I.2.
681 Siehe oben Teil 2:B.I.3
682 Siehe oben Teil 2:B.I.1.d.
683 Siehe oben Teil 2:B.I.

Computerspiel durchführt. Der Nutzer kann selbst entscheiden, ob und wann er den Download direkt vom Server des Rechteinhabers durchführt. Eine Haftung des *Keysellers* kommt nur als Störer in Betracht, weil er willentlich und adäquat kausal für die Vervielfältigung, die der Käufer des Produktschlüssels durchführt, verantwortlich ist.[684]

Dadurch dass die Vervielfältigung des Computerspiels nur nach vorheriger Produktaktivierung durch Eingabe des Produktschlüssels durchgeführt werden kann, liegt jedoch das Einverständnis des Rechteinhabers für die Durchführung des Downloads vor.[685]

Es kommt demnach nicht mehr darauf an, ob § 69d UrhG auf Computerspiele anwendbar sein kann und ein Download auch ohne Zustimmung des Rechteinhabers möglich wäre.[686] Mit Blick auf die Anwendung der Regeln des Verbreitungsrechts für Computerprogramme auf Computerspiele[687] spricht aber vieles dafür, auch für das Vervielfältigungsrecht die Anwendbarkeit von § 69c Nr. 1 UrhG und dementsprechend § 69d UrhG auf Computerspiele zu bejahen. Insoweit wäre selbst bei Ablehnung der Zustimmung des Downloads durch den Rechteinhaber eine Vervielfältigung durch den Nutzer von § 69d UrhG gedeckt, wenn sich das Verbreitungsrecht des Computerspiels durch den Verkauf des Produktschlüssels bereits erschöpft haben sollte.

3. *Das Verbreitungsrecht*

Es bleibt also nur das Verbreitungsrecht übrig, um die Vertriebsgeschäfte der *Keyseller* in die urheberrechtlichen Verwertungsrechte einzuordnen.

Obwohl die Auslegung des Wortlauts des § 17 UrhG durchaus eine Anwendung des Verbreitungsrechts auf digitale, also unkörperliche, Sachverhalte ermöglicht,[688] kann mit Blick auf die Zielsetzung des europäischen Gesetzgebers i.R.d. Verbreitung aus Art. 4 Abs. 1 InfoRL, denn § 17 UrhG beruht schließlich auf ebendiesem, nicht davon ausgegangen werden, dass die digitale Verbreitung ermöglicht werden soll – so wie es auch der EuGH zuletzt in Tom Kabinet geurteilt hatte.[689]

---

684 Siehe oben Teil 2:B.II.2.c.
685 Siehe oben Teil 2:B.II.3.
686 Siehe oben Teil 2:B.II.2.c.aa.
687 Siehe oben Teil 2:B.III.3.c.dd.
688 Siehe oben Teil 2:B.III.1.
689 Siehe oben Teil 2:B.III.2.c.

Für Computerprogramme gilt allerdings etwas anderes: Hier ist die digitale Verbreitung möglich. Den Weg dahin hatte der EuGH durch sein UsedSoft-Urteil erschlossen.[690] Auch der Vertrieb von Produktschlüsseln allein kann schon eine Verbreitung des Computerprogramms sein.[691]

Das Verbreitungsrecht lässt sich im digitalen Bereich insoweit verstehen, als dass es auf die Nutzungsermöglichung ankommt.[692]

Im Ergebnis bedeutet dies eine Spaltung der Verbreitungsbegriffe zwischen InfoRL und ComputerRL, die zwar nicht gegen den Gleichheitssatz verstößt,[693] aber zu Problemen bei multimedialen Werken führt, die sowohl Computerprogramme als auch audiovisuelle Bestandteile enthalten. Denn für Computerspiele hatte der EuGH bereits in Nintendo die parallele Anwendbarkeit beider Richtlinien angedeutet.[694] Im Bereich der multimedialen Werke soll es nicht auf den Schwerpunkt der Kombination,[695] sondern auf die Lösung der Normkonflikte im Rahmen der parallelen Anwendbarkeit ankommen.[696]

Der Konflikt zwischen den Verbreitungsrechten ist nach der passenderen Regelung aufzulösen. Für die Anwendung des Verbreitungsrechts aus der ComputerRL spricht, dass Computerprogramme und Computerspiele viele Gemeinsamkeiten aufweisen. Sie bestehen beide vornehmlich im digitalen Umfeld und werden auf ähnliche Weise vertrieben. Für beide gilt, dass hier analoger und digitaler Vertrieb in funktionaler und wirtschaftlicher Hinsicht vergleichbar sind.[697]

Auch mit der Schwerpunkttheorie ist dieses Ergebnis vereinbar, denn hier ergäbe sich die Anwendung der Vorschriften für Computerprogramme.[698] Im Ergebnis ist die Beurteilung des Verbreitungsrechts anhand der ComputerRL vorzunehmen, wenn es um den Vertrieb von Computerspielen geht. Der Verkauf von Produktschlüsseln für Computerspiele im Internet durch *Keyseller* stellt eine Verbreitung i.S.d. § 69c Nr. 3 UrhG dar.[699]

690 Siehe oben Teil 2:B.III.1.d.cc.
691 Siehe oben Teil 2:B.III.1.d.cc(4) und Teil 2:B.III.1.d.cc(5).
692 Siehe oben Teil 2:B.III.1.d.cc(7).
693 Siehe oben Teil 2:B.III.2.c.
694 Siehe oben Teil 2:B.III.2.b.aa.
695 Siehe oben Teil 2:B.III.3.a.
696 Siehe oben Teil 2:B.III.3.c.
697 Siehe oben Teil 2:B.III.3.c.bb.
698 Siehe oben Teil 2:B.III.3.b.
699 Siehe oben Teil 2:B.III.4.

II. Erschöpfung des Verbreitungsrechts

Dadurch, dass *Keyseller* eine Verbreitungshandlung vornehmen, wenn sie Produktschlüssel weiterverkaufen, ist der Weg zur Überprüfung der Erschöpfung des Verbreitungsrechts offen. Der Weiterverkauf, also die Weiterverbreitung, der Schlüssel ist schließlich nicht von der Zustimmung des Rechteinhabers abhängig, wenn sich das Verbreitungsrecht bereits mit dem ersten Inverkehrbringen i.S.d. § 69c Nr. 3 S. 2 UrhG erschöpft hat.

Dafür müssen nicht nur die üblichen Voraussetzungen, also das Inverkehrbringen des Werks mit Zustimmung des Rechteinhabers innerhalb des EWR, vorliegen[700], sondern auch die durch den EuGH aufgestellten, besonderen Voraussetzungen für den Erschöpfungseintritt bei Weiterverkauf im digitalen Umfeld. Das Computerspiel muss vollständig bezahlt bzw. entäußert werden und der Zwischenverkäufer muss bei der Weitergabe alle noch bei ihm verbleibenden Werkstücke unbrauchbar machen.[701]

1. Allgemeine Hindernisse für den Erschöpfungseintritt

In diesem Zusammenhang wird von Teilen der Literatur und Rechtsprechung häufig angeführt, dass es sich bei dem Werkvertrieb im Internet um einen „Online-Dienst" handele, bei dem nach dem 29. Erwägungsgrund der InfoRL die Erschöpfung ohnehin nicht eintreten solle. Zum einen ist jedoch der 29. Erwägungsgrund nach der hier befürworteten Anwendung der ComputerRL für die Verbreitung von Computerspielen nicht einschlägig. Zum anderen ist auch die Qualifizierung als Online-Dienst passender für Streaming-Dienste oder Abonnements, bei denen einzelne Werke im Rahmen der Vermietung bereitgestellt werden. Beides trifft auf den hier untersuchten Sachverhalt nicht zu, weshalb der 29. Erwägungsgrund nicht gegen den Erschöpfungseintritt spricht.[702]

Die Erschöpfung kann aber auch im Rahmen der ComputerRL jedenfalls dann nicht eintreten, wenn das Computerspiel nur vermietet wird. Dort käme es nicht zu einer endgültigen Herrschaftsaufgabe durch den Rechteinhaber und die Voraussetzungen des Erschöpfungseintritts lägen nicht vor.[703]

Anhaltspunkte für den Abschluss eines Mietverhältnisses gibt es aufgrund der teilweise anzutreffenden Zurückhaltung einzelner Spieldateien, die eine

700 Siehe oben Teil 2:C.I.3.
701 Siehe oben Teil 2:C.I.4.
702 Siehe oben Teil 2:C.II.1.
703 Siehe oben Teil 2:C.II.2.

Verbindung zum Server des Rechteinhabers erfordern, bevor das Spiel in Betrieb genommen werden kann. Insofern ist die Frage der tatsächlichen Herrschaftsaufgabe problematisch.

Für den hier zu untersuchenden Sachverhalt kommt es aber maßgeblich auf die Erschöpfung bezüglich des veräußerten Produktschlüssels, ggf. in Kombination mit einem Datenträger, an. Denn darin kann bereits eine zumindest teilweise Veräußerung des Computerspiels gesehen werden, die – weil sie eigene Werkqualität besitzt – zum Eintritt der Erschöpfung bezüglich des veräußerten Teils führt. Selbst, wenn nur der Produktschlüssel veräußert wird, führt die Abstraktion des Verbreitungsrechts auf die Nutzungsermöglichung bereits dazu, dass nur in Bezug auf den veräußerten Produktschlüssel die Erschöpfungswirkung eintreten kann. Die Zurückhaltung einzelner Spielelemente ist eine technische Schutzmaßnahme, die sicherstellen soll, dass nur rechtmäßige Nutzer den Zugriff auf das Spiel erhalten.

Wollte man darin den Willen des Rechteinhabers sehen, die Herrschaft über das Computerspiel gerade nicht aufzugeben, dann drohte vielmehr die Unzulässigkeit des Schutzsystems, weil man dadurch künstlich den Eintritt der Erschöpfungswirkung verhinderte. Da aber die Aktivierung völlig automatisch geschieht und der Rechteinhaber insoweit keine direkte Kontrolle über die Verbreitung des Computerspiels behält, kann von einer Herrschaftsaufgabe ausgegangen werden.[704]

Die Ausgestaltung der Nutzervereinbarung könnte zur Annahme eines Mietverhältnisses führen. Der Produktschlüssel ermöglichte dem Nutzer dann nicht die freie Nutzung des Werks, sondern lediglich den Abschluss eines Mietverhältnisses. Auch wenn einzelne AGB-Klauseln grundsätzlich nicht für die Einordnung eines Vertragsverhältnisses herangezogen werden sollen, ergibt sich hier sowohl aus der Gesamtbetrachtung als auch aus der Auslegung einzelner Klauseln nicht, dass ein Mietverhältnis geschlossen werden soll. Vielmehr soll dem Käufer die dauerhafte Nutzung des Spiels ermöglicht werden. Das wird umso klarer, wenn man sich im Kontrast dazu die bestehenden Abonnementmöglichkeiten für den tatsächlich nur vorübergehenden Zugriff auf Computerspiele ansieht, die, nur für den Zeitraum der regelmäßigen Zahlung, den Zugriff auf eine Auswahl von Spielen ermöglichen.[705]

704 Siehe oben Teil 2:C.II.3.a.

705 Siehe oben Teil 2:C.II.3.b.

Die Erschöpfung des Verbreitungsrechts ist damit nicht schon durch die Verwendung technischer Schutzmaßnahmen oder die Ausgestaltung des Nutzungsvertrags ausgeschlossen.

2. Einzelgruppen bei der Produktschlüsselverbreitung

In den einzelnen Fallgruppen kommt es immer dann zum Eintritt der Erschöpfungswirkung, wenn Rechteinhaber ihre Computerspiele mithilfe von Produktschlüsseln in Verkehr bringen und zumindest die Möglichkeit hatten, dadurch eine Vergütung zu erzielen.

a. Eintritt der Erschöpfung bei rechtmäßigem Inverkehrbringen

Deshalb erschöpft sich das Verbreitungsrecht am Computerspiel auch, wenn ein Produktschlüssel mit einem Datenträger in Verkehr gebracht wird. Ein Datenträger, für den ohne vorherige Aktivierung mit Hilfe des Produktschlüssels keine Verwendungsmöglichkeit besteht, muss als bloßes Backup verstanden werden, welches allein nicht nutzbar ist. Deshalb kommt es nicht zu einer unzulässigen Lizenzaufspaltung, wenn trotz des kombinierten Erwerbs durch einen *Keyseller* nur der Produktschlüssel weiterverkauft wird. Hier erfüllt sich die Voraussetzung des EuGH zur Unbrauchbarmachung zurückbleibender Vervielfältigungsstücke automatisch, denn ohne aktivierbaren Produktschlüssel ist der Datenträger nutzlos. Die einmalige Verwendungsmöglichkeit der vertriebenen Produktschlüssel stellt zu jeder Zeit sicher, dass nur ein Nutzer das Computerspiel verwenden kann. Wenn Rechteinhaber also ein Computerspiel mit Datenträger und Produktschlüssel in Verkehr bringen, dann können sie dafür eine Vergütung erhalten und das Verbreitungsrecht erschöpft sich. Der Weiterverkauf durch *Keyseller* ist in diesem Fall nicht mehr von der Zustimmung des Rechteinhabers abhängig.[706]

Der Vertrieb des Produktschlüssels allein ist die im Ergebnis unproblematischere Vertriebsart, wenn es um die Frage des Erschöpfungseintritts geht. Auch hier bringt der Rechteinhaber das Computerspiel in Verkehr und kann dafür eine Vergütung erhalten. Da keine Vervielfältigungsstücke zurückbleiben, wenn der Produktschlüssel weiterveräußert wird und der Schlüssel nur einmalig verwendbar ist, stellen sich Probleme hinsichtlich zurückbleibender Vervielfältigungsstücke erst gar nicht.[707]

---

706 Siehe oben Teil 2:C.II.4.
707 Siehe oben Teil 2:C.II.5.

Wenn der Rechteinhaber nun aber Produktschlüssel in Verkehr bringt, ohne eine konkrete Vergütung zu erlangen, weil die Abgabe kostenlos erfolgt, dann ist zumindest erwägenswert, ob es trotz fehlender Bezahlung zur Erschöpfung des Verbreitungsrechts kommen kann. Wenn diese Produktschlüssel durch *Keyseller* veräußert und nicht, wie vom Rechteinhaber gewünscht, verwendet werden, kommt es dennoch nicht zum Ausschluss der Erschöpfung, weil maßgeblich ist, dass der Rechteinhaber die Möglichkeit zur Erzielung einer Vergütung erlangt.[708] Es kommt nicht darauf an, ob diese Vergütung auch tatsächlich erzielt wurde. Insofern berühren die durch den Verkauf solcher Schlüssel entstehenden Probleme das Vertrags-, aber nicht das Urheberrecht. Der Entschluss des Rechteinhabers den Produktschlüssel kostenlos abzugeben, verhindert nicht den Erschöpfungseintritt. Mit der kostenlosen Weitergabe des Produktschlüssels tritt deshalb ebenfalls Erschöpfung ein.[709]

b. *Keine Erschöpfung bei unvergüteter und ungewollter Produktschlüsselveräußerung*

Die Erschöpfungswirkung tritt nicht ein, wenn Produktschlüssel durch Diebstahl oder Identitätstäuschung in den Weiterverkauf gelangen.

Werden Produktschlüssel noch vor dem Erstverkauf gestohlen, dann fehlt es am Inverkehrbringen durch den Rechteinhaber. Selbst wenn man bei der Übergabe an das Transportunternehmen bereits ein Inverkehrbringen des Produktschlüssels sieht, soll jedenfalls die Nutzungsmöglichkeit nicht an den Dieb übertragen werden und es liegt jedenfalls keine Zustimmung des Rechteinhabers vor.[710]

Werden im Rahmen einer Identitätstäuschung Produktschlüssel durch den Rechteinhaber abgegeben, dann liegen zwar die Voraussetzungen für die Erschöpfung, wie auch bei der kostenlosen Abgabe an echte Influencer, zunächst vor. Die Zustimmung des Rechteinhabers kann aber im Rahmen der Anfechtung nach §§ 142 Abs. 1, 123 Abs. 1 Var. 1 BGB entfallen, sodass auch hier die Erschöpfung des Verbreitungsrechts nicht eintritt.[711]

Wenn Produktschlüssel durch Kreditkartenmissbrauch in Verkehr gebracht werden, dann kommt es darauf an, ob Rechteinhaber in der Lage waren eine Vergütung für das veräußerte Werkstück zu erzielen. Wenn das Zahlungsversprechen

708 Siehe oben Teil 2:C.II.6.b.
709 Siehe oben Teil 2:C.II.6.
710 Siehe oben Teil 2:C.II.7.a.
711 Siehe oben Teil 2:C.II.7.d.

des Zahlungsdienstleistenden besteht, dann entfällt die Vergütung nicht.[712] Für den Fall, dass wirksame Rückbuchungsklauseln bestehen, kann jedoch eine Rückzahlung oder das Ausbleiben der Vergütung möglich sein.[713] Deshalb ist in diesen Fällen zu unterscheiden, ob der Rechteinhaber eine Vergütung mit der Veräußerung des Werkstücks erzielen konnte, wenn es auf den Eintritt der Erschöpfungswirkung ankommt.[714]

3. *Kein Einfluss auf Zwischenhändler und keine Möglichkeit des Geoblockings in der EU*

Sobald sich das Verbreitungsrecht erschöpft hat, können Rechteinhaber auf den weiteren Verkauf keinen Einfluss mehr nehmen. Mit dem Wunsch der Gewinnmaximierung wird seitens der Rechteinhaber versucht, mit der Hilfe von Verkaufsbeschränkungen eine regionale Einteilung von Verkaufsgebieten aufrecht zu erhalten und den Preis eines Computerspiels an die regionale Kaufkraft anzupassen. Wenn diese Praktik dazu genutzt wird, Beschränkungen auch innerhalb der EU aufrecht zu erhalten, kommt es zu Problemen mit der unionsweiten Erschöpfung.[715] Denn eine Einflussnahme auf das Computerspiel kommt nach Eintritt der Erschöpfungswirkung gerade nicht mehr in Frage.

Geoblocking im Computerspielvertrieb innerhalb der EU ist i.E. nicht zu rechtfertigen. Das zeigt u.a. das verhängte Bußgeld aus dem Kartellverfahren der Kommission gegen einige Publisher, die Geoblocking für die Aktivierung von Produktschlüsseln innerhalb der EU verwendet haben.[716] Die Einführung des digitalen Binnenmarktes schließt die Möglichkeit regionaler Verkaufsbeschränkungen von Computerspielen aus.[717] Wenn sich das Verbreitungsrecht erschöpft hat, können Urheberrechte nicht mehr gegen wettbewerbsrechtliche Bedenken angeführt werden. Deshalb bestehen auch kartellrechtliche Bedenken gegen territoriale Vertriebsbeschränkungen.[718]

Das bedeutet ebenfalls, dass Rechteinhaber – zumindest mit urheberrechtlichen Mitteln – ihren Zwischenhändlern nicht verbieten können die Computerspiele zu einem anderen als dem empfohlenen Preis zu veräußern.[719] Nach Eintritt der

712 Siehe oben Teil 2:C.II.7.b.bb.
713 Siehe oben Teil 2:C.II.7.b.cc.
714 Siehe oben Teil 2:C.II.7.b.cc(3).
715 Siehe oben Teil 2:C.II.8.d.bb.
716 Siehe oben Teil 2:C.II.8.c.aa.
717 Siehe oben Teil 2:C.II.8.
718 Siehe oben Teil 2:C.II.8.c.
719 Siehe oben Teil 2:C.II.9.

Erschöpfungswirkung bestehen auch hier kartellrechtliche Bedenken für die Zulässigkeit von preisgebundenen Vertriebsvereinbarungen.[720]

B. Probleme der aktuellen Rechtslage: Unsicherheit für alle

Durch die komplexe Verknüpfung von Computerprogrammen und audiovisuellen Inhalten berühren Computerspiele die Regelungsbereiche von sowohl der InfoRL als auch der ComputerRL. Da es, getrieben durch die Rechtsprechung des EuGH, aber nun dazu gekommen ist, dass verschiedene Ausprägungen des Verbreitungsrechts für diese Richtlinien entstanden sind, kommt es zu Abgrenzungsschwierigkeiten.[721] Nun muss entweder im Rahmen der parallelen Anwendbarkeit[722] für jeden Aspekt eines multimedialen Werks oder zumindest allgemein im Rahmen der Schwerpunkttheorie[723] entschieden werden, welche der beiden Richtlinien angewendet werden soll. Das führt zu Rechtsunsicherheit, weil es keine klaren Maßgaben gibt, anhand derer die Einteilung vorzunehmen ist.

Urheber und Rechteinhaber können bis zu einer gerichtlichen Klärung nicht sicher sein, ob ihr multimediales Werk vergleichbar mit Computerprogrammen und den UsedSoft-Grundsätzen zu beurteilen ist, oder ob das verwendete Computerprogramm i.S.v. Tom Kabinet nicht genügend Relevanz aufweist und deshalb die besonderen Regeln zur digitalen Verbreitung nicht einschlägig sind.

Das führt zu einer Teilung der digitalen Verbreitungsmöglichkeit in Werke der ComputerRL und Werke der InfoRL. Erstere können im digitalen Umfeld erschöpfungsrelevant verbreitet werden, letztere nicht. Es kann also zu verschiedenen Ergebnissen kommen, obwohl augenscheinlich dieselben Handlungen durchgeführt werden.

C. Erfordernis konkreter Regelungen für das Verbreitungsrecht im digitalen Umfeld

Deshalb wäre eine klarstellende Regelung des Verbreitungsrechts zum Umgang mit multimedialen Werken im digitalen Umfeld wünschenswert. Die geschilderten Abgrenzungsprobleme ließen sich damit umgehen. Die Entscheidungen des EuGH zu UsedSoft und Tom Kabinet können dabei, unabhängig davon ob man

720 Siehe oben Teil 2:C.II.9.b.
721 Siehe oben Teil 2:B.III.2.d.
722 Siehe oben Teil 2:B.III.3.c.
723 Siehe oben Teil 2:B.III.3.a.

die digitale Verbreitungsmöglichkeit gutheißen will oder nicht, zumindest eine Richtung vorgeben.[724]

Passend wäre es, wenn Regelungen zu multimedialen Werken und eine Klarstellung zur digitalen Verbreitung in die InfoRL und die ComputerRL einziehen. Gerade das Beispiel des Produktschlüsselvertriebs für Computerspiele zeigt, dass auch im digitalen Umfeld eine klare Struktur für die Rechteverwertung geschaffen werden kann, um Unsicherheiten bei der digitalen Veräußerung zu beseitigen.

I. Digitale Verbreitung für die InfoRL und die ComputerRL

Es ist nicht ersichtlich, weshalb nur Erwerbern von Computerprogrammen die Möglichkeit zukommen soll, eine wirksame Weiterverbreitung im digitalen Umfeld durchzuführen. Mit der passenden Ausgestaltung der Nutzungsermöglichung kann auch innerhalb der Werke der InfoRL gewährleistet werden, dass es nicht zu unkontrollierbaren Weiterverbreitungen und Vervielfältigungen kommt.

Dann entstehen auch keine Sachverhalte, bei denen dieselbe Handlung einerseits zur Erschöpfung des Verbreitungsrechts führt und andererseits das Verbreitungsrecht nicht einmal angewendet werden soll, weil es sich bei einem Werk um ein Computerprogramm und bei dem anderen um ein Werk aus der InfoRL handelt.

Letztendlich sollte das Urheberrecht nicht auf die körperliche Verbreitung begrenzt, sondern technologieneutral eine allgemeine Verbreitung angenommen werden, wenn technische Maßnahmen im digitalen Umfeld eine angemessene Sicherheit für die Interessen von Urhebern und Nutzern gewährleisten können.

Das ließe sich etwa mit der Einführung eines digitalen Verbreitungsrechts bewerkstelligen, sodass die bisher gängigen Fälle der Verbreitung unverändert bleiben und die für das digitale Umfeld nötigen Voraussetzungen direkt festgelegt werden können. Passende Vorgaben hat der EuGH schließlich schon in UsedSoft aufgestellt. Die Nutzungsermöglichung könnte demnach als erschöpfungsfähige Verbreitung angesehen werden, wenn der Veräußerer zurückbleibende Vervielfältigungen unbrauchbar macht und sichergestellt ist, dass der Urheber eine Vergütung erzielen kann. Durch moderne Rechteverteilungssysteme kann eine klare Überprüfung dieser Voraussetzung vereinfacht werden.

724 Siehe oben Teil 2:B.III.2.c.bb.

II. Regelungserfordernis bei Ablehnung der digitalen Verbreitung

Wenn die Bedenken bei der verschlechterungsfreien Weiterverbreitung zum Schutz der Werkschaffenden überwiegen sollten, weil E-Books etwa keine „Eselsohren“ oder andere Gebrauchsspuren bekommen und deshalb – wie in Tom Kabinet befürchtet[725] – ein Parallelmarkt entstünde, der die Vergütungserfolge der Urheber schwächen könnte, ist klarstellendes Einschreiten des Gesetzgebers geboten.

Bedenklich wäre es, wenn bei Sachverhalten wie dem hier überprüften davon ausgegangen werden müsste, dass die Veräußerung von Produktschlüsseln gar nicht mit urheberrechtlichen Mitteln zu überprüfen wäre. Im Ergebnis wird durch den technischen Automatismus, der sich als passende Vertriebsmethode mit Blick auf den Schutz vor Piraterie etabliert hat, eine Zuordnung der Nutzungsmöglichkeit über das Werk durchgeführt, die nach aktueller Lage der InfoRL weder zur öffentlichen Zugänglichmachung noch zur unrechtmäßigen Vervielfältigung oder zur Verbreitung des Werks führt.

In diesem Zusammenhang könnte zwar die digitale Verbreitungsmöglichkeit in die InfoRL Einzug halten, aber der Eintritt der Erschöpfung könnte für diese Sachverhalte ausgeschlossen werden. Dadurch wäre für das digitale Umfeld ein Stück Rechtssicherheit geschaffen, das Rechteinhabern einerseits und *Keysellern* andererseits klar macht, welche Verwertungshandlungen im digitalen Umfeld möglich sein sollen und welche nicht. Denn aktuell ist weder Rechteinhabern noch *Keysellern* geholfen, wenn die Möglichkeit zur digitalen Weiterverbreitung eines Computerspiels von der Zuweisung zur ComputerRL oder InfoRL abhängt.

725 Siehe oben Teil 2:B.III.2.c.aa.

Literaturverzeichnis

Apel, Simon, Keine Anwendung der „UsedSoft"-Rechtsprechung des EuGH jenseits von Computerprogrammen - Eine Bestandsaufnahme zur Erschöpfung bei „gebrauchten" digitalen Gütern, ZUM 2015, 640.

Arlt, Christian, Ansprüche des Rechteinhabers bei Umgehung seiner technischen Schutzmaßnahmen, MMR 2005, 148.

Arnold, Bernhard; Timmann, Tobias, Ist die Verletzung des § 95a Abs. 3 UrhG durch den Vertrieb von Umgehungsmitteln keine Urheberrechtsverletzung?, MMR 2008, 286.

Bäcker, Kerstin; Höfinger, Frank Michael, Online-Vertrieb digitaler Inhalte: Erstvertrieb, nachgelagerte Nutzungen und nachgelagerte Märkte, ZUM 2013, 623.

Baur, Jürgen F., Europarecht, Energierecht, Wirtschaftsrecht: Festschrift für Bodo Börner zum 70. Geburtstag, 1992, Heymann, Köln/Berlin (zit.: FS Börner).

Bechtold, Rainer; Bosch, Wolfgang; Brinker, Ingo, EU-Kartellrecht, Beck-Online; Beck, München, 3. Auflage 2014 (zit.: EU-KartellR).

Becker, Maximilian, Ein modernes Urheberrecht, ZGE 2016, 239.

Berger, Christian, Urheberrechtliche Erschöpfungslehre und digitale Informationstechnologie, GRUR 2002, 198.

Bernhard, Jochen, Die Geoblocking-Verordnung in der Praxis, NJW 2019, 472.

Bitter, Georg, Kreditkarten: Die schöne neue Einkaufswelt des BGH, ZIP 2002, 1219.

Bräutigam, Peter; Rücker, Daniel, E-Commerce: Rechtshandbuch, 2017, C.H. Beck, München (zit.: E-Commerce).

Brüggemann, Sebastian, Urheberrechtlicher Schutz von Computer- und Videospielen, CR 2015, 697.

Büchner, Wolfgang; Briner, Robert G., DGRI Jahrbuch 2009: Informationstechnik und Recht, Band 19 (via juris), 2010, O. Schmidt, Köln (zit.: DGRI 2009).

Bullinger, Winfried, Festschrift für Artur-Axel Wandtke zum 70. Geburtstag am 26. März 2013, 2013, de Gruyter, Berlin (zit.: FS Wandtke).

Bullinger, Winfried; Czychowski, Christian, Digitale Inhalte: Werk und/oder Software?, GRUR 2011, 19.

Bullinger, Winfried; Rauch, Benedicta von, Rechtsfragen zum Secondhand-Markt für E-Books, NJW 2020, 816.

Busche, Jan; Stoll, Peter-Tobias; Wiebe, Andreas, TRIPs, Heymanns, Köln, 2. Auflage 2013 (zit.: TRIPS).

Büscher, Wolfgang; Dittmer, Stefan; Schiwy, Peter, Gewerblicher Rechtsschutz, Urheberrecht, Medienrecht: Kommentar, 3. Auflage 2015, Heymann, Köln (zit.: Gewerblicher Rechtsschutz, Urheberrecht, Medienrecht).

Casper, Matthias; Pfeifle, Theresa, Missbrauch der Kreditkarte im Präsenz- und Mail-Order-Verfahren nach neuem Recht, WM 2009, 2343.

Czychowski, Christian, Der BGH und Computerspiele: Es verbleiben noch offene Fragen, GRUR 2017, 362.

Determann, Lothar; Specht, Louisa, Online-Erschöpfung in Europa und den USA, GRUR Int. 2018, 731.

Dreier, Thomas, Handel mit Produktschlüsseln auf Onlineplattformen durch Drittanbieter, MMR 2021, 102.

Dreier, Thomas; Schulze, Gernot, Urheberrechtsgesetz, Beck, München, 6. Auflage 2018 (zit.: UrhG).

Dreyer, Gunda; Kotthoff, Jost; Meckel, Astrid, Urheberrecht, Müller, Heidelberg/München/Landsberg, 3. Auflage 2013 (zit.: HK-UrhR).

– Urheberrecht, Müller, Heidelberg, 2. Auflage 2009 (zit.: HK-UrhR).

Dreyer, Gunda; Kotthoff, Jost; Meckel, Astrid; Hentsch, Christian-Henner, Urheberrecht, Verlagsgruppe Hüthig Jehle Rehm, Heidelberg, 4. Auflage 2018 (zit.: UrhR).

Duisberg, Alexander; Picot, Henriette, Recht der Computer- und Videospiele: The Law of Video and Computer Games, 2013, Erich Schmidt Verlag, Berlin (zit.: Computerspiele).

Englisch, Joachim, Zur Bedeutung des gemeinschaftsrechtlichen Gleichheitssatzes im Recht der Gemeinschaftsbeihilfen, EuR 2009, 488.

Ensthaler, Jürgen; Weidert, Stefan, Handbuch Urheberrecht und Internet, 3. Auflage 2017, Fachmedien Recht und Wirtschaft dfv Mediengruppe, Frankfurt am Main (zit.: Handbuch Urheberrecht).

Faust, Florian, Bürgerliches Gesetzbuch Allgemeiner Teil, 7. Auflage 2021, Nomos, Baden-Baden (zit.: BGB AT).

Fengmann, Henning, Geoblocking ist tot, es lebe Geoblocking?! – Zur Zulässigkeit territorialer Beschränkungen im Filmbereich, ZUM 2021, 220.

Forkel, Hans, Beiträge zum Schutz der Persönlichkeit und ihrer schöpferischen Leistungen = Festschrift für Heinrich Hubmann zum 70. Geburtstag, 1985, Metzner, Frankfurt am Main (zit.: FS Hubmann).

Förster, Achim in: Duisberg, Alexander/Picot, Henriette (Hrsg.), Recht der Computer- und Videospiele: The Law of Video and Computer Games. Berlin 2013.

Fromm, Friedrich Karl; Nordemann, Wilhelm, Urheberrecht, W. Kohlhammer, Stuttgart, 12. Auflage 2018 (zit.: UrhR).

Fuchs, Andreas, Wirtschafts- und Privatrecht im Spannungsfeld von Privatautonomie, Wettbewerb und Regulierung: Festschrift für Ulrich Immenga zum 70. Geburtstag, 2004, Beck, München (zit.: FS Immenga).

Ganzhorn, Marco, Das E-Book als recht(lich) unergründetes Wesen – Rechtsfragen rund um das elektronische Buch, InTeR 2014, 31.

– Ist ein E-Book ein Buch?, CR 2014, 492.

Götting, Horst-Peter; Meyer, Justus; Vormbrock, Ulf, Gewerblicher Rechtsschutz und Wettbewerbsrecht: Praxishandbuch, 2. Auflage 2020, Nomos, Baden-Baden (zit.: HB Gew.RS).

Grabitz, Eberhard; Hilf, Meinhard; Nettesheim, Martin, Das Recht der Europäischen Union, Beck, München, 71. Auflage 2020 (zit.: EU-Recht).

Grützmacher, Malte, Was E-Bücher und Computerprogramme gemein haben?, CR 2020, 154.

– Digitale Brüche im Urheberrecht - und ihre Auswirkungen insbesondere bei softwarebasierten hybriden Werken, ZGE 2017, 423.

Gsell, Beate; Krüger, Wolfgang; Lorenz, Stephan; Mayer, Jörg; Henssler, Martin, beck-online.GROSSKOMMENTAR, Beck, 2020 (zit.: BeckOGK).

Haberstumpf, Helmut in: Büscher, Wolfgang/Dittmer, Stefan/Schiwy, Peter (Hrsg.), Gewerblicher Rechtsschutz, Urheberrecht, Medienrecht: Kommentar, 3. Aufl. Köln 2015.

Hansen, Hauke; Libor, Christine, EuGH-Urteil zu gebrauchter Software: Gibt es bald auch einen Zweitmarkt für ePaper, eBooks und MP3s?, AfP 2012, 447.

Hansen, Hauke; Wolff-Rojczyk, Anmerkung zu EuGH C-128/11 - UsedSoft, GRUR 2012, 908-910.

Hartmann, Thomas, Weiterverkauf und „Verleih" online vertriebener Inhalte Zugleich Anmerkung zu EuGH, Urteil vom 3. Juli 2012, Rs. C-128/11 – UsedSoft ./. Oracle, GRUR Int. 2012, 980.

Hauck, Ronny, Gebrauchthandel mit digitalen Gütern, NJW 2014, 3616.

Heinemeyer, Dennis; Nordmeyer, Arne, Super Marios, Kratos' und des Master Chiefs Erzfeind – Die Legalität der Modchips und Softwaremods für Videospielkonsolen, CR 2013, 586.

Hentsch, Christian-Henner, Die Umsetzung der Urheberrechts-Richtlinie aus Sicht der Games-Branche, CR 2019, 351.

– Piraterie in der Games-Branche, MMR-Beil. 2019, 3.

Heydn, Truiken, Anmerkung zu EuGH: Handel mit gebrauchter Software – UsedSoft, MMR 2012, 591.

Hilgert, Felix, Keys und Accounts beim Computerspielvertrieb, CR 2014, 354.

Hilty, Reto M., Kontrolle der digitalen Werknutzung zwischen Vertrag und Erschöpfung, GRUR 2018, 865.

Hoeren, Thomas, Die Online-Erschöpfung im Softwarebereich - Fallgruppen und Beweislast, MMR 2010, 447.

– Der urheberrechtliche Erschöpfungsgrundsatz beider Online-Übertragung von Computerprogrammen, CR 2006, 573.

Hoeren, Thomas; Försterling, Matthias, Onlinevertrieb „gebrauchter" Software Hintergründe und Konsequenzen der EuGH-Entscheidung „UsedSoft", MMR 2012, 642.

Hoeren, Thomas; Jakopp, Sebastian, Der Erschöpfungsgrundsatz im digitalen Umfeld, MMR 2014, 646.

Hoeren, Thomas; Sieber, Ulrich; Holznagel, Bernd, Handbuch Multimedia-Recht: Rechtsfragen des elektronischen Geschäftsverkehrs, 54. Ergänzungslieferung, Beck, München (zit.: Multimedia-Recht).

Hofmann, Franz, Recht der digitalen Güter: Keine digitale Erschöpfung bei der Weitergabe von E-Books – Anmerkung zu EuGH, Urteil vom 19.12.2019 – EUGH Aktenzeichen C26318 C-263/18 – NUV u. a./Tom Kabinet Internet u. a. (ZUM 2020, ZUM Jahr 2020 Seite 129), ZUM 2020, 136.

Hofmann, Phillip, Computerspielsysteme, 2016, Mohr Siebeck, Tübingen (zit.: Computerspielsysteme).

– Verdient digitales Spielen ein Leistungsschutzrecht?, ZUM 2013, 279.

Immenga, Ulrich; Mestmäcker, Ernst-Joachim, Wettbewerbsrecht, C.H.Beck, München, 6. Auflage 2019 (zit.: WettbR).

Jänich, Volker Michael, Die Veräußerung von Produktschlüsseln (Product Keys) für Computerspiele – immer ein Problem des Urheberrechts?, K&R 2020, 781.

Jauernig, Othmar, Bürgerliches Gesetzbuch, C.H. Beck, München, 18. Auflage 2021 (zit.: BGB).

Joos, Ulrich, Die Erschöpfungslehre im Urheberrecht, 1991, Beck, München (zit.: Erschöpfung).

Kaiser, Ansgar, Exhaustion, Distribution and Communication to the Public – The CJEU's Decision EUGH Aktenzeichen C-263/18 – Tom Kabinet on E-Books and Beyond, GRUR Int. 2020, 489.

Katko, Peter; Maier, Tobias, Computerspiele – die Filmwerke des 21. Jahrhunderts?, MMR 2009, 306.

Kauert, Michael in: Wandtke, Artur-Axel/Ohst, Claudia (Hrsg.), Schutz von Medienprodukten, 3. Aufl. Berlin 2014.

Kempf, Matthias, Die internationale Computer- und Videospielindustrie, 2010, Igel Verl., Hamburg (zit.: Videospielindustrie).

Kilian, Wolfgang, Entwicklungsgeschichte und Perspektiven des Rechtsschutzes von Computersoftware in Europa, GRUR Int. 2011, 895.

Kilian, Wolfgang; Heussen, Benno, Computerrechts-Handbuch: Informationstechnologie in der Rechts- und Wirtschaftspraxis, 35. Auflage 2020, Beck, München (zit.: ComputerR).

Knies, Bernhard, Erschöpfung Online? Die aktuelle Problematik beim On-Demand-Vertrieb von Tonträgern im Lichte der Richtlinie zur Informationsgesellschaft, GRUR Int. 2002, 314.

Koehler, Philipp, Der Erschöpfungsgrundsatz des Urheberrechts im Online-Bereich, 2000, München (zit.: Online-Erschöpfung).

Körber, Torsten, Die Risikoverteilung bei der Kreditkartenzahlung in Mailorder und E-Commerce - Stand und Entwicklung nach der Grundsatzentscheidung des BGH vom 16. April 2002, WM 2004, 563.

Kreutzer, Till, Computerspiele im System des deutschen Urheberrechts, CR 2007, 1.

Krügel, Stefan; Biehler, Manuel; Apel, Simon, Keine „UsedGames" aus dem Netz, MMR 2013, 760.

Kubach, Laura, Musik aus zweiter Hand – ein neuer digitaler Trödelmarkt?, CR 2013, 279.

Kulpe, Carmen, Der Erschöpfungsgrundsatz nach europäischem Urheberrecht, 2012, Lang, Frankfurt am Main (zit.: EU Erschöpfungsgrundsatz).

Kuß, Christian; Schmidtmann, Karin, Gaming – Rechtliche Risiken und Möglichkeiten für Spieleanbieter in Deutschland, K&R 2012, 782.

Lambrecht, Arne, Der urheberrechtliche Schutz von Bildschirmspielen, 2006, Nomos, Baden-Baden (zit.: Bildschirmspiele).

Langenbucher, Katja, Die Verteilung des Risikos des Kreditkartenmissbrauchs bei Distanzgeschäften Zugleich eine Besprechung des Beschlusses des BGH, BKR 2001, BKR Jahr 2001 Seite 161, und des Urteils des OLG Frankfurt a.M., BKR 2002, BKR Jahr 2002 Seite 140, BRK 2002, 119.

Lehmann, Michael; Brandi-Dohrn, Matthias, Rechtsschutz und Verwertung von Computerprogrammen: Urheberrecht, Patentrecht, Warenzeichenrecht, Wettbewerbsrecht, Kartellrecht, Vertrags- und Lizenzrecht, Arbeitsrecht, Strafrecht, Insolvenz- und Vollstreckungsrecht, Prozeßrecht, Produzentenhaftung, Recht der Datenbanken, Steuerrecht, 2. Auflage 1993, Schmidt, Köln (zit.: Programmverwertung).

Leistner, Matthias, Der Referentenentwurf zur Umsetzung der DSM-RL und die Theorie vom Sui-generis-Charakter des Art. 17 DSM-RL, ZUM 2020, 897.

Lewinski, Silke von, Die diplomatische Konferenz der WIPO 1996 zum Urheberrecht und zu verwandten Schutzrechten, GRUR Int. 1997, 667.

Loewenheim, Ulrich, Handbuch Urheberrecht, 3. Auflage 2018, C.H.Beck, München (zit.: HB UrhR).

– Handbuch des Urheberrechts, 2. Auflage 2010, Beck, München (zit.: HB UrhR).

– Urheberrechtliche Probleme bei Multimediaanwendungen, GRUR 1996, 830.

Loewenheim, Ulrich; Meessen, Karl Matthias; Riesenkampff, Alexander; Kersting, Christian; Meyer-Lindemann, Hans Jürgen, Kartellrecht, C.H.Beck, München, 4. Auflage 2020 (zit.: KartellR).

Malevanny, Nikita, Die UsedSoft-Kontroverse: Auslegung und Auswirkungen des EuGH-Urteils, CR 2013, 422.

Marly, Jochen, Praxishandbuch Softwarerecht, 6. Auflage 2014, Beck, München (zit.: Softwarerecht).

– Der Handel mit so genannter „Gebrauchtsoftware“, EuZW 2012, 654.

Meder, Stephan, Kritische Präjudizientreue im Anschluss an die neue BGH-Rechtsprechung zum Kreditkartenmissbrauch im Fernabsatz, ZIP 2002, 2112.

Merk, Thomas; Schneider, Adrian, Keyselling: Rechtliche Grenzen beim Handel mit Lizenzschlüsseln für Computerspiele, MMR-Beil. 2019, 12.

Metelski, Beatrix, Urheberrechtsschutz und Erschöpfung bei Multimediawerken, 2015 (zit.: Multimediawerke).

Möhring, Philipp; Nicolini, Käte, Urheberrecht, Beck C H, München, 4. Auflage 2018 (zit.: UrhR).

Neuber, Michael, Online-Erschöpfung doch nur für Software?, WRP 2014, 1274.

Obergfell, Eva Inés in: Büscher, Wolfgang/Dittmer, Stefan/Schiwy, Peter (Hrsg.), Gewerblicher Rechtsschutz, Urheberrecht, Medienrecht: Kommentar, 3. Aufl. Köln 2015.

Oehler, Claas, Komplexe Werke im System des Urheberrechtsgesetzes am Beispiel von Computerspielen, 2016, Nomos, Baden-Baden (zit.: Komplexe Werke).

Ohly, Ansgar, Anmerkung zu „Öffentliche Wiedergabe“ durch Verkauf „gebrauchter“ E-Books - NUV ua/Tom Kabinet, GRUR 2020, 184.

Oppenhoff, Walter; Vieregge, Ralf, Denkschrift über den Rechtsschutz der Datenverarbeitungssoftware, GRUR 1979, 300.

Oswald, Esther, Erschöpfung durch Online-Vertrieb urheberrechtlich geschützter Werke, 2005, Kovač, Hamburg (zit.: Erschöpfung durch Online-Vertrieb).

Paschke, Marian, Medienrecht, 3. Auflage 2009, Springer, Berlin (zit.: MedienR).

Paschke, Marian; Berlit, Wolfgang; Meyer, Claus, Hamburger Kommentar Gesamtes Medienrecht, 3. Auflage 2016, Nomos (zit.: Medienrecht).

Paulus, David, Die automatisierte Willenserklärung, JuS 2019, 960.

Peifer, Karl-Nikolaus, Vertrieb und Verleih von E-Books - Grenzen der Erschöpfungslehre, AfP 2013, 89.

Rauda, Christian, Recht der Computerspiele, 2013, Beck, München (zit.: Computerspiele).

Rauer, Nils; Bibi, Alexander, Erschöpfung auch bei anderen unkörperlichen Werken als Software?, GRUR-Prax 2020, 55.

Rauer, Nils; Ettig, Diana, Die Strategie für einen digitalen Binnenmarkt – Erste Schritte für eine Modernisierung des Urheberrechts, K&R 2016, 79.

Redeker, Helmut, IT-Recht, 7. Auflage 2020, C.H.Beck, München (zit.: IT-Recht).

– Das Konzept der digitalen Erschöpfung - Urheberrecht für die digitale Welt, CR 2014, 73.

– Information als eigenständiges Rechtsgut, CR 2011, 634.

Säcker, Franz Jürgen; Bien, Florian; Meier-Beck, Peter; Montag, Frank, Europäisches Wettbewerbsrecht, C.H. Beck, München, 3. Auflage 2020 (zit.: MüKo WettbR).

Säcker, Franz Jürgen; Rixecker, Roland; Oetker, Hartmut; Limperg, Bettina, Münchener Kommentar zum Bürgerlichen Gesetzbuch, Schuldrecht - Besonderer Teil III, Beck, München, 8. Auflage 2020 (zit.: MüKoBGB).

– Münchener Kommentar zum Bürgerlichen Gesetzbuch, Schuldrecht - Allgemeiner Teil I, C.H.Beck, München, 8. Auflage 2019 (zit.: MükoBGB).

– Münchener Kommentar zum Bürgerlichen Gesetzbuch, Schuldrecht - Besonderer Teil I, Beck, München, 8. Auflage 2019 (zit.: MüKoBGB).

– Münchener Kommentar zum Bürgerlichen Gesetzbuch, Allgemeiner Teil, Beck, München, 8. Auflage 2018 (zit.: MüKoBGB).

Schack, Haimo, Urheber- und Urhebervertragsrecht, 9. Auflage 2019 (zit.: UrhR).

– Urheberrechtliche Gestaltung von Webseiten unter Einsatz von Links und Frames, MMR 2001, 9.

Schippel, Robert, E-Books im Spiegel des Immaterialgüterrechts, MMR 2016, 802.

Schneider, Jochen, Perspektiven der Software-Lizenz - nach EuGH zu E-Books - Ende der Online-Erschöpfung?, WRP 2021, 293.

Schneider, Jochen; Spindler, Gerald, Der Erschöpfungsgrundsatz bei „gebrauchter“ Software im Praxistext, CR 2014, 213.

Schricker, Gerhard; Dietz, Adolf, Urheberrecht, Beck, München, 3. Auflage 2006 (zit.: UrhG).

Schricker, Gerhard; Loewenheim, Ulrich, Urheberrecht, C.H. Beck, München, 6. Auflage 2020 (zit.: UrhG).

Schuhmacher, Florian, Marktaufteilung und Urheberrecht im EG-Kartellrecht, GRUR Int. 2004, 487.

Schulze, Gernot, Urheber- und leistungsschutzrechtliche Fragen virtueller Figuren, ZUM 1997, 77.

Schur, Raimund; Schur, Fabian, Kreditkartenzahlungen – eine zivil- und strafrechtliche Betrachtung, JA 2017, 739.

Schwarze, Jürgen, Der Schutz des Gemeinschaftsbürgers durch allgemeine Verwaltungsrechtsgrundsätze im EG-Recht, NJW 1986, 1067.

Senftleben, Martin, Die Fortschreibung des urheberrechtlichen Erschöpfungsgrundsatzes im digitalen Umfeld, NJW 2012, 2924.

Sosnitza, Olaf, Die urheberrechtliche Zulässigkeit des Handels mit „gebrauchter" Software, K&R 2006, 206.

Spindler, Gerald, Der Handel mit Gebrauchtsoftware – Erschöpfungsgrundsatz quo vadis?, CR 2008, 69.

Spindler, Gerald; Schuster, Fabian; Döpkens, Harm-Randolf, Recht der elektronischen Medien: Kommentar, 3. Auflage 2015, Beck; Beck-Online, München/München (zit.: E-Medien).

Stieper, Malte, Urheber- und wettbewerbsrechtlicher Schutz von Werbefiguren (Teil 1), GRUR 2017, 649.

– Anmerkung zu EuGH, Urteil vom 3. Juli 2012 – EUGH Aktenzeichen C12811 C-128/11 – UsedSoft, ZUM 2012, 668.

Sucker, Reinhard, Der digitale Werkgenuss im Urheberrecht, 2014, Mohr Siebeck, Tübingen (zit.: digitaler Werkgenuss).

Ungern-Sternberg, Joachim von, Urheberrechtliche Verwertungsrechte im Lichte des Unionsrechts, GRUR 2012, 1198.

Wahle, Corinna, Der allgemeine Gleichheitssatz in der Europäischen Union, 2002 (zit.: Gleichheitssatz in der EU).

Walter, Michael M.; Lewinski, Silke von, European Copyright Law: A commentary, 2010, Oxford Univ. Press, Oxford (zit.: EU Copyright).

Wandtke, Artur-Axel, Urheberrecht, 7. Auflage 2019, de Gruyter, Berlin (zit.: UrhR).

– Urheberrecht in der Reform oder wohin steuert das Urheberrecht, MMR 2017, 367.

Wandtke, Artur-Axel; Bullinger, Winfried, Praxiskommentar zum Urheberrecht, C.H.Beck, München, 5. Auflage 2019 (zit.: UrhR).

– Praxiskommentar zum Urheberrecht, Beck, München, 4. Auflage 2014 (zit.: UrhR).

Wandtke, Artur-Axel; Bullinger, Winfried; Block, Ulrich, Praxiskommentar zum Urheberrecht, Beck, München, 2. Auflage 2006 (zit.: UrhR).

Wandtke, Artur-Axel; Hauck, Ronny, Art. 17 DSM-Richtlinie – Ein neues Haftungssystem im Urheberrecht, ZUM 2019, 627.

Wandtke, Artur-Axel; Ohst, Claudia, Schutz von Medienprodukten, 3. Auflage 2014, de Gruyter, Berlin (zit.: Medienprodukte).

Wiebe, Andreas in: Spindler, Gerald/Schuster, Fabian/Döpkens, Harm-Randolf (Hrsg.), Recht der elektronischen Medien: Kommentar, 3. Aufl. München/ München 2015.

– The Principle of Exhaustion in European Copyright Law and the Distinction Between Digital Goods and Digital Services, GRUR Int. 2009, 114.

Zech, Herbert, Vom Buch zur Cloud, ZGE 2013, 368.

– Information als Schutzgegenstand, 2012, Mohr Siebeck, Tübingen (zit.: Information als Schutzgegenstand).

Zscherpe, Kerstin, Urheberrechtsschutz digitalisierter Werke im Internet, MMR 1998, 404.

Internetquellen

g2a.com, https://www.g2a.com/, zuletzt geprüft am 26.05.2021.

kinguin.net, https://www.kinguin.net/, zuletzt geprüft am 26.05.2021.

mmoga.de, https://www.mmoga.de/, zuletzt geprüft am 26.05.2021.

Cosimano, Mike, Ubisoft kills copies of Far Cry 4 sold through third parties (Update), https://www.destructoid.com/ubisoft-kills-copies-of-far-cry-4-sold-through-third-parties-286686.phtml, destructoid, zuletzt geprüft am 26.05.2021.

Cowan, Danny, Over 7,000 stolen Sniper Elite 3 Steam keys revoked, https://www.engadget.com/2014/06/30/over-7-000-stolen-sniper-elite-3-steam-keys-revoked/, engadget, zuletzt geprüft am 26.05.2021.

Electronic Arts, Electronic Arts Nutzervereinbarung, https://tos.ea.com/legalapp/WEBTERMS/US/de/PC/, zuletzt geprüft am 23.05.2021.

– EA-Play für PC, https://www.origin.com/deu/de-de/store/ea-play, zuletzt geprüft am 24.05.2021.

Epic Games, Endnutzer-Lizenzvereinbarung Epic Games Store, https://www.epicgames.com/store/de/eula, zuletzt geprüft am 30.03.2021.

Europäische Kommission, Antitrust/Cartel Cases: 40414 Koch Media - Video Games, https://ec.europa.eu/competition/elojade/isef/case_details.cfm?proc_code=1_40414, zuletzt geprüft am 26.05.2021.

– Kartellrecht: Kommission verhängt gegen Valve und fünf PC-Videospieleverlage Geldbußen von 7.8 Mio. EUR wegen Geoblocking-Praktiken, https://ec.europa.eu/commission/presscorner/detail/de/ip_21_170, Europäische Kommission, zuletzt geprüft am 26.05.2021.

– Strategie für einen digitalen Binnenmarkt für Europa, https://eur-lex.europa.eu/legal-content/DE/TXT/PDF/?uri=CELEX:52015DC0192&from=DE, zuletzt geprüft am 30.03.2021.

focus, Das müssen Sie über „Grand Theft Auto 5“ wissen, https://www.focus.de/digital/games/tid-33690/das-erfolgreichste-spiel-des-jahrhunderts-das-muessen-sie-ueber-grand-theft-auto-5-wissen_aid_1109756.html, focus online, zuletzt geprüft am 26.05.2021.

game; GfK, Umsatz im Markt für Computer- und Videospiele (ohne Hardware) in Deutschland von 2009 bis 2020 (in Millionen Euro), https://de.statista.com/statistik/daten/studie/317808/umfrage/umsatz-im-markt-fuer-computer-und-videospiele-in-deutschland/, game/GfK/App Annie, zuletzt geprüft am 26.05.2021.

– Verteilung der Videogamer in Deutschland nach Alter im Jahr 2020, https://de.statista.com/statistik/daten/studie/290890/umfrage/altersverteilung-von-computerspielern-in-deutschland/, game/GfK, zuletzt geprüft am 26.05.2021.

game: GfK, Anteil der Downloads am Absatz von PC- und Konsolenspielen* in Deutschland von 2010 bis 2019, https://de.statista.com/statistik/daten/studie/418754/umfrage/anteil-der-downloads-am-absatz-von-pc-und-konsolenspielen-in-deutschland/, Statista, zuletzt geprüft am 26.05.2021.

gamedealsmod, Key resellers and what they mean for you, https://www.reddit.com/r/GameDeals/comments/2yhlw4/key_resellers_and_what_they_mean_for_you/, reddit, zuletzt geprüft am 26.05.2021.

gamepedia, List of longest video game scripts, https://gamicus.gamepedia.com/List_of_longest_video_game_scripts, zuletzt geprüft am 26.05.2021.

Gnade, Mike, IndieGameStand has had $30,759.42 in fraudulent credit card charges and transactions, https://web.archive.org/web/20160316011333/http://blog.indiegamestand.com/featured-articles/steam-key-reselling-killing-little-guys/, IndieGameStand Blog, zuletzt geprüft am 26.05.2021.

Hall, Charlie, The truth behind those mysteriously cheap gray market game codes, https://www.polygon.com/2015/2/9/8006693/the-truth-behind-those-mysteriously-cheap-gray-market-game-codes, Polygon, zuletzt geprüft am 26.05.2021.

IfD Allensbach, Anzahl der Personen in Deutschland, die in der Freizeit Computerspiele spielen, nach Häufigkeit von 2016 bis 2020 (in Millionen), https://de.statista.com/statistik/daten/studie/171129/umfrage/haeufigkeit-des-computerspielens-in-der-freizeit/, IfD Allensbach, zuletzt geprüft am 26.05.2021.

Immich, Georg, WDR-Orchester führt Kompositionen für Computerspiele auf, https://www.heise.de/newsticker/meldung/WDR-Orchester-fuehrt-Kompositionen-fuer-Computerspiele-auf-182874.html, heise.de, zuletzt geprüft am 26.05.2021.

kinguin.net, Kinguin Refunds Revoked Ubisoft Keys, https://www.kinguin.net/blog/kinguin-refunds-revoked-ubisoft-keys?king, zuletzt geprüft am 26.05.2021.

Klaß, Christian, Half-Life 2 - Missglückter Start dank Steam, https://www.golem.de/0411/34746.html, golem.de, zuletzt geprüft am 26.05.2021.

Kogel, Dennis, 10 Jahre Steam - Die Geschichte des Dampfs, https://www.gamestar.de/artikel/10-jahre-steam-die-geschichte-des-dampfs,3028364.html, gamestar.de, zuletzt geprüft am 26.05.2021.

Lisowski, Leszek, How to get every game on STEAM for free, http://www.gamasutra.com/blogs/LeszekLisowski/20141001/226840/How_to_get_every_game_on_STEAM_for_free.php, zuletzt geprüft am 26.05.2021.

Maciej, Martin, Steam Keys kaufen - Wo ist es sicher?, https://www.giga.de/downloads/steam/tipps/steam-keys-kaufen-wo-ist-es-sicher/, giga.de, zuletzt geprüft am 26.05.2021.

Mayer-Wegelin, Clemens, Käuferrechte bei Computerspielen – Technische Kopierschutzmaßnahmen und End User License Agreements, https://www.jurpc.de/jurpc/show?id=20090028, zuletzt geprüft am 26.05.2021.

mediamarkt.de, Verkaufsseite mit Titel: „Assassins Creed® Valhalla (Code in der Box) - [PC]“, https://www.mediamarkt.de/de/product/_assassins-creed%C2%AE-valhalla-code-in-der-box-adventure-pc-2653452.html, zuletzt geprüft am 26.05.2021.

Microsoft, Xbox Game Pass für PC, https://www.xbox.com/de-DE/xbox-game-pass/pc-games, zuletzt geprüft am 24.05.2021.

Mittler, Patrick, Die wichtigsten Remakes und Remastered-Spiele - Jetzt auch in scharf, https://www.gamestar.de/artikel/die-wichtigsten-remakes-und-remastered-spiele-jetzt-auch-in-scharf,3083429.html#top, zuletzt geprüft am 26.05.2021.

Nichols, Shaun, I found a security hole in Steam that gave me every game‘s license keys and all I got was this… oh nice: $20,000, https://www.theregister.com/2018/11/09/valve_steam_key_vulnerability/, zuletzt geprüft am 26.05.2021.

Planetkey.de, „Finde immer den günstigsten Key“, https://www.planetkey.de/, zuletzt geprüft am 26.05.2021.

Robson, Daniel, The story behind Bloodborne’s nightmare-inducing soundtrack, https://blog.eu.playstation.com/2015/05/18/the-story-behind-bloodbornes-nightmare-inducing-soundtrack/, PlayStation.Blog, zuletzt geprüft am 26.05.2021.

Sandqvist, Matti, G2A.com: Ist das denn wirklich legal? Unsere Reportage über Key-Reseller, https://www.pcgames.de/Spielemarkt-Thema-117280/Specials/G2A-Bericht-Key-Reseller-1261906/, gamestar.de, zuletzt geprüft am 26.05.2021.

Steam Spy; Medium, Number of new users on Steam from 2003 to 2017 (in 1,000s), https://www.statista.com/statistics/823944/steam-new-users/, Statista, zuletzt geprüft am 26.05.2021.

Steam Spy; VG24/7, Revenue generated by game sales on Steam from 2014 to 2017 (in billion U.S. dollars), https://www.statista.com/statistics/547025/steam-game-sales-revenue/, Statista, zuletzt geprüft am 26.05.2021.

SuperData Research Holding, Inc., Defend Your Kingdom, http://driv.ws/he, *SuperData Research Holding*, Inc., zuletzt geprüft am 26.05.2021.

tinyBuild, G2A sold $450k worth of our game keys, http://www.tinybuild.com/single-post/2017/04/28/G2A-sold-450k-worth-of-our-game-keys, zuletzt geprüft am 26.05.2021.

Ubisoft, Assassin's Creed: Odyssey auf Steam, https://store.steampowered.com/app/812140/Assassins_Creed_Odyssey/, zuletzt geprüft am 26.05.2021.

– Assassin's Creed: Odyssey im Epic Games Store, https://www.epicgames.com/store/de/p/assassins-creed-odyssey, zuletzt geprüft am 26.05.2021.

– Assassin's Creed: Odyssey im Ubisoft Store, https://store.ubi.com/de/game?pid=5afda5f788a7e34d25b5012f&dwvar_5afda5f788a7e34d25b5012f_Platform=pcdl&edition=Standard%20Edition&source=detail, zuletzt geprüft am 26.05.2021.

– Endbenutzer-Lizenzvertrag, https://legal.ubi.com/eula/de-DE, zuletzt geprüft am 30.03.2021.

Valve Corp., Anzahl der Spiele auf Steam, https://store.steampowered.com/search/?sort_by=Released_DESC&category1=998&page=1, Valve Corp., zuletzt geprüft am 26.05.2021.

– Steam Client Released 09/12/2002, https://store.steampowered.com/news/183/, zuletzt geprüft am 30.03.2021.

– Abschnitt der Steamworks-Dokumentation über Steam-Produktschlüssel, https://partner.steamgames.com/doc/features/keys, Valve Corp., zuletzt geprüft am 26.05.2021.

– Steam-Nutzungsvertrag/Steam Abonnementvereinbarung, https://store.steampowered.com/subscriber_agreement/?l=german, zuletzt geprüft am 30.03.2021.

– Steamworks-Dokumentation: Berichte und Zahlungen, https://partner.steamgames.com/doc/finance/payments_salesreporting#3, Valve Corp., zuletzt geprüft am 26.05.2021.

– Steamworks-Dokumentation: Pakete, https://partner.steamgames.com/doc/store/application/packages#6, Valve Corp., zuletzt geprüft am 26.05.2021.

– Steamworks-Dokumentation: Steam-Markenrichtlinien, https://partner.steamgames.com/doc/marketing/branding#5, Valve Corp., zuletzt geprüft am 26.05.2021.

– Steamworks-Dokumentation: Steam-Produktschlüssel, https://partner.steamgames.com/doc/features/keys, Valve Corp., zuletzt geprüft am 26.05.2021.

– Warum erhalte ich die Meldung „Doppelter Produktschlüssel“ bei der Registrierung, https://support.steampowered.com/kb_article.php?ref=7480-WUSF-3601#duplicate, zuletzt geprüft am 30.03.2021.

Video Games Live, What is VGL?, http://www.videogameslive.com/index.php?s=info, zuletzt geprüft am 26.05.2021.

Wikipedia, Grafik-Engine, https://de.wikipedia.org/wiki/Grafik-Engine, zuletzt geprüft am 26.05.2021.

– Kopierschutz, https://de.wikipedia.org/wiki/Kopierschutz#Kopierschutzverfahren_f%C3%BCr_CDs/DVDs, Wikipedia, zuletzt geprüft am 26.05.2021.

– Open-World-Spiel, https://de.wikipedia.org/wiki/Open-World-Spiel, zuletzt geprüft am 26.05.2021.

– Japanisches Adventure, https://de.wikipedia.org/wiki/Japanisches_Adventure, zuletzt geprüft am 26.05.2021.

– Lizenzschlüssel, https://de.wikipedia.org/wiki/Lizenzschl%C3%BCssel, zuletzt geprüft am 26.05.2021.

– iTunes Store, https://de.wikipedia.org/wiki/ITunes_Store, zuletzt geprüft am 26.05.2021.

– Adventure, https://de.wikipedia.org/wiki/Adventure, zuletzt geprüft am 26.05.2021.

www.ingramcontent.com/pod-product-compliance
Ingram Content Group UK Ltd.
Pitfield, Milton Keynes, MK11 3LW, UK
UKHW021131041026
8980IPUK00034B/1688

9 783631 869611